国家自然科学基金（61961018）项目资助
江西省自然基金（20224ACB202001）项目资助
华东交通大学教材（专著）基金项目资助

高速铁路

车地间大规模MIMO通信技术

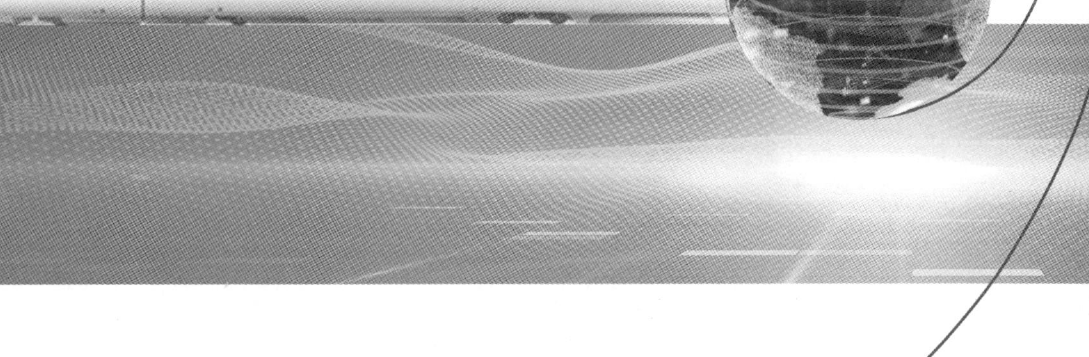

丁青锋 展爱云 李怡浩 王松 罗静 付庭媚 徐梦引 著

西南交通大学出版社
·成 都·

图书在版编目（CIP）数据

高速铁路车地间大规模 MIMO 通信技术 / 丁青锋等著
. -- 成都：西南交通大学出版社，2023.11
ISBN 978-7-5643-9542-1

Ⅰ. ①高… Ⅱ. ①丁… Ⅲ. ①高速铁路－无线电通信－通信系统 Ⅳ. ①U238

中国国家版本馆 CIP 数据核字（2023）第 213760 号

Gaosu Tielu Chedijian Daguimo MIMO Tongxin Jishu

高速铁路车地间大规模 MIMO 通信技术

丁青锋　展爱云　李怡浩　王　松
罗　静　付庭媚　徐梦引　著

责任编辑	穆　丰
封面设计	GT 工作室
出版发行	西南交通大学出版社 （四川省成都市金牛区二环路北一段 111 号 西南交通大学创新大厦 21 楼）
营销部电话	028-87600564　028-87600533
邮政编码	610031
网　　址	http://www.xnjdcbs.com
印　　刷	成都蜀通印务有限责任公司
成品尺寸	170 mm × 230 mm
印　　张	14.5
字　　数	201 千
版　　次	2023 年 11 月第 1 版
印　　次	2023 年 11 月第 1 次
书　　号	ISBN 978-7-5643-9542-1
定　　价	88.00 元

课件咨询电话：028-81435775

前　言　PREFACE

本书针对我国轨道交通领域中5G相关技术应用的实际情况，尤其是高速铁路（简称高铁）场景下无线通信运行成本和用户服务质量等方面存在的问题和挑战，重点从高铁通信链路的传输速率和稳定性出发，对无线信号的发射—传输—接收全过程进行整体论述。首先，针对轨旁大规模分布式接入点协作的场景，推导用户分布满足泊松分布条件下系统频谱效率和能量效率的闭式表达式，并提出一种基于数模转换器精度与接入点选择联合优化的能效均衡方法；在此基础上，针对高铁车载接入设备增加对系统能耗带来的不利影响，在基站端引入波束赋形技术，设计一种混合精度移相器量化混合预编码结构来最大化系统能量效率。进一步考虑实际部署去蜂窝网络，设计了一种包括初始接入、基于模糊c聚类的用户分簇和启发式功率分配策略的可扩展的非正交多址接入辅助的去蜂窝系统。然后，为了提高列车在小区重叠区域进行信号传输时的稳定性，研究通过调整波束成形矢量来调整接收信号强度的无缝越区切换方案，并分析了所提方案对列车乒乓切换触发率和切换成功率的影响。接着，为了解决轨旁障碍物遮挡导致列车链路阻塞问题，考虑利用智能超表面重构信道环境来提升用户链路持续性，并提出一种智能超表面辅助混合预编码设计的抗阻塞方案实时补偿接收信号的接收功率损失。最后，考虑列车高速移动所带来的多普勒频移和空时相关性的影响，利用智能超表面辅助接收空间调制进行信号传输，并提出一种天线与智能超表面单元的选择算法来补偿多普勒频移并提供高速率传输。进一步考虑列车封闭车厢对信号产生高穿透损耗的影响，考虑利用智能全表面替代，研究其协助空间调制进行传输，并基于容量最大化原则采用梯度投影法优化相移矩阵以避免信号延迟放大和高损耗。本书对相关技术在高铁场景下的应用提供了研究思路、理论指导与仿真验证，适合从事预编码、去蜂窝系统、空间调制和智能超表面相关研究方向并对高铁无线通信场景较为感兴趣的读者作为参考用书。

作 者

2023 年 9 月

目　录　CONTENTS

PART

第1章　绪　论

1.1 研究背景及意义

近年来，随着中国铁路网络不断发展与延伸，技术的不断进步，人们越来越偏向利用铁路出行。中国高速铁路运营里程从 2020 年的 3.6 万千米[1]到 2035 年的预计 7 万千米[2]，其正在一步一步地覆盖与连接每一个城市。同时，伴随着铁路信息化到铁路智能化的演变，具有高移动性特点的铁路通信给传输链路稳定性与传输速率造成一定的影响，同时车载旅客对行驶过程中通信需求不断提升给通信服务带来了严峻的考验。为了保证列车通信的连续性、平稳性，满足用户需求，具有大带宽高速率的毫米波通信逐渐代替传统的低频通信系统。而随着毫米波通信在铁路中的不断应用，越来越多的可接入设备加入通信系统中，使车载中继同时接入的终端大幅度增加，造成严重的功率损耗[3]。因此，如何在高速列车行驶过程中保证传输速率与传输链路稳定性成为提高用户体验的不可避免的问题。

1.1.1 高铁无线通信系统的发展

在高铁无线通信系统中，铁路综合数字移动通信系统（Global System for Mobile Communications-Railway，GSM-R）广泛应用于高铁列车的操作控制通信中，保证列车安全和可靠的运行[4]。由于 GSM-R 本身的通信带宽窄、传输速率较低，难以满足高铁用户对高质量互联网接入服务的需求，如进行在线会议、高清监控实时回传等[5]。作为下一代无线通信系统，铁路长期演进技术（Long Term Evolution-Railway，LTE-R）不仅可服务于语音广播、组呼等列控系统方面重要业务，同时还结合了 MIMO（多输入多输出）天线阵列和正交频分复用（Orthogonal Frequency Division Multiplexing，OFDM）等技术，可以提供更高的通信数据传输速率以服务多媒体业务[6]。然而，随着轨道交通领域的快速发展，高铁列车通信逐渐由信息化时代向智能化时代过渡[7]。智能高铁通信要求铁路沿线具有可靠稳定的无线覆盖，铁路基础设施装备有大量传感器以保证实时监测，高铁内部用户的高速率大规模智能应用通信服务等[8]，LTE-R 已难以满足此类高带宽和大连接等业务需求。作为新一代无线通信系统，5G 关键技术可提供更快的数据传输速率和更广阔的覆盖范围，有望进一步推动智能化高铁的发展。5G 的三大应用场景包括：增强移动带宽、超可靠低时延、海量机器通信[9]。而高铁场景下通信存在用户密度高、运行速度快、通信响应时间短和传感器数量多等特点，可以被认为是三个方向都需要建设的典型应用场景，因此通过部署 5G-R 通信，有望满足高速铁路对多元化移动通信的需求[10]。表 1.1 总结了 GSM-R、LTE-R 和 5G-R 三种无线通信系统的部分系统参数和性能比较[11]。从表中可以看出，5G-R 向更高的频段拓展，可获得更大的带宽并实现远超过 LTE-R 通信系统的数据传输速率，可支持高铁更高速度以及更低时延通信，具有广阔的应用前景。为构建基于 5G-R 的新一代铁路无线通信系统，如何革新现有的无线通信网络架构成为一个关键问题。

表 1.1　GSM-R、LTE-R 和 5G-R 系统参数及性能对比表

参数	GSM-R	LTE-R	5G-R
频率	900 MHz	450 MHz，800 MHz，1.4 GHz，1.8 GHz	6 GHz 以下，30 GHz ~ 300 GHz
带宽	0.2 MHz	1.4 MHz ~ 20 MHz	100 MHz，1 GHz
峰值数据速率下行/上行	172/172 kb/s	50/10 Mb/s	1/0.1 Gb/s
延迟	≤400 ms	≤100 ms	≤5 ms

在传统的蜂窝小区通信系统中，以基站为中心，任意时刻内高铁上的用户只有一个小区内基站提供服务。随着高铁列车行驶速度越来越快，用户的数量越来越多，以及对数据传输速率要求越来越高，需要部署更多基站以保证通信需求[12]。然而，更加密集的基站部署带来了更高的成本，也会导致更加频繁的切换问题，使高铁用户通信过程丢包率高，延迟性大[13]。

为了降低切换的频率，在高铁通信中引入分布式天线系统来增大小区覆盖范围，减小不必要的切换、切换失败和链路中断概率[14]。当高铁行驶到一个新的小区时，高铁上的一组车载天线（Train Antennas，TA）必须同时切换到新小区内的分布式基站，这给系统带来了较大的系统开销[15]。此外，分布式基站间协作通信复杂度高，且对时间同步精度要求高，不利于实际部署[16]。去蜂窝大规模多输入多输出（Multiple Input Multiple Output，MIMO）网络架构的出现，提供了新的解决思路，它结合了集中式大规模 MIMO 和分布式天线系统的优势，大量分布式接入点（Access Point，AP）的部署拉近了天线与用户之间的距离，降低了路径损耗，获得了宏分集增益、信道硬化和有利传播等好处。由于它消除了小区的概念，因而不存在越区切换的问题[17]。有研究表明，相比较微小区系统，去蜂窝大规模 MIMO 网络更能抵抗高速移动带来的信道老化影响，以及由于非理想 AP 的硬件损伤所引起的性能损失[18]。因此，去蜂窝网络架构在高铁场景下具有广泛的应用前景。文献[19]主要分析了去蜂窝大规模 MIMO 在高铁无线通信系统下的覆盖性能，同时针对高铁特殊场景提出了一种快速 AP（Access Point，接入点）选择算法，并给出了不同系统参数对覆盖率大小的影响，为去蜂窝网络在高铁场景下的实际部署提供了理论基础。

1.1.2 毫米波大规模 MIMO 通信

2008 年 4G[20]与 MIMO 的提出，极大地提升了系统传输率。到 2010 年，有学者提出了长期演进-进阶（LTE-advance）通信技术[21]。传统的通信网络往往在 6 GHz 以下的频段通信，当业务量较小且传输速率要求不高时，其可以很好地满足通信需求[22]。但随着 LTE 的提出，由于接入设备与通信需求的爆发式增长，导致 6 GHz 以下的频段逐渐不能满足人们的需求。因此，不少学者提出利用毫米波频带进行通信。针对点对点毫米波通信系统，信号在传输过程中，先经过数字基带的预处理后，再通过对应的射频（Radio Frequency，RF）链路对信号进行上变频和放大，最后通过天线阵列将信号发送到毫米波信道中[23][24]。

低速移动场景下的毫米波信道研究主要是针对由天线阵列排布对应的阵列响应矢量来进行建模，即通过研究发送和接收两端的天线阵列以及每根天线的路径增益和散射簇模型来完成毫米波信道的建模。然而，在高速移动场景中，由于多普勒效应等影响，低速场景下的通信模型并不能准确地表征高速移动场景。高速运动环境下的毫米波信道较为复杂，且在毫米波频段上通信的损耗和衰减较大[25]。因此，为了更好地体现毫米波通信的特点，应针对毫米波大规模 MIMO 信道进行分析。目前，四个毫米波信道模型被广泛研究，其中包括射线追踪信道模型[26]、基于几何随机的信道模型、基于相关随机的信道模型[27]以及具有低秩特性的空间稀疏信道模型[28]。

根据不同建模方法，不同速度状态下的毫米波信道模型对比如表 1.2 所示。射线追踪信道模型的准确性高度依赖于高速铁路（High Speed Railway，HSR）环境的详细描述，包括不同的场景，模型的结构和电磁参数[29]。几何随机、相关随机信道模型通过获取来自直接、反射、折射和衍射的多路径信息来确保信道环境的准确性[30]。具有低秩特性的稀疏信道模型通过合并时变视线通路、反射多径和散射多径分量来获取信道中的非平稳变量。

表 1.2 常见毫米波信道模型对比

信道模型	已知信道信息	不足	列车基准速度/（km/h）
射线追踪信道	多普勒频移、相干时间	计算量大且耗时长	300
几何随机信道	均方根延迟、功率增益	模型描述不清晰且不支持 D2D 双移动场景	350
相关随机信道	信道相关性、天线增益	仿真与实测误差较大	350
空间稀疏信道	功率延迟、簇、角度极化	未考虑信道多普勒特性	500

在高速移动场景中，随着车载用户业务需求的不断提高，用户对通信速率与通信稳定性的要求也逐渐提高。因此，为提高高速移动场景的通信

速率，文献[31]提出将 MIMO 技术应用在高速移动场景中，并研究了 MIMO 的波束成形、空间复用等技术。但随着接入设备数的增多，传统的 MIMO 并不能很好地满足通信的需求，便提出了大规模 MIMO 技术。根据香农理论，增加天线数可以提高传输的复用增益，从而提高传输速率。因此，大规模 MIMO 技术通过在收发端配置大规模的天线阵列来提高系统性能[32]。此外，由于毫米波波长较小，可以将大规模的天线阵列集成在一个有限的空间而不产生天线间干扰，极大地便利了基站发送端的阵列部署[33]。

在高速铁路场景中，将毫米波通信技术与大规模 MIMO 技术结合可以更好地服务高速铁路通信网络。大规模 MIMO 拥有着比传统 MIMO 技术更高的传输速率，可以满足日益增长的高速铁路接入业务需求。同时，毫米波通信技术可以利用其充分的频谱资源使高铁通信网络更加高效。但毫米波通信不可避免地存在高速铁路通信环境复杂多变的问题，为此，文献[34]针对高速移动场景的信道复杂问题，研究时变特性的高铁信道模型，准确地描述了高速移动场景的通信特征。同时，高速移动造成通信质量不稳定问题被文献[35]研究，作者通过研究波束的传输宽度对接收信号的瞬时平坦性进行优化，提出相对应的波束宽度优化算法，从而提高用户的稳定性。此外，由于列车运行轨道固定，列车每个时刻的位置与运行速度可以通过估计得到[36]。因此，大规模 MIMO 技术与波束成形技术可以有机地结合使基站端信号沿着列车运行方向发送高增益波束，进一步提高系统的传输速率与稳定性[37]。

1.1.3 多 AP 协作传输技术发展

多 AP 协作传输技术本质上是多天线传输即 MIMO 技术，该技术通过多根天线相互协作进行信息传输，充分发掘空间自由度，获取分集增益，进而提高频谱利用率和功率利用率，其技术原理如图 1.1 所示[38]。作为其中的衍生技术，大规模 MIMO 技术通过在系统中配置几百甚至几千根天线，其较高的分集增益及较强的抗阴影衰落在提升移动网络通信质量上发挥巨大作用[39]。大规模 MIMO 技术通过空间分集和空间复用技术来深度挖掘空间无线资源，进而在没有额外增加物理带宽资源和发送功率，且保证通信质量的情况下大幅度提高了频谱效率和能量效率[40]。

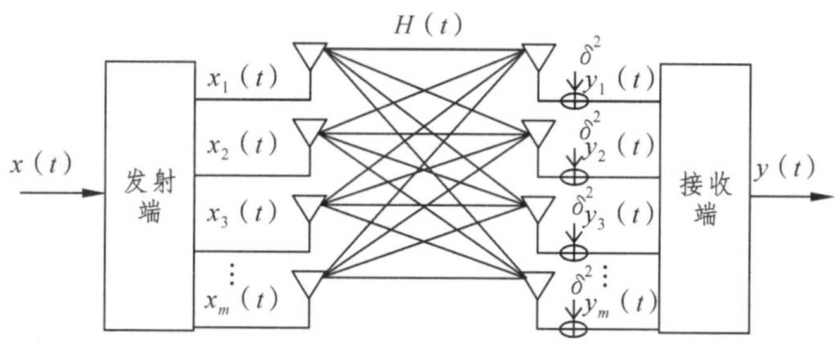

图 1.1 MIMO 技术原理图

移动通信研究组织及业内专家学者认为大规模 MIMO 技术是现有网络通信中极具潜力的技术之一[41]。在传统的集中式大规模 MIMO 中，小区中所有天线集中在一个基站上，不仅存在天线之间的干扰，而且由于与不同用户间的距离不相等，还会导致远距离用户的服务质量变差的问题[42]。随后提出的分布式 MIMO 由于高覆盖率、低发射功率和高信道容量的特点，很好地解决了上述大部分问题[43]。然而一般的分布式系统，如蜂窝大规模 MIMO，由于存在多个小区，小区边缘用户会接收到多个基站发送的相似的信号，很难从中分离出有用的信号，这是小区边缘用户服务质量变差的主要原因[44]。不同于集中式的大规模 MIMO 技术，去蜂窝大规模 MIMO 技术在系统区域内部署大规模的分布式 AP，这些 AP 之间通过中央处理单元（Central Processing Unit，CPU）协同工作，充分利用分集增益的多样性为接收端用户提供数据通信服务[45]。

分布式 MIMO 系统由于基站和用户数较少，通信覆盖区域有限；去蜂窝 MIMO 系统中天线数及用户数相对增多，因而覆盖范围更大[46]。另外，去蜂窝 MIMO 系统不用再像分布式 MIMO 那样通过回程链路在协作基站间交互瞬时信道状态信息（Channel State Information，CSI），而只需在 AP

端获取本地 CSI 实现数据传输，因此能大大减少回传功耗[47]。由于大规模部署 AP，系统全局上有较为理想的信道传播条件及信道硬化效应。相比于集中式大规模 MIMO，去蜂窝 MIMO 系统从“小区为中心”向“以用户为中心”的网络架构理念转变[48]。总体来说，新型 MIMO 技术既保留了集中式大规模 MIMO 技术的宏分集增益及信道硬化特性，又通过大规模分布式部署 AP 协作通信消除了分布式 MIMO 系统的小区干扰。

1.2 相关技术研究现状

1.2.1 预编码技术研究

1. 传统的预编码结构

在大规模 MIMO 系统中，由于利用高频率的毫米波进行通信，载波波长较小，使得天线单元阵列可集成于小设备中[49]。大量的天线单元在带来高增益的同时，也给系统的能量消耗带来负担。传统的大规模 MIMO 阵列中每根天线均配备一个 RF 链路与一个数模转换器件，这种每根天线都连接一根 RF 链路的结构称为数字预编码结构。数字预编码结构的功耗会随着天线数目的增加而提高，造成较大的功率损耗[50]。因此，数字预编码结构并不能很好地满足当前大规模 MIMO 毫米波通信系统的需求。

为此，有学者提出减少 RF 链路数量的模拟预编码结构，即采用单根 RF 链路连接多个数模转换器件与天线，如此便极大地降低了系统的硬件成本[51]。但是，由于模拟预编码结构仅支持单流传输，单个 RF 链路严重影响了信息流的传输效率[52]。因此，综合了数字与模拟预编码结构的混合预编码结构被提出来，旨在解决传输效率低与系统功耗大的问题[53]。混合预编码结构采用少量的 RF 链路去连接相移器与天线，既能支持多流传输，又能减少功率消耗，是目前学术界研究的重点。

2. 典型的混合波束成形结构

两种典型的混合波束成形结构如图 1.2 所示。在由数字预编码和模拟预编码结合的混合预编码结构中[54]，通过减少 RF 链路个数的方法降低系统的功率损耗，进而提高系统能量效率。受系统发射功率和移相器相位的限制[55]，模拟预编码矩阵元素的幅值均为常数，此类非凸约束的联合优化问题往往难以直接获得最优解[56]。针对该非凸约束的优化问题进行优化求解，有基于码本训练算法[57]、正交匹配追踪算法[58]、基于黎曼流型的交替最小化优化算法[59]等优化方法，用来求解最优化混合预编码器，得到最优的系统频谱效率。

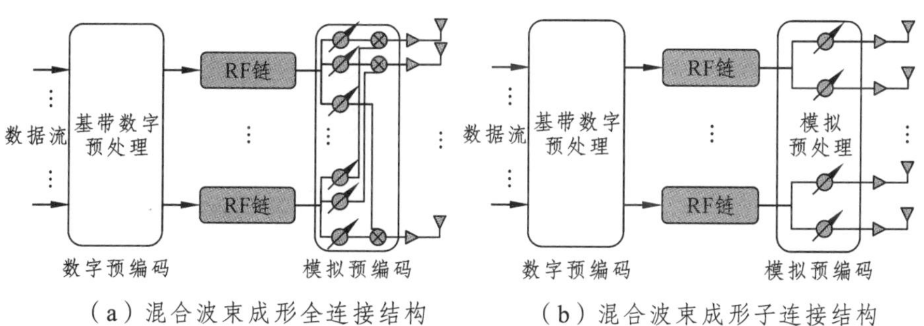

（a）混合波束成形全连接结构　　（b）混合波束成形子连接结构

图 1.2　波束成形的两种典型结构

为了解决高精度移相器带来的能量损耗问题，除了以上的探索，不少学者对混合预编码中模拟预编码的移相器进行深入研究，提出了有限精度量化的移相器模型[59][60]。如坐标下降法[61]和交替优化方法（Alternate Optimization，AO）[62]考虑有限精度的移相器量化，文献[63]针对 1 bit 精度的移相器量化，提出了 Binary 量化算法解决模拟预编码矩阵的恒模约束。此方法虽然极大地提高了系统的能量效率，但 1 bit 精度的移相器量化结构有时不能满足系统的频谱效率要求。然而，大部分文献考虑的单精度移相器往往存在系统频谱效率与能量效率性能冲突问题，无法满足系统的需求。

由于铁路轨道距离长，轨旁环境复杂多变且轨道距离固定，存在一定的通信盲区，容易造成信号传输阻塞情况。一般来说，当收发器之间的主要信号传播路径被意外物体阻挡时，关于补救措施从三个方面入手：发射机侧、接收机侧和中间链路。从部署备用发送的角度来看，可以密集地部署替代接入点或者基站，以建立从新发射机到给定接收机的直接路径，并支持分集切换[63]。在接收端，其他接收器/节点可以被用作单跳或多跳中继，这有助于绕过障碍物进行连接恢复[64]。对于中间链路，它可以转向非视距路径、传输调度和多跳中继来利用空间复用增益。表 1.3 所示为各方法的抗阻塞性能比较。当前的方法（例如，备用基站、备用接入点和多中继）主要适用于短距离和室内场景，这在户外场景中成本很高且不切实际。而依赖于非视距路径的方法也遭受严重的衰减和吸收，无法应用在高速铁路场景中。为了对抗室外阻塞，常规的网络密集化解决方案需要频繁的切换并导致沉重的信令开销，这不适用于高速铁路场景。

表 1.3　抗阻塞策略性能对比

策略方法	抗阻塞性能	特点	是否适用高铁场景
频率切换	中	频率切换损耗大、需要人工配合	不适用
波束选择	弱	消耗小、抗阻塞效果较小	适用
中继转发	强	部署难、功耗高	不适用

对于信号遮挡问题，除了中继转发策略可以进行无线信道重建外[67]，智能超表面（Reconfigurable Intelligent Surface，RIS）作为一种新范式可以实现无线通信系统的智能可重构无线信道[68][69]。RIS 是一个由大量反射元件组成的超表面，每个元件都能够独立地对入射信号产生可控的振幅和相位变化。通过在无线网络中密集部署 RIS 并适当地调整它们的反射角，可以对发射机和接收机之间的信号传播信道进行重构，以满足高铁场景的通信需求。这为从根本上解决高铁信道衰落和信号遮挡问题提供了一种新的手段，可以大幅提高高速铁路无线通信容量和通信平稳性。

利用 RIS 的结构特点，不少学者将其应用在高速移动场景中。通过其特殊的信道重构特性，对反射信号与散射信号进行收集并转发，从而避免信号因为遮挡而无法满足通信需求的问题。在针对 RIS 的研究中，大部分学者都是针对瞬时 CSI 的情况来优化波束成形矢量，从而实现功率最小化的优化目标。但这仅仅只是根据不同的系统设置选择对应的优化方法来解决问题。值得一提是有学者将广泛应用在 4G 中的正交频分多址技术与 RIS 技术相结合，并通过 AO 方法和特殊的解耦方法求解最大的合速率[70]。目前具有代表性的 RIS 反射优化研究方案如表 1.4 所示,大部分学者关于 RIS 的研究仅限于低速移动场景，且与波束成形技术的结合往往只停留在反射波束的基础上，对高速移动场景下 RIS 部署的研究还有待深入。

表 1.4 RIS 反射优化研究方案对比

文献	系统设置	优化目标	优化方法	RIS 与 CSI 设置
[71]	MU MISO	功率最小化	深度学习	矩形，瞬时 CSI
[72]	SU MIMO	合速率最大化	AO	矩形，瞬时 CSI
[73]	MU MISO	能效最大化	AO，梯度下降，MM	矩形，瞬时 CSI
[74]	MU MISO	速率最大化	罚函数、随机优化	矩形，统计 CSI
[75]	MU MISO	最大最小 SINR	ADMM，梯度投影上升	矩形，统计 CSI

1.2.2 高速移动下基于预编码的越区切换研究

高速列车速度和运营里程的不断提高对多个基站联合服务提出考验。因为多个基站服务直接造成了列车在行驶中需要进行频繁的越区切换操作，而频繁改变高速列车的服务基站会造成大量的能量损耗。对此，不少学者提出了对应的越区切换算法来解决越区切换问题，如 3G 系统的码分多址切换[76]，或 4G 的 LTE 切换[77]等。

越区切换算法总体可以概括为两个类别，第一类是在物理层面的切换策略算法，如基于列车位置的切换算法[78][79]以及基于列车速度的切换算法

[80]。具体地，基于列车速度的切换算法是将低速移动场景的切换策略应用到高速移动场景中。因此，基于列车速度算法存在列车速度过快而没有相适应的速度跟踪算法进行匹配导致切换成功率低下的问题[81]。同时，切换迟滞余量的选择也是影响切换成功率的一个重要因素。传统的切换迟滞余量一般从一次函数、反函数与椭圆函数三种具有代表性的函数中选择，但还应结合列车其他的切换参数调整以避免乒乓切换的发生。基于列车位置信息的列车切换方法尽管十分贴合实际运行的选择[82]，但是由于高铁运行环境过于复杂，往往存在通信盲区，导致列车接收到服务基站的信号强度不足或信号失真严重而无法成功解码信息。因此，在设计越区切换算法时往往需要综合考虑列车的速度、位置等多个方面的信息。

第二类是基于软件设计层面的算法，如基于列车预承载的切换算法[83]和基于列车接收功率的切换算法[84]。由于单独考虑列车的某一个信息无法做出更符合实际的算法，故基于列车预承载的算法综合考虑列车的位置与速度[85]。通过将信号发送给切换目标基站，使服务基站与目标基站均能传输信号，减少了通信断开和重新建立链接时长，提高通信服务质量。文献[86]同样没有直接考虑列车的速度或者位置信息，而是针对列车在重叠区的接收信号强度，研究多节点联合判决的方法对是否触发切换进行判断。第二类切换算法虽然在系统性能优于第一类，但是其实现复杂度大也是一个不可避免的问题。

然而上述研究都是基于“先断后接”的硬切换算法，即在切换过程中列车的通信链路存在一个短暂的中断时间，而这个中断时间取决于切换执行时间以及重新连接时间，中断时间过长则会导致列车信号中断重连。因此，有学者针对切换时间进行研究，通过合理优化基站与后台核心网的执行时间，减少切换中断的时长，提高服务质量。此外，还有学者针对硬切换提出了“先接后断”软切换方法。文献[87]提出基于双天线架构软切换的切换方案，通过在车头和车尾各布置一个天线阵列，在切换时，车头中继与目标基站进行对接，在通信链路完成后，再断开车尾中继与服务基站的通信链路。但文献[87]系统设置过于简单，且没有考虑信号干扰与能量浪费。此外，文献[88]提出一种新型切换网络架构，将后台核心网分为宏基站端与若干个虚拟基站，宏基站负责传输列车的控制信息，虚拟基站负责传输用户的数据信息。文献[88]不仅减小了通信的负荷，还避免了多个基站的同频信号干扰问题。随着智能铁路的深入研究，预编码技术的高指向性特点可以有效地解决越区切换过程中的信号平稳性问题。因此，如何利用预编码技术来提高列车通信平稳性是未来铁路智能化亟待解决的问题。

1.2.3 空间调制与天线选择技术研究现状

1. 空间调制技术研究现状

传统 MIMO 系统通过在接收端和发射端配置大量天线传输数据，从而提高频谱效率，但由于 MIMO 多天线的部署也造成了传输天线同步难和成本昂贵等问题[89][90]。得益于空间调制（Spatial Modulation，SM）技术的特殊设计，在传输过程中，任何时刻仅存在一根发送/接收天线处于激活传输状态，利用激活天线的符号信息作为附加信息源[91]，能够在保证 MIMO 系统的高频谱效率的前提下简化天线间同步问题，并且降低传输系统复杂度和部署成本。2006 年，R. Mesleh 等学者首次对 SM 技术进行定义，定义 SM 技术在传输信息过程中仅激活一根发射天线进行传输，其余天线静默关闭，从而避免传输信道干扰、天线间同步；在发送端将传输信息分为两部分，一部分信息映射至发射天线序号，另一部分信息用来选择空间星座图上的调制信息，根据映射信息选择激活对应发射天线，同时在接收端采用检测算法对两部分信息进行联合检测，从而恢复出原始传输信息，仿真结果也证实其误码率和频谱效率性能能够与 V-BLAST 方案相当[92]。为了进一步降低接收机复杂度，R. Mesleh 等学者在 2008 年将 SM 应用于 OFDM 传输系统，在空间相关、天线耦合和 Rician（莱斯）衰落影响下，SM-OFDM 系统能够在保证与 V-BLAST 方案相同频谱效率的情况下，降低 90%的接收机复杂度，并且在所有信道条件下，SM 技术都能保证更好的传输性能[93]。

为了满足不同传输条件下性能需求，多维域适应的 SM 技术被广泛研究。例如，仅利用天线的开关状态，通过将整体信息嵌入有源天线索引中，不涉及任何星座符号传输的空移键控技术[94]；通过在接收机侧应用 SM 技术，利用接收天线索引来传递空间信息，在发射端预编码的协作传输下，获得接收机侧的高波束成形增益和低复杂度设计的接收空间调制（Receiver Spatial Modulation，RSM）技术[95]；为了在频谱效率、部署成本和误码性能之间进行平衡，采用天线分组激活传输方案的广义空间调制技术也被提出[96]。

得益于 SM 技术的高频谱效率性能和与其他技术高融合性的特点，将 SM 技术应用在高铁场景，从而使得满足高铁场景下高速率或高频谱效率的需求成为可能。文献[97]首次将 SM 技术作为一种多天线的候选技术引入高铁通信，通过分析系统频谱效率和鲁棒性，证明 SM 技术在高铁场景下的良好应用前景。为了克服高铁场景下由列车高速移动所引起的空时相关性和载波间干扰（Inter Carrier Interference，ICI）的影响，减小多天线增益损失，大规模 MIMO-SM 技术利用高移动性削弱信道相关性，从而实现更低的成本和复杂度[98]。为了保证信道模型更加符合高铁通信场景的真实情况，文献[99]研究了非平稳宽带的高铁无线通信信道模型下 SM 系统性能，并推导出误码率性能的闭式表达式，证明 SM 系统误码率性能主要受信道相关性、多普勒频移和信道估计误差的影响。随着通信技术的不断发展，在更高频段的高铁毫米波信道下，为了保证在场景下实现 MIMO 多天线增益，混合 SM 波束成形方案被提出[100]，通过预先定义最优波束传输，能够实现性能与复杂度之间的权衡。文献[101]在[93]的基础上，将 SM-OFDM 技术引入高铁通信场景，并提出一种高精度、低复杂度的接收端检测器，从而克服 ICI 带来的干扰，保证系统具有更优的误码率性能。文献[102]在文献[101]的基础上引入广义空间调制的概念，在接收机复杂度与频谱效率之间进行权衡选择。同样为了提高高铁无线通信的频谱效率，基于毫米波信道模型，文献[103]提出了一种基于阵列块的广义空间调制方案，通过在发射端采用广义空间调制激活多个阵列块，能够获得相比于传统方案更高的传输速率和频谱效率。文献[104]在传统 SM 技术的基础上进行改进，通过在不同天线间隙下采用不同信号星座，并针对高铁通信系统提出一种基于天线组的增强型空间调制方案，研究表明所提出方案能够显著提高数据速率。通过增加传输符号的方式，文献[105]提出了一种用于高铁无线通信的新型 MIMO-SM 技术——三符号空间调制技术，相比于传统 SM 系统和双空间调制系统，其能够在传输速率、复杂度和误码率中保持良好的性能。文献[106]则将分布式思想代入高铁 SM 系统中，能够在高铁场景下获得更高的传输速率和系统增益，并且证明分布式系统比集中式系统更适合高铁场景。

2. 天线选择技术研究现状

在多天线传输系统中，多射频链路成本高以及发射机和接收机处理传输信号所需要的高计算复杂度是限制通信质量的主要问题[107]。天线选择（Antenna Selection，AS）技术被用来降低 MIMO 系统的整体链路成本和复杂度。在激活相同发射天线数量条件下，通过 AS 方案的选择传输比传统 MIMO 方案在容量性能上更有优势[108]。同时，由于 SM 技术的传输特性，将 AS 方案引入 SM 系统中，在发射端根据 CSI 调整选择激活天线，不仅能够保证发射端低链路成本优势，还能够额外获得由 AS 方案所带来的天线分集增益，从而提升 SM 系统传输容量和误码率性能[109]。

传统 SM-AS 优化选择一般采用基于欧氏距离优化天线选择（Euclidean Distance Antenna Selection，EDAS）和基于容量优化天线选择（Capacity Optimized Antenna Selection，COAS）两种方案[110][111]，但由于方案需要对所有天线组合遍历穷举选取，因此导致其算法复杂度较高。为了能够获得与穷举选择相同性能且更低复杂度的算法，研究学者们提出了基于奇异值分解、改进 QR 分解（QR Decomposition，QRD）和深度优先搜索技术的选择方案。文献[112]通过奇异值分解选取移除较小值，从而避免集合中存在较多候选量。文献[113]通过改进 QRD-AS 方案，推导出基于 QRD 更加紧密的欧氏距离下界解，从而进一步降低[112]中基于奇异值分解的 AS 方案复杂度。文献[114]通过采用深度优先搜索技术[115]寻找候选天线集合中潜在的最优天线子集，减少搜索次数从而降低复杂度。通过机器学习等数据训练方式也能够降低优化方案的复杂度，文献[116]基于信道矩阵增益的模值选取特征向量并构建监督学习分类器，以匹配 SM 的特定传输方式。文献[117]首次将机器学习方法应用于全双工 SM 系统中，通过 EDAS 和 COAS 方案作为训练标签对选取结果进行训练，但基于学习优化方式的 AS 方案均会以性能损失的代价获得复杂度增益的提高。文献[118]通过统计 CSI 的低反馈更新所选天线的数量，避免穷举搜索高复杂度问题。由于高铁信道具有很快的时变特性，实时获取完美 CSI 将会变得非常困难，因此通过统计 CSI 反馈信息选择传输天线的方式，使得 AS 方案也能够应用于高铁场景下。文献[119]通过功率分配优化的分布式天线选择方案，能够在列车高速行驶时显著降低信号切换失败概率，保证信号稳定传输。文献[120]在[119]的基础上，联合优化功率分配和 AS 方案，在最小平均发射功率的情况下显著降低算法复杂度。文献[121]通过对天线组合吞吐量的估计计算，将反馈信息传输至发送端从而选择最优发射天线，所提出基于空间复用的 AS 方案能够获得与穷举方案相同的性能，但明显降低计算数量。

1.2.4 智能超表面辅助通信研究现状

RIS（智能超表面）作为未来通信发展的主要候选技术之一，由大量低成本的无源单元组成。RIS 能够在信号传输过程中，通过对每个单元的相位调整来改变信号的传输方向，同时由于单元的无源特性，在反射信号的过程中能够具有低损耗的优势，并且不需要复杂的解码、转码等操作处理信号[122]。但 RIS 的反射特性限制了其通信服务范围仅为 RIS 表面的一侧，为了扩大通信系统的无线覆盖范围，同时折射与反射智能超表面（Simultaneously Transmitting and Reflecting Reconfigurable Intelligent Surface，STAR-RIS）辅助通信的概念被提出[123]，准确来说，STAR-RIS 表面是 RIS

表面的一种实例方式，与 RIS 相比，STAR-RIS 能够同时反射和透射位于智能超表面同侧和对侧的移动用户[124]，与 RIS 类似，STAR-RIS 由多个被动散射元件和可编程 PIN 二极管组成，通过适当的设计和配置，以自定义传播环境，并且透射信号和反射信号的功率比能够由 STAR-RIS 的硬件结构决定[125]。直视链路被阻挡情况下，不同 RIS 辅助通信传输系统结构如图 1.3 所示。

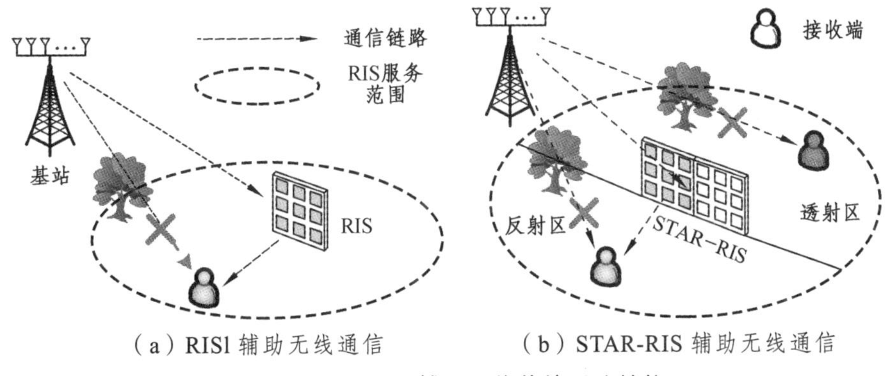

（a）RIS1 辅助无线通信　　（b）STAR-RIS 辅助无线通信

图 1.3　不同 RIS 辅助通信传输系统结构

在高铁通信环境中，由于高架桥和郊区场景占多数，因此存在大量的 LoS 分量，导致反射分量较少，RIS 的提出可以增加多径信号，从而解决部分高铁信道场景多径分量不足这一缺点。同时，由于列车的高速移动，在高铁移动通信中系统性能受多普勒频移影响严重，在以往的研究中考虑到列车移动位置的固定性，在文献[126]中提出了基于位置估计的补偿器来补偿多普勒频移，但补偿器很难在接收端持续补偿多径分量，导致信号不稳定，降低误码率性能。基于 RIS 的提出，研究人员研究了在高移动性场景下部署 RIS 以减轻多普勒频移的影响[127][128][129]，RIS 可以消除移动场景中多径衰落效应的影响，多个 RIS 的联合使用也将大大减少多普勒频移和快速衰落效应[127]。作者在文献[128]中提出了一个预测接收器的连续时间模型，研究表明，在不增加多普勒扩展的情况下，接收功率可以达到最大。在文献[129]中研究人员提出了一种 RIS 辅助的缓解高铁无线通信中多普勒频移方法，并为 RIS 提供了实时控制矩阵，以提高容量性能。

在无移动场景下，RIS 辅助的 SM 方案也被提出，在文献[130]中，首次提出将 RIS 辅助通信的概念引入索引调制（Index Modulation，IM）领域，并提出一个统一的框架来推导其平均误码率。文献[131]在[130]的基础上，采用基于 Q 函数上限的方式推导系统整体平均误码率性能，并且在基于平方欧氏距离和信噪比的方法下提出一种低复杂度的天线选择算法，证明相比于传统 SM 方案，在天线选择的辅助下，RIS-SM 方案具有更加优异的误码率性能。文献[132]所采用的性能分析方法与前两者均不同，其不涉及复杂的相位分布，获得了检测概率的新型表达式。

1.2.5 去蜂窝大规模 MIMO 技术研究现状

图 1.4 展示了由集中式大规模 MIMO 到去蜂窝大规模 MIMO 的演变过程[133]。在传统的大规模 MIMO 中，所有天线集中在一个基站上，每个基站以自身为中心服务一个小区范围内的用户。小区边缘用户由于距离小区中心服务基站过远，通信数据传输损耗大，且还会受到相邻小区严重的信号干扰[134]。为解决这类问题，通过将基站端的天线分散形成分布式 MIMO 系统，分布式基站间通过高传输效率的回程链路连接在一起协作工作。分布式 MIMO 扩大了小区范围，即降低了小区间干扰，同时基站的分布式部署也拉近了和用户间的距离，降低了路径损耗[135]。然而，由于存在回程开销巨大、部署成本高和时间同步精度高等问题，分布式 MIMO 系统的基站协作规模极其有限，其频谱效率存在一个与发射功率无关的上限[136]。为了获得更好的性能，有学者提出了结合了上述两种系统的去蜂窝大规模 MIMO 系统。在时分双工（Time Division Duplex，TDD）工作模式下，大量配备有一根或者多根天线的分布式 AP 部署在一定范围内，所有的 AP 通过前传链路和 CPU 连接在一起协同工作，在相同的时频资源块内同时为范围内的所有用户提供服务[137]。由于 AP 的数量远远大于用户的数量，因此去蜂窝网络获得了重要的信道硬化和有利传播特性，使用简单的信号处

理方法即可提供较高的频谱效率（Spectral Efficiency，SE）。同时，用户与 AP 之间的距离被进一步拉近，降低了路径损耗，可以为所有用户提供统一的良好的服务质量，提升了用户公平性[138]。

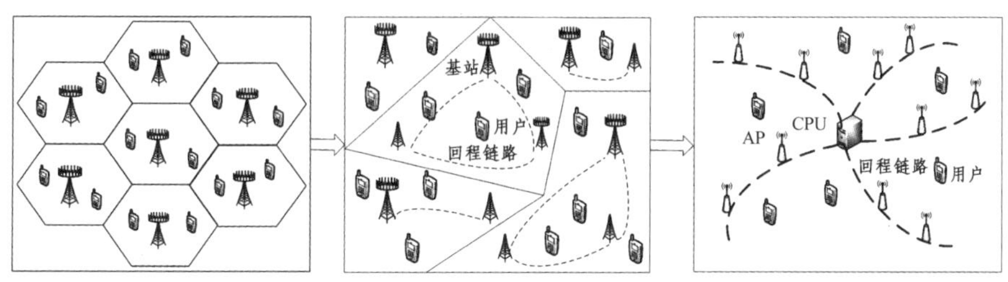

（a）集中式大规模 MIMO （b）分布式大规模 MIMO （c）去蜂窝大规模 MIMO

图 1.4 大规模 MIMO 演变过程

去蜂窝大规模 MIMO 具备灵活调节 AP 间以及 AP 与 CPU 之间信号处理方式的优点。上行传输可分为信道估计和上行数据传输两个阶段，这两个阶段的信号处理过程主要有四种方案：（1）AP 将接收的所有的导频信号和上行数据信号均直接发送给 CPU 进行处理，AP 本身只作为中继，不参与信号处理过程；（2）AP 本地完成信道估计并利用估计信息完成上行数据解码过程，本地解码信号通过前传链路传送给 CPU 做进一步的大尺度衰落解码；（3）AP 本地完成信道估计和上行数据检测并发送结果给 CPU，CPU 进行二次的简单解码；（4）AP 本地完成信道估计和上行数据检测，且 AP 之间，AP 与 CPU 之间不交换信息[139][140]。这四种层次的合作模式提供了不同的前传容量需求和计算复杂度，同时对应着不同的系统性能，可根据实际情况选择相应的工作模式。在下行链路传输阶段，由于用户端互相独立，因此发射端主要分为集中式和分布式预编码两种形式。全集中式处理在 CPU 处进行，CPU 利用全局 CSI 进行下行信号预编码操作，可有效消除信号间干扰，缺点是需要与 AP 共享 CSI，前传容量要求高。本地分布式处理由每个 AP 利用本地 CSI 进行预编码，缺点是干扰消除能力不足[141]。

理想的去蜂窝大规模 MIMO 系统难以实际实施，文献[142]中提出了“以用户为中心”的虚拟小区的方法，每个用户只选择部分具有最大大尺度衰落系数的 AP 子集参与通信过程，从而减少了回程链路的开销，还避免了距离过远 AP 的发送或检测信号带来的信号干扰和能量损耗。为了在 SE 和前传链路开销之间取得平衡，文献[143]提出了一种局部协作的迫零解码方案，可实现在 SE 损耗可以忽略的情况下降低回程开销。为进一步实现去蜂窝大规模 MIMO 技术以实际可行的方式落地部署，文献[144]利用动态协作簇的概念提出了可以扩展的去蜂窝网络。作者提出了一种新的联合初始访问、导频分配和用户聚类形成的算法，并设计了可扩展的新的信道估计，上行数据解码和下行预编码方案，以保证其性能接近理想的不可扩展状态下的去蜂窝网络。文献[145]提出了一种初始接入算法、一种局部大规模衰落解码策略、两种导频分配方案和一种分数功率控制策略，实现了可扩展的大规模接入。

1.3 本书主要内容

本小节主要对本书所研究内容和章节的安排进行简要阐述。

第 1 章：针对 5G 关键技术在高速铁路无线通信系统中的应用，介绍了高铁无线通信系统的发展历程以及面临的新的挑战。同时分析了高铁场景下无线通信相关技术的发展现状，包括毫米波技术、多 AP 协作技术、轨道交通预编码技术、空间调制与天线选择技术、智能超表面技术以及作为一种新的部署范式的去蜂窝大规模 MIMO 技术，并阐述了相关技术在高铁场景下实际应用的优势，从而奠定本书的研究基础。

第 2 章：主要对高铁场景下大规模 MIMO 系统及相关技术展开论述，详细介绍了常用的预编码方案和优化方法。然后，针对高铁无线通信切换问题，详细描述了切换技术的发展和分类，并给出了不同发展时期具体的切换方案流程。最后，对高铁场景下空间调制技术和去蜂窝大规模 MIMO

技术的系统模型和传输性能进行了详细的介绍。

第 3 章：针对系统接入设备增加带来的高能耗问题，提出了一种基于去蜂窝大规模 MIMO 的能效均衡方案，并分析了该方案下系统频谱效率和能量效率的均衡。然后以最大化系统能效为目标，提出了一种基于 Dinkelbach 方法的混合精度移相器量化混合预编码结构。同时，分析了移相器不同量化精度和不同信噪比等对系统能效的影响。

第 4 章：针对高铁场景下实际部署去蜂窝网络存在计算复杂度高、前传容量要求高的问题，设计了一种包括初始接入、基于模糊 c 聚类的用户分簇和启发式功率分配策略的可扩展的 NOMA 辅助的去蜂窝大规模 MIMO-OFDM 系统，推导了载波间干扰影响下的下行链路可实现频谱效率的闭式表达式，并分析了运行速度、AP 数量、莱斯因子等因素对系统和速率性能的影响。

第 5 章：针对高铁场景中列车在小区重叠区域的乒乓切换效应而导致信号传输不稳定的问题，研究通过调整波束成形矢量来调整接收信号强度的无缝越区切换方案。在切换准备阶段，通过联合设计目标小区和服务小区的波束成形矢量，使列车在小区重叠区域持续满足切换判决条件，并通过凹凸过程和二阶锥规划求解优化目标，从而缓解乒乓切换的发生。

第 6 章：针对轨旁障碍物对通信链路传输造成通信中断的问题，研究智能超表面辅助抗阻塞混合预编码设计。首先在轨旁部署智能超表面对通信链路进行重构，使信号在视距链路阻塞时可以通过表面对信号进行折射。然后以最大化系统传输速率为优化目标，并通过块坐标下降方法对预编码矩阵和可重构表面反射矩阵分别进行优化求解，并分析了基站高度、收发端距离、发射功率等因素对通信稳定性的影响。

第 7 章：针对列车在高速移动中大容量接入受限所引起的低传输速率问题，提出一种高速场景下 RIS 辅助的 RSM 传输方案，并基于矩量母函数和 Jensen 不等式推导了系统误码率和遍历容量上界表达式。然后基于天线移除和最优单元选择原则，提出一种天线与 RIS 单元的选择算法提升系统容量，为高铁场景下补偿多普勒频移提供指导。

第 8 章：为了解决高铁场景下由于封闭车厢所带来的高信号穿透损耗和性能损失问题，研究分布式 STAR-RIS 与 SM 协作传输方案。首先基于发射端与多个 STAR-RIS 之间的信道质量信息，对分布式 STAR-RIS 进行选择激活，并通过透射方式传输信息。然后基于容量最大化原则采用梯度投影法对相移矩阵进行优化设计，从而保证列车在高速移动状态下保持信号高速率传输。

PART

第2章　高铁场景下大规模MIMO系统及相关技术

2.1 高铁预编码技术与优化方法研究

为了进一步提升毫米波大规模 MIMO 通信系统性能，并解决毫米波频率过高所带来的高衰落与低穿透问题，往往采用在基站端部署大规模天线阵列，利用数字基带模块与模拟射频模块产生具有高增益的波束。预编码技术通过对传输信号的幅度和相位进行调整，使发送信号更好地适应衰落信道，同时还利用射频链路对信号进行功率的放大，降低信号在传输过程中的衰落。预编码技术可分为线性预编码与非线性预编码，其中线性预编码有迫零（Zero Force，ZF）预编码、最大比传输（Maximum Ratio Transmit，MRT）预编码以及最小均方误差（Minimum Mean Square Error，MMSE）预编码等；而非线性预编码有脏纸预编码（Dirty Paper Coding，DPC），Tomlinson-Harashima 预编码（Tomlinson Harashima Precoding，THP）以及矢量扰动（Vector Perturbation，VP）预编码等。

2.1.1 传统线性预编码技术

1. ZF 预编码

ZF 算法的主要利用信道的正交性来设计预编码矩阵。通过设计信道零空间矩阵使得所有用户的信道正交，从而使用户端解码时一定程度上消除用户间干扰。ZF 预编码矩阵可以表示为

$$\boldsymbol{F}_{\mathrm{ZF}}=\rho_{\mathrm{ZF}}\boldsymbol{H}^{\mathrm{H}}(\boldsymbol{H}\boldsymbol{H}^{\mathrm{H}})^{-1} \tag{2.1}$$

其中，ρ_{ZF} 为约束轨旁基站发送功率的系数，且满足 $\rho_{\mathrm{ZF}}=1/\sqrt{\mathrm{tr}(\boldsymbol{P}_{\mathrm{ZF}}\boldsymbol{P}_{\mathrm{ZF}})}$，$\boldsymbol{P}_{\mathrm{ZF}}=\boldsymbol{H}^{\mathrm{H}}(\boldsymbol{H}\boldsymbol{H}^{\mathrm{H}})^{-1}$，为基站的发送功率矩阵。观察可以发现，ZF 预编码是在求解过程中计算传输信道矩阵的逆来构建信号的正交性，但是 ZF 预编码在放大有用信号的同时对也放大噪声。因此，在 SNR 比较低的时候，采用 ZF 预编码的系统接收端的误码率性能较差。同时如果有用的信号和干扰具有强相关性，那么 ZF 并不是最优的选择。

2. MRT 预编码

MRT 预编码具有复杂度低、设计简单的特点，被广泛应用于通信系统中。在基站接收到用户发送的上行导频信号并做出对应的信道估计后，通过将预编码矩阵设计为估计信道的转置，使发送信号的秩达到最大，具体表示为

$$\boldsymbol{F}_{\mathrm{MRT}}=\rho_{\mathrm{MRT}}\boldsymbol{H}^{\mathrm{H}} \tag{2.2}$$

其中，ρ_{MRT} 为约束轨旁基站发送功率的系数，且满足 $\rho_{\mathrm{MRT}}=1/\sqrt{\mathrm{tr}(\boldsymbol{P}_{\mathrm{MRT}}\boldsymbol{P}_{\mathrm{MRT}})}$，$\boldsymbol{P}_{\mathrm{MRT}}=\boldsymbol{H}^{\mathrm{H}}$。但由于 MRT 预编码设计简单，使得性能不足以满足高速移动的列车通信。同时，MRT 算法依赖于基站端的信道估计准确度，当信道的估计误差较大时，可能会影响用户的接收信号质量。

3. MMSE 预编码

MMSE 预编码算法目的是使接收信号矢量与发送信号矢量之间均方根误差最小，从而实现以最低的误码率传输。首先假设用户 k 接收信号表示为

$$\boldsymbol{y}_k=\sqrt{\rho_{\mathrm{MMSE}}}\boldsymbol{H}\boldsymbol{F}_{\mathrm{MMSE}}\boldsymbol{s}_k+\boldsymbol{n}_k \tag{2.3}$$

其中，$\rho_{\mathrm{MMSE}}=\sqrt{1/\mathrm{tr}(\boldsymbol{F}_{\mathrm{MMSE}}\boldsymbol{F}_{\mathrm{MMSE}})}$，$\boldsymbol{n}_k$ 为均值 0、方差 σ_n^2 的加性高斯白噪声。同时，构建最小化函数

$$MSE=\min\left(\mathbb{E}\left\{\left\|\boldsymbol{y}_k/\sqrt{\rho_{\mathrm{MMSE}}}-\boldsymbol{s}_k\right\|_2^2\right\}\right) \tag{2.4}$$

通过对范数平方式进行展开，并考虑发送信号与加性噪声的正交性，最终可以将最小化函数化简为

$$\begin{aligned}MSE=&\mathrm{tr}(\boldsymbol{H}\boldsymbol{F}_{\mathrm{MMSE}}\boldsymbol{F}_{\mathrm{MMSE}}^{\mathrm{H}}\boldsymbol{H}^{\mathrm{H}}-\boldsymbol{H}\boldsymbol{F}_{\mathrm{MMSE}}-\boldsymbol{F}_{\mathrm{MMSE}}^{\mathrm{H}}\boldsymbol{H}^{\mathrm{H}}+\boldsymbol{I}_{N_r})+\\&\frac{\sigma_n^2\boldsymbol{I}_{N_r}}{\rho}\mathrm{tr}(\boldsymbol{F}_{\mathrm{MMSE}}\boldsymbol{F}_{\mathrm{MMSE}}^{\mathrm{H}})\end{aligned} \tag{2.5}$$

将均方根误差函数对预编码矩阵求偏导 $\partial\text{MSE}/\partial\boldsymbol{F}_{\text{MMSE}}=0$，并化简可得最优预编码矩阵为

$$\boldsymbol{F}_{\text{MMSE}}=\left(\frac{\sigma_n^2 N_r}{\rho_{\text{MMSE}}}\boldsymbol{I}_{N_r}+\boldsymbol{H}^{\text{H}}\boldsymbol{H}\right)\boldsymbol{H}^{\text{H}} \tag{2.6}$$

与其他预编码方法相比，MMSE 预编码方法具有较高的性能收益和计算复杂度，在误码率上优于大部分预编码方法。

2.1.2 传统非线性预编码技术

与传统的线性预编码方法不同，非线性预编码方法往往具有较高的实现复杂度。同时，非线性预编码方法可以更好地满足系统的通信需求。如当用户信号存在等级时，连续干扰消除方法可以根据解码顺序的不同，对信息进行防泄漏处理。

1. DPC 预编码

DPC 预编码是最早被提出来的一种多用户非线性预编码方法，也是最理想的一种预编码方法[146]。如果第二个用户能在不受第一个解码用户的干扰下完全解码自己的信息，这便等价于只存在信道噪声的传输方式，没有用户间干扰。其基本原理可以表示为：在一张空白的纸上写好第一个用户所要传递的信息；然后在保证第一个用户的信息能被完全看清楚的情况下，写第二个用户的传递信息；以此往复直到所有用户信息全部写完。其中，在纸上编写用户信息即为编码，保证完全看清则为接收端解码。显然，当用户数过多时，DPC 预编码的实现复杂度过高，计算量也非常大，难以满足通信系统的低能耗以及低时延的需求。

2. Tomlinson-Harashima 预编码

THP 通常被认为是由 DPC 化简所得，由 Tomlinson 和 Harashima 提出[147][148]。THP 能够通过限制基站发射功率从而减小硬件噪声的功率，因此相比于传统的线性预编码，THP 有着更低的误码率[149]。

如图 2.1 所示，THP 主要包括两部分，在发送端存在反馈矩阵、前馈矩阵和功率限制器；在接收端包括加权矩阵和取模运算。发送信号根据反馈矩阵进行取模运算，得到信道的编码，再通过前馈矩阵对信号进行功率调整发送。接收端先进行功率归一化的恢复，再根据加权矩阵与取模运算恢复信号。从形式上看简化了 DPC 编码的步骤，能够一定程度上降低系统的复杂度。

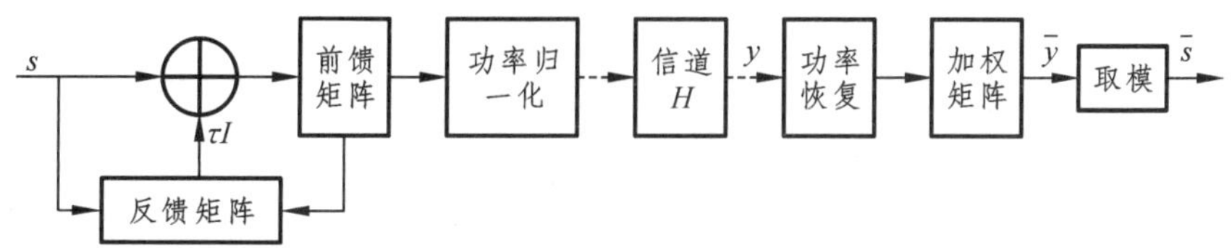

图 2.1　THP 系统传输模型

3. VP 预编码

在线性预编码（如 ZF 或 MMSE）的基础上，有学者对原始信号再额外添加一个扰动约束，使经过预编码器的信号功率最小化，这样的操作称为矢量扰动（Vector Perturbation，VP）预编码[150]。与 ZF 线性预编码不同的是，VP 预编码可以通过扰动实现最小化等效噪声功率，从而提高传输性能。然后，在信号接收端，由于取模运算可以对接收信号的功率进行重置，因此，通过对信号取模消除添加的扰动，实现信号恢复。

如图 2.2 所示，VP 预编码与 THP 预编码的主要不同在于基站端对信号的处理方式以及对应的解码方式。利用特定的矢量扰动算法，将发送信号的功率保持在较低的数值，从而减少传输功率。然而，当窃听端已知合法端的信道信息时，窃听端便可恢复预编码信息，传输的安全性无法得到保障。

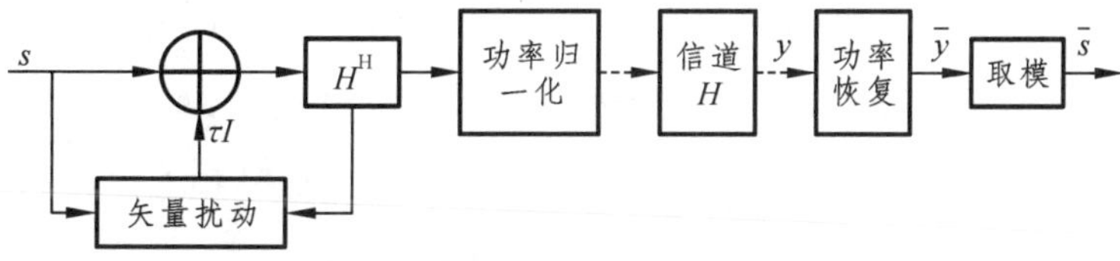

图 2.2　VP 预编码系统传输模型

综上所述，不同预编码算法的对比如表 2.1 所示。通过观察可以发现，传统的线性预编码在实现复杂度上远远小于非线性预编码。这是由于线性预编码往往没有很好地追求系统的传输性能，如误码率等，且线性算法往往依赖系统对信道状态信息的估计准确度。而非线性预编码由于需要对信号进行额外的抗噪声抗干扰等操作，因此系统的复杂度较高。

表 2.1 预编码算法对比

算法名称	复杂度	优点	缺点
ZF 预编码	低	可有效消除用户间干扰	放大信道噪声误码率高
MRT 预编码	低	实现简单，低信噪比性能好	对干扰信号无处理
MMSE 预编码	较低	误码率低	实现复杂、性能一般
脏纸预编码	较高	系统性能好，抗干扰能力强	极高的实现复杂度
THP 预编码	高	可抑制噪声，误码率低	实现复杂度高
VP 预编码	高	系统传输性能好	安全性无法保障

同时，对线性预编码与非线性预编码的系统误码率性能进行对比，如图 2.3 所示。观察可得，线性预编码在低信噪比区域时，系统的误码率远远不足非线性预编码方法。这是因为非线性预编码在基站传输时，存在反馈操作与信道搜索算法等步骤，提高了信号传输错误的概率。而线性预编码只能受信号噪声影响误码率低下。在高信噪比时，MRT 预编码由于对信道噪声也存在方法作用，因此误码率性能最差。而 ZF 预编码随着信噪比增加，误码率逐渐高于 MMSE 性能。综合考虑，与线性预编码相比，非线性预编码尽管实现复杂，但系统所实现的性能更优。

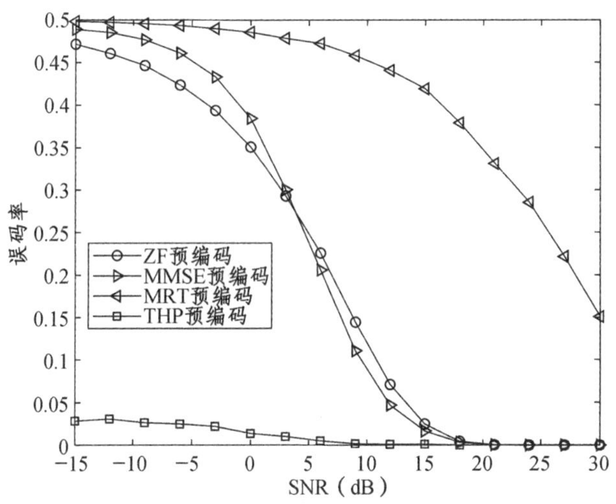

图 2.3　不同预编码方案误码率的比较

2.1.3　常见预编码优化方法

1. 连续凸近似方法

连续凸近似（Successive Convex Approximate，SCA）方法是一种常见的优化方法[151]。当优化函数为连续且非凸时，考虑采用连续 SCA 方法对优化函数进行近似转换，从而化为近凸函数。SCA 通过引入凸函数对原函数进行逼近，并不断迭代，最终令逼近函数替代原函数进行优化优解。SCA 算法示意图如图 2.4 所示，其中 $f(x)$ 为原函数，观察可以发现原函数连续，但所求的解存在一定概率为局部最优解。故采用逼似函数 $f(x,\bar{x})$ 对原函数 $f(x)$ 进行逼近。取任意一点 x_1，并求原函数 $f(x)$ 在 x_1 点处的导数 $f'(x_1)$。然后定义一个逼近函数 $f(x,\bar{x})$ 且要求逼近函数在 x_1 点处的导数与原函数的导数相同，即 $f'(x_1,\bar{x}_1)=f'(x_1)$。再按照此方法不断循环迭代，从而得到满足精度要求的近似解。

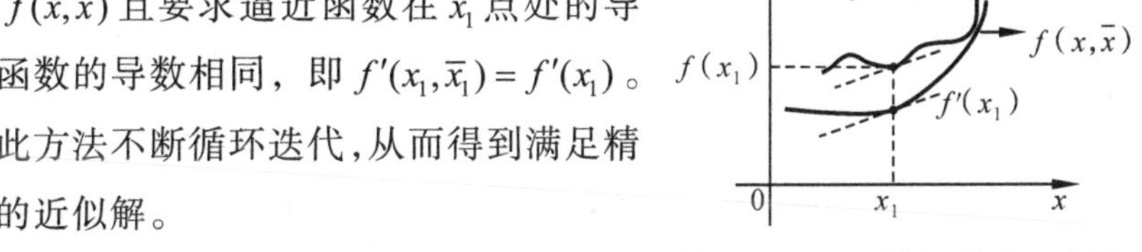

图 2.4　SCA 算法逼近示意图

SCA 的方法应用于求解目标函数非凸和

条件约束非凸的情况，主要是通过迭代求解一系列与原问题相似的凸优化问题，当最终收敛条件成立时，此时得到的解便可以近似看成原问题的解。

2. 凹凸过程方法

凹凸过程（Concave Convex Procedure，CCCP）优化方法是一种单调递减的全局优化方法[152]。它主要针对优化目标为“凸-凸”和“凸＋凹”的两种形式的优化函数求解。当目标函数 $f(x)$ 可以写成一个凹函数 $f_{\text{cav}}(x)$ 和一个凸函数 $f_{\text{vex}}(x)$ 的和式，即 $f(x)=f_{\text{cav}}(x)+f_{\text{vex}}(x)$，再求解 $f(x)$ 的最小值，凹凸过程如下：

（1）初始化变量 x^0；

（2）计算 $x^{n+1}=\arg\min\limits_{x}(f_{\text{cav}}(x^n)+f_{\text{vex}}(x^n)x^n)$；

（3）输出最优值 $x^*=x^n$。

图 2.5 中表示为两个凸函数的图像，其中上面曲线为 $f_1(x)$，下面曲线为 $f_2(x)$。CCCP 算法本质上是寻找两个凸函数之间梯度相同的两个点，再逐步减小两个函数之间的距离，使其收敛到距离最接近的点。如图 2.5 所示，首先在 $f_2(x)$ 曲线上找到一个点 x_1，并求得曲线在 x_1 的梯度 $f_2'(x_1)$。其次，寻找函数 $f_1(x)$ 中与 x_1 梯度相同的点，并取得横坐标 x_2。将 $f_1(x_2)$ 的横坐标投影到 $f_2(x)$ 上得到 $f_2(x_2)$，一直重复下去，直到收敛到最小距离的点（图 2.5 中为 x_4）。

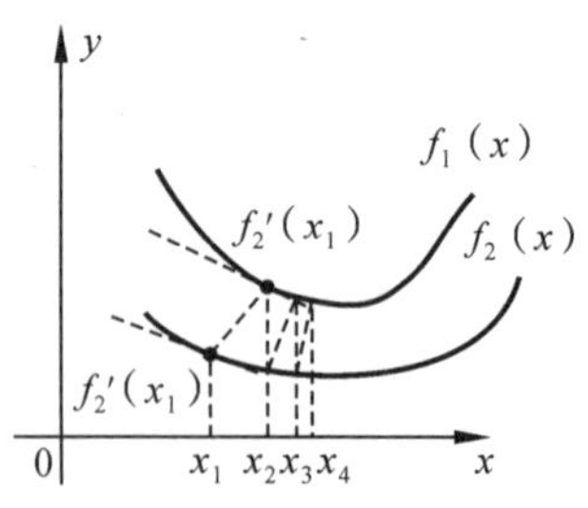

图 2.5　CCCP 算法优化示意图

由于优化方法本身存在两层优化求解，一是对第二步的最小值求解，第二层是对于整个优化函数的梯度求解，造成方法在复杂度与计算量上有一定实现难度。

3. 块坐标下降优化方法

块坐标下降（Block Coordinate Descent，BCD）方法主要针对一个最小化的多元函数优化问题[153]。由于需要考虑多个变量之间的耦合关系，因此 BCD 采用每次只研究一个变量优化问题的方法，多次交替迭代循环，最终得到多元函数的解。传统的 BCD 优化方法具体步骤可以分为：

（1）定义 loss 函数 $\frac{1}{N}\sum_{i=1}^{N}(\boldsymbol{y}_i-\boldsymbol{x}_i^{\mathrm{T}}\boldsymbol{\beta})$，其中 $\boldsymbol{x}$ 和 $\boldsymbol{\beta}$ 均为 p 维自变量向量；

（2）定义惩罚函数为 $\sum_{j=1}^{p}\boldsymbol{\beta}_j$；

（3）定义目标函数 $L=\frac{1}{N}\sum_{i=1}^{N}\left(\boldsymbol{y}_i-\boldsymbol{x}_i^{\mathrm{T}}\boldsymbol{\beta}+\lambda\sum_{j=1}^{p}\left|\boldsymbol{\beta}_j\right|\right)$；

通过固定 $\boldsymbol{\beta}$ 变量，在每一轮迭代优化过程中，只优化 $\boldsymbol{x}_j$，其中 j 从 1 到 p 进行遍历。此时有 $L={}^{1}\!/_{N}\sum_{i=1}^{N}(\boldsymbol{r}_i-\boldsymbol{x}_{ji}\boldsymbol{\beta}_j+\lambda\boldsymbol{\beta}_j)$，其中 $\boldsymbol{r}_i=\boldsymbol{y}_i-\sum_{k\neq j}\boldsymbol{x}_{ki}\boldsymbol{\beta}_k$ 的残差。将 L 展开可以得到关于 $L(\boldsymbol{\beta})$ 的一个开口向上的二次函数。再求解得到使目标函数最小化的变量 $\boldsymbol{x}$ 的值后，对变量 $\boldsymbol{\beta}$ 进行同样的优化操作。

2.2 高铁通信系统切换技术

高速铁路的快速发展对高铁场景下的移动管理提出了新的需求，未来的蜂窝网络需要通过致密化基站来支持具有增强数据速率的数据密集型应用。但除了提供高数据速率之外，信号连接的连续性和可靠性也是不可忽视的要点。移动管理中的切换管理是信号持续和可靠连接的重要组成部分。

2.2.1 切换技术的发展和分类

早在 1978 年，人们便对 1G 的切换过程进行了测试，其中包括了用户辅助过程以及切换决策。在 2G 网络过程中，为了加速切换过程，其减少小区覆盖面积，并且使用了分布式切换决策，但是在切换期间有较高的信令开销，同时为了解决乒乓问题，在切换决策的过程中添加了迟滞余量。在 3G 的切换过程中，软切换算法被广泛应用，单频网络允许两个基站同时通信，这种先接后断的思想提高了链路增益，但增加了对其他用户的干扰。到了 4G 及 5G 网络，网络结构上增加了更多的基站，所产生的小小区导致出现更小的切换区域，但并没有时间进行大量的信令切换，这对切换过程的优化有着较高的要求[154]。

切换的分类法有多种，常见的分类如图 2.6 所示，按组网拓扑、触发原因和是否下发测量可分为三个大类。在组网拓扑分类中，根据载频，切换可以分为频间和频内切换；根据网络层侧结构，切换可以分为系统间切换和系统内切换[155]。另外，根据建立通信链路途径，切换又可以分为硬切换和软切换。根据切换的控制方式，切换可以分为三种类型：网络控制的越区切换、移动台控制的越区切换、移动台辅助的越区切换。根据切换过程中涉及的无线接入技术，切换主要分为水平切换和垂直切换。当用户在具有相同无线接入技术的网络之间切换时，发生水平切换；在不同的无线接入技术网络之间的切换为垂直切换。

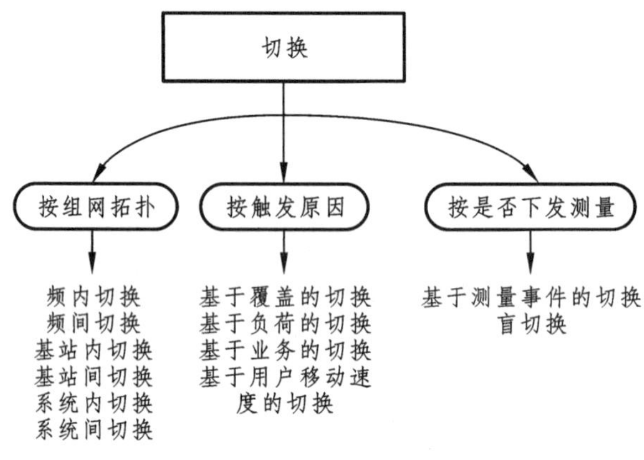

图 2.6 切换分类图

水平切换是最常见的切换形式，假设模型中所有的切换都为水平切换，水平切换又可以分为移动服务控制器（Mobile Service Controller，MSC）内切换和 MSC 间切换，这两种类型的切换如图 2.7 所示。

MSC 内切换是由单个基站控制的小区之间或者由一个 MSC 控制的两个不同基站之间的内部切换，涉及三个实体：服务基站、目标基站和用户。MSC 间切换是由多个 MSC 控制的多个基站的切换。目前，较为常见的为 MSC 内的基站切换。

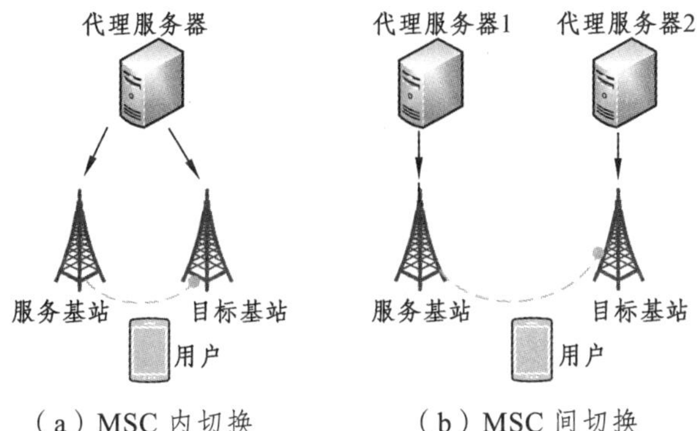

图2.7　水平切换类型

2.2.2　基于GSM-R的越区切换技术概述

GSM-R的越区切换过程可以划分为四个阶段：切换测量、切换触发、小区选择和切换执行，具体切换图示如图2.8所示。

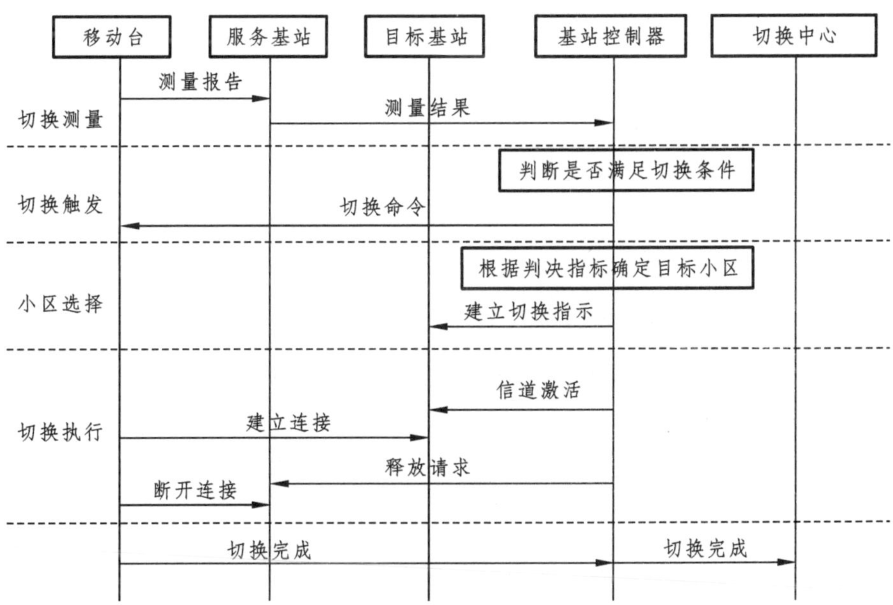

图2.8　GSM-R系统切换信令流程图

在切换测量阶段，移动台测量当前服务小区和相邻小区的参数配置情况，上行链路接收质量，未指配时隙的干扰电平等信息。移动台根据参数信息生成测量报告并发送网络，测量报告包括移动台周期性地向网络发送的下行链路报告和基站自身对上行链路的报告[156]。

切换触发阶段包括基站子系统预处理过程和门限值判决过程。基站控制器接收到来自基站收发机的测量报告后，需要对两种测量报告进行预处理，将接收信号电平、接收信号质量和功率值的测量样本值根据相关的参数设定进行算术平均和加权，而后与相关门限进行对于比，一旦满足相应的触发条件，则切换触发。

在 GSM-R 通信系统中的切换，以小区间切换选居多。基站控制器或者移交切换中心可根据生成的相邻的小区列表，从中选择最优的相邻小区执行切换。选定目标小区后，就进入切换执行阶段，需在目标小区激活新的信道，然后移动台根据基站控制器发送的切换命令消息与目标小区建立新的连接，并与原服务小区断开连接，结束切换。

具体的切换过程为：

（1）基站控制器根据接收到的测量报告进行切换判决，并触发切换。基站控制器向目标小区发送信道激活消息，以请求一条空闲信道。若目标小区存在空闲信道，准备接收移动台，则返回信道激活确认消息。

（2）基站控制器向当前服务小区发送切换命令消息，其中包含新信道特征、发射功率参数等。服务基站收到之后转发给移动台。

（3）移动台根据收到的信息调整频率，接入到新的信道上，并向目标小区发送一个切换接入突发脉冲。

（4）目标小区的基站接收到突发脉冲之后，将激活时间值返回给移动台。

（5）移动台通过目标小区基站向基站控制器发送切换完成消息。

（6）基站控制器收到消息之后通知原先的服务小区基站释放信道资源。

2.2.3 基于 LTE-R 的越区切换技术概述

在高速环境下，列车速度最高能达到 500 km/h，列车运行速度非常快，切换非常频繁，因此 LTE-R 网络能够始终与列车保持连接非常重要。欧洲电信标准协会要求铁路通信的各种切换成功率均应≥99.5%。由于 LTE 系统没有考虑高铁无线通信的独特特性，切换性能难以满足欧洲电信标准协会的要求。

在 LTE 系统中，由于基站的覆盖范围有限，当高速列车到达小区边缘时，为了保障列车与基站间的通信质量，在小区重叠区域需要对列车与基站的通信链路进行切换。在 LTE 中存在四种切换类型：基站的内部切换、通过 X2 接口的基站之间的切换、通过 S1 接口的基站切换以及其他系统之间的切换。基于 X2 接口的切换是发生在同一个移动管理实体控制下的不同基站间的切换，且优先级高于基于 S1 接口的切换。使用 S1 接口的切换具有更复杂的切换过程，会导致更高的延迟，而基于 X2 接口的 LTE-R 网络可以在网络侧提供更可靠的和更快的切换路径。

LTE-R 的切换过程涉及用户设备、基站、移动管理实体和核心网。LTE-R 中基于 X2 接口的切换主要分为三个阶段：切换准备阶段、切换执行阶段和切换完成阶段[157]。切换准备阶段是 LTE-R 中切换过程中的关键，而切换测量阶段又是切换准备阶段中的重要环节。LTE-R 切换测量阶段是由用户和基站共同完成，可以分为测量配置、物理层测量、测量滤波和测量上报。当用户收到基站发来的测量控制信息后，按照控制信息对当前服务小区和目标小区的物理层进行测量，并生成测量报告。测量数据包括参考信号接收功率、参考信号接收质量，参考信号强度指示和距离等。

在 LTE 中规定了两种不同的测量报告，分别为周期报告和基于事件的触发报告，现有对 LTE 切换的研究都聚焦在基于时间的触发条件，总共有 7 种，为 A1 ~ A5 和 B1 ~ B2。当基站收到测量报告后，基站根据切换触发事件决定是否进行切换，目前大多数切换过程优化都采用 A3 事件作为判决条件。

总的来说，整个切换过程可以分为切换操作点之前和之后两个部分，也就是切换决策和切换执行部分。切换决策部分是服务基站决定最佳的执行点的过程，具有取决于信道的可变延迟。切换执行部分是通过交换控制消息来改变连接基站的过程，这一部分具有相对固定的延迟，并且很少受到信道条件的影响。

LTE-R 具体的切换过程如图 2.9 所示。

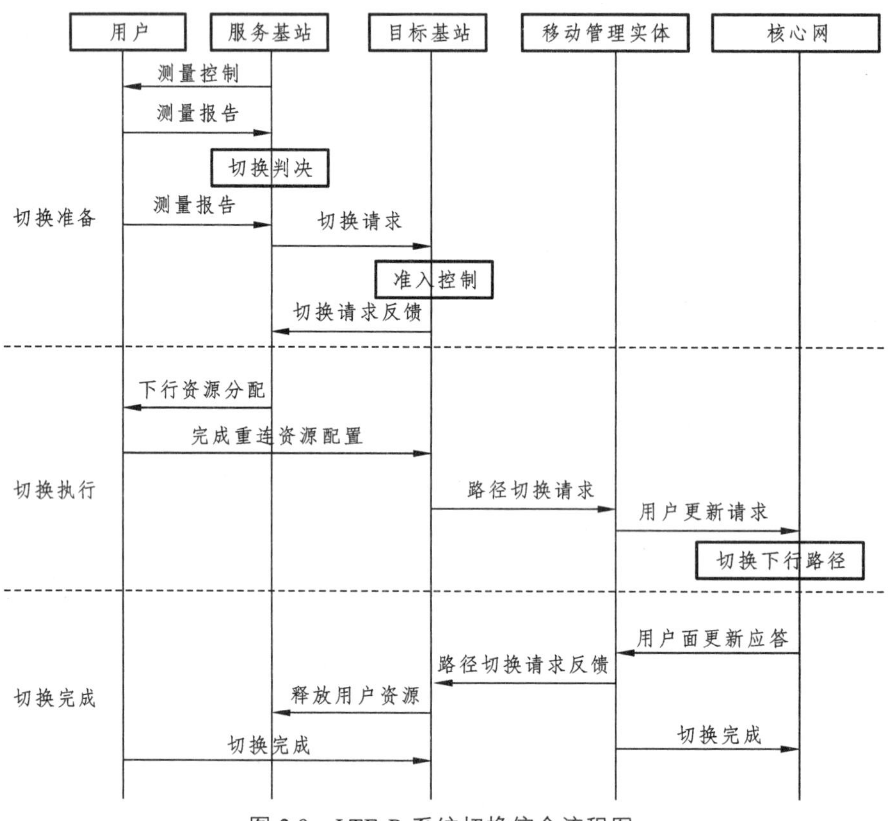

图 2.9 LTE-R 系统切换信令流程图

（1）切换准备：当用户进入无线资源控制时，基站通过无线资源控制重配置消息给用户下发测量控制消息，用户收到测量控制消息后进行测量，满足报告标准时进行测量上报。

服务基站判断是否满足测量标准，若满足切换条件，服务基站发送切换请求消息给目标基站，目标基站接收到切换消息后会进行准入判断并向目标基站发送切换请求许可指令，切换准备成功。

（2）切换执行：源基站通过无线资源控制重配置消息给用户发送切换指令，该消息携带目标小区给用户分配的资源信息，并停止发送下行数据。

（3）切换完成：用户收到无线资源控制重配置消息后，按照切换命令的信息在目标基站发起随机接入过程，信号连接从服务基站切换到目标基站后目标基站向服务基站发送用户连接释放消息，指示服务基站删除用户。

2.2.4 基于 5G-R 的切换技术概述

随着 5G 技术的发展，毫米波频段为频谱受限的无线通信提供了更大的带宽以提高传输速率。但是毫米波波长太短，信号在传输的过程中会经历严重的路径损耗，随着路径损耗在较高频率上的增加，需要更多数量的波束来增加覆盖范围。

在高铁通信场景中，轨旁基站和车顶中继上都可以装配线性或者平面天线阵列，以此通过大规模天线阵列的集中辐射增益，实现信号的精准覆盖。在高铁这种复杂场景，信号的精准覆盖为高铁无线信号传输提供了新的技术支撑[158]。由此，5G-R 中的切换也可以理解为波束的切换，高铁通信过程中信号的切换过程依赖于多波束协作，对于单个小区内的波束切换，是同一个基站发出的多个窄波束与车载中继的对齐。多波束操作是 5G 区别于 LTE 的关键特性之一，有助于满足 5G 的数据传输需求。

用户测量基站端发送的一组模拟波束，并向基站报告波束质量，然后基站将一个或少量的模拟波束分配给用户。波束切换的过程参考越区切换，也可以分为三个部分，首先也是对波束的信号强度进行测量，而后上传报告，确定要切换的波束，最后进行波束的重连接，但不同的是，5G-R 波束的切换一般是硬切换。

5G 中波束的数量通常都很大，因此在有效的波束测量期间确保低开销和用户复杂性非常重要。随着列车的移动，基站和用户找到波束方向以确保良好的通信质量，当服务波束的质量下降时，列车的信号连接从服务波束切换到目标波束。波束间切换只涉及基站跟用户，在 A3 事件的判决条件下，根据基站功率以及用户速度完成切换过程。5G-R 的切换信令流程如图 2.10 所示。

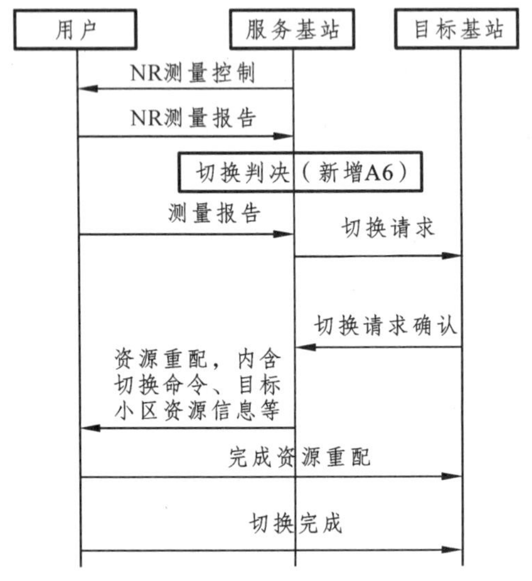

图 2.10　5G-R 系统切换信令流程图

5G-R 系统中，采用了独立组网架构，越区切换流程同 LTE-R 一样包括了测量阶段、判断阶段和执行阶段，切换原理与 LTE-R 基本一致。5G-R 系统中的波束被应用在更高的频段，但是相应的短波长通信也更容易造成 5G-R 系统波束中断连接，在切换过程中信号的中断概率也较高。

5G-R 切换的具体流程如下：

（1）触发测量：当完成一次切换后，用户就开始测量当前服务小区和目标小区的信号强度，若配置信息更新，基站也会发送更新的测量控制信息，测量控制信息包括测量对象、用户配置和测量事件。

（2）目标判决：基站以测量报告为基础，按照报告先处理的方式选择切换小区，并选择相应的切换策略。根据测量控制的相关配置，用户检测无线信道和来自服务小区与目标小区的接收信号强度，当满足测量报告条件时，服务基站向目标基站发送切换请求消息，同时目标小区为用户分配资源，同时考虑上一步中接收到的重配置信息。

（3）资源重配置：基站通过向用户发送重配置信息来触发切换，该消息包括连接到目标小区所需要的信息，目标小区服务地址及所选安全算法的目标小区安全算法标识符。

（4）切换执行：服务基站向目标基站发送状态转换消息，转化上下行链路的状态，服务基站开始缓存数据，并转发到目标基站。目标基站发起随机接入过程。

（5）切换完成：用户成功连接到目标小区后，通过向目标基站发送重配置信息完成切换过程，用户向目标基站发送上行数据。

5G-R 中的切换扩大了每个触发事件的取值范围，与 LTE-R 相比，允许更高或者更低的接收信号强度。在 5G-R 的切换过程中，应切换算法应用较为普遍。5G-R 的切换中增加了新的切换测量上报触发事件 A6，具体事件描述如表 2.2 所示。

表 2.2　5G-R 通信系统中切换事件

事件	切换触发条件	条件描述
A1	$Q_s > Q_{th} + H_{ys}$	服务基站信号强度大于阈值
A2	$Q_s + H_{ys} < Q_{th}$	服务基站信号强度小于阈值
A3	$Q_t + O_{ft} + O_{ct} > Q_s + O_{fs} + O_{cs} + O_{ff} + H_{ys}$	目标基站信号强度大于服务基站一个迟滞余量
A4	$Q_t + O_{ft} + O_{ct} > Q_{th} + H_{ys}$	目标基站信号强度大于阈值
A5	$Q_s + H_{ys} < Q_{th1}$，$Q_t + O_{ft} + O_{ct} > Q_{th2} + H_{ys}$	服务基站与目标基站信号强度大于不同阈值
A6	$Q_t + O_{ct} - H_{ys} > O_{cs} + O_{ff}$	服务基站信号强度大于阈值及迟滞余量
B1	$Q_{in} + O_{ft} > Q_{th} + H_{ys}$	无线接入点间的信号强度大于阈值
B2	$Q_s + H_{ys} < Q_{th1}$，$Q_{in} + O_{ft} - H_{ys} > Q_{th2}$	服务小区的信号强度小于阈值 1 且无线接入点间信号强度大于阈值 2

2.3 高铁通信场景下空间调制技术

2.3.1 空间调制技术基本原理

基于无线通信发展的高容量需求，MIMO 技术通过在发射端和接收端配备大量天线用于信号传输，依靠分集增益或波束成形增益来提升系统容量或系统增益。但大量天线的架设会毫无疑问地增加了系统整体成本。同时天线间同步性、信道之间存在干扰和多链路成本等问题也给系统实现造成困扰。

基于上述问题，空间调制技术作为一种新型的多天线技术，将空间维度作为传输资源应用在无线通信中，通过将传输比特信息映射在天线序号索引中，建立不同比特信息与发射/接收天线序号之间映射关系，在传输过程中能够以索引信息作为额外传输信息来增加传输速率[159]。并且由于空间调制在每个传输时隙中仅激活一根发射/接收天线进行传输，其他天线不参与信号传输过程，因此避免了发射/接收天线之间的同步性，不同天线信道之间的相互干扰问题也被消除。同时，因为只有一根天线被激活，射频链路的成本问题可以被很好地解决，即通过减少了射频链路的个数从而降低整个传输系统的复杂性。在高铁场景下，空间调制技术的优势也同样可以保留。由于列车高速移动所产生的多普勒频移和强信道空时相关性，空间调制技术能够利用列车的高速移动有效地降低信道的空时相关性，同时降低由此带来的载波间干扰问题，这使得空间调制技术在高铁场景下具有很强的应用潜力。基于空间调制技术的传输系统结构如图 2.11 所示。

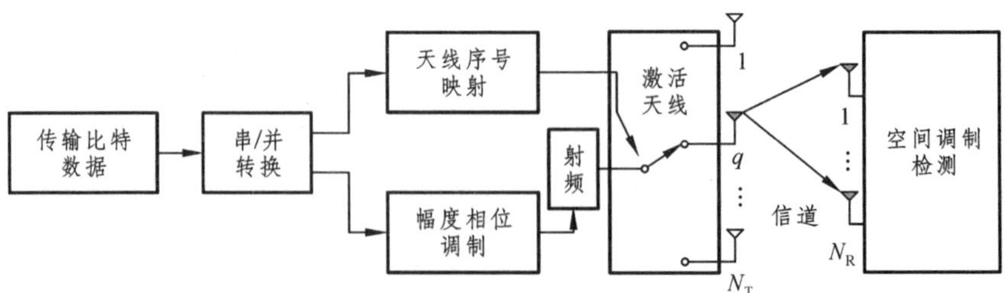

图 2.11 空间调制传输系统结构

在上述结构图中，假设系统具有 N_T 根发射天线和 N_R 根接收天线，并采用发射空间调制进行传输，空间调制技术将需要传输的比特流 n 经过串/并转换后分为两部分：天线序号映射部分 n_1 和幅度相位调制（Amplitude Phase Modulation，APM）部分 n_2，基于 APM 的 n_2 信息采用 M 阶调制，则系统总传输速率可以被表示为 $R=\log_2 N_T+\log_2 M$ 。n_1 部分用来选择一根发射天线 i，其余 n_2 部分映射在传统的 APM 星座图中，然后激活选定的发射天线 i 并将正确 APM 星座点信息传输至接收端。接收端的空间调制接收机则采用检测算法对发射天线序号和调制符号进行搜索恢复，再经过并/串转换还原出正确的传输比特信息。

2.3.2 高铁通信场景下空间调制技术系统模型

由前述内容可知，空间调制技术传输速率由两部分决定：$\log_2 N_T$ 和 $\log_2 M$，即可以通过改变发射天线数量或改变 APM 的调制阶数 M 来自行对系统传输速率进行调控。假设轨旁及站端发射天线数 $N_T=4$，分别采用二进制相移键控（Binary Phase Shift Keying，BPSK）和四进制正交幅度调制（Quadrature Amplitude Modulation，QAM）技术对 n_2 比特信息进行调制，采用 BPSK 调制时，其中 2 个比特信息用于选择激活的天线索引信息，1 个比特信息用于选取 BPSK 对应的星座调制点；采用 4-QAM 时每个时刻传输 4 个比特数据，与 BPSK 调制不同的地方在于，此调制模式下用 2 个比特信息选取星座映射点。图 2.12 展示了高铁通信场景下 4-QAM 调制模式的空间调制传输系统原理。

由空间调制技术原理可知，由于在每个传输时隙中，仅存在一根天线进行激活传输，其余天线保持静默关闭状态[160]，当选择激活第 q 根天线，对应发送信号矢量 $\boldsymbol{s}_q$ 可以表示为

$$\boldsymbol{s}_q=[0,\cdots,\underbrace{s_k}_{\text{第}q\text{个元素}},\cdots,0]^{\mathrm{T}} \tag{2.7}$$

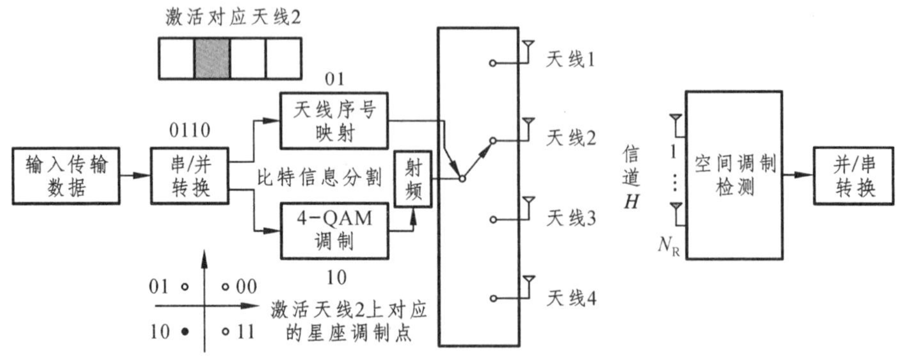

图 2.12 高铁场景下 4-QAM 空间调制系统模型图

其中，s_k 表示具有归一化功率的 M 阶 QAM/PSK 调制符号，即 $\mathbb{E}[|s_k|^2]=1$，其中 k 表示调制索引 $(k \in 1,2,\cdots,M)$。则高铁通信场景下，列车顶部接收端接收信号可以被表示为

$$\boldsymbol{y}=\sqrt{P_{\mathrm{s}}}\boldsymbol{H}\boldsymbol{s}_q+\boldsymbol{n}=\sqrt{P_{\mathrm{s}}}\boldsymbol{h}_q s_k+\boldsymbol{n} \tag{2.8}$$

其中，P_{s} 表示发射端功率；$\boldsymbol{H}$ 表示具有空时相关性的高铁信道；$\boldsymbol{n}$ 表示 $N_{\mathrm{R}}\times 1$ 维噪声项，其为具有独立同分布的复高斯分量，均值为零方差为 N_0；$\boldsymbol{h}_q$ 表示信道矩阵 $\boldsymbol{H}$ 的第 q 列向量。由于两部分信息相互独立，使得接收端能够更容易对信号矢量 $\boldsymbol{y}$ 进行检测，恢复出对应发射天线序号和调制信息，从而获得正确的发送信息。

由于高铁场景运行环境的丰富性，不同场景下的高铁信道模型可以等价简化为具有不同 Rician 因子 K 的空-时相关 Rician 衰减信道模型[161]。Rician 因子 K 被定义为视距部分分量功率与非视距部分功率和的比值。K 值的不同也反映着对应高速列车运行场景的不同，当 K 值较小或趋近于零时，此时非视距分量占主要部分，对应为高铁运行至山川、城区等富散射体场景；对于郊区、高架桥等常见高铁运行场景，由于在场景附近反散射体较少，直射波对应的直视分量占一定比重，此时 K 值较大。考虑到不同的 K 值，$\boldsymbol{H}$ 的信道矩阵可以表示为

$$\boldsymbol{H}=\sqrt{\frac{K}{1+K}}\hat{\boldsymbol{H}}+\sqrt{\frac{1}{1+K}}\bar{\boldsymbol{H}} \tag{2.9}$$

其中，$\hat{\boldsymbol{H}}$ 和 $\bar{\boldsymbol{H}}$ 分别表示信道 $\boldsymbol{H}$ 的固定视距分量部分和可变非视距分量部分。采用 Kronecker 模型来描述信道的空间相关性，则可变非视距分量部分 $\bar{\boldsymbol{H}}$ 可以被表示为

$$\bar{\boldsymbol{H}}=\boldsymbol{R}_{N_{\mathrm{R}}}^{1/2}\breve{\boldsymbol{H}}\boldsymbol{R}_{N_{\mathrm{T}}}^{1/2} \tag{2.10}$$

其中，$\breve{\boldsymbol{H}}$ 表示瑞利信道分量。$\boldsymbol{R}_{N_{\mathrm{R}}}\in\mathbb{C}^{N_{\mathrm{R}}\times N_{\mathrm{R}}}$、$\boldsymbol{R}_{N_{\mathrm{T}}}\in\mathbb{C}^{N_{\mathrm{T}}\times N_{\mathrm{T}}}$ 分别表示接收端和发送端的相关系数矩阵，在式（2.10）中定义 $\boldsymbol{R}_{N_{\mathrm{R}}}$、$\boldsymbol{R}_{N_{\mathrm{T}}}$ 中的任意元素 $\sigma_{q,\hat{q}}^{\mathrm{r}}=[\boldsymbol{R}_{N_{\mathrm{R}}}]_{q,\hat{q}}=\mathrm{J}_0(2\pi\,|\,q-\hat{q}\,|\,\varDelta_q)$、$\sigma_{p,\hat{p}}^{\mathrm{t}}=[\boldsymbol{R}_{N_{\mathrm{T}}}]_{p,\hat{p}}=\mathrm{J}_0(2\pi\,|\,p-\hat{p}\,|\,\varDelta_p)$，其中 $q,\hat{q}\in 1,\cdots,N_{\mathrm{R}}$，$p,\hat{p}\in 1,\cdots,N_{\mathrm{T}}$，r、t 分别表示接收端和发送端，$\varDelta_q$、$\varDelta_p$ 表示接收、发送端归一化天线之间的距离。$\mathrm{J}_0(\bullet)$ 表示零阶 Bessel 函数。

时间相关性模型通过 Jake 模型来描述，可以表示为

$$\beta(\tau)=\mathbb{E}[\breve{\boldsymbol{H}}\breve{\boldsymbol{H}}^{\mathrm{H}}(\tau)]=\mathrm{J}_0(2\pi f_{\mathrm{D}}\tau) \tag{2.11}$$

其中，τ 表示时间间隔，$f_{\mathrm{D}}=f_{\mathrm{c}}V/c$ 表示多普勒频移，f_{c} 表示载波频率，V 表示列车的移动速度，c 表示光速。为了简化之后的分析，在计算过程中忽略时间间隔 τ。

在接收检测端采用性能最优的最大似然检测（Maximum Likelihood，ML）算法，相比于其他检测算法，ML 检测算法复杂度很高，需要遍历发射天线符号索引信息和调制符号信息的所有组合情况，找到欧氏距离最小的符号对作为检测结果，由于 ML 检测算法在接收端需要知道完美的 CSI，在高铁场景下，由于运行线路固定，因此能够通过大量导频训练等方式获得完美 CSI，基于 ML 检测器对发射天线索引 $\hat{q}$ $\left(q,\hat{q}\in 1,2,\cdots,N_{\mathrm{T}}\right)$ 和调制符号 $\hat{k}$ $(k,\hat{k}\in 1,2,\cdots,M)$ 的检测判决可以表示为

$$[\hat{q},\hat{k}]=\underset{q,k}{\arg\max}\,P_Y(\boldsymbol{y}|s_k,\boldsymbol{h}_q)=\underset{q,k}{\arg\min}\left\|\boldsymbol{y}-\boldsymbol{h}_q s_k\right\|_{\mathrm{F}}^2 \tag{2.12}$$

2.4 去蜂窝大规模 MIMO 技术

2.4.1 上行链路数据传输

在 TDD 模式下，一个相干间隔被分为三个阶段，分别是上行训练、上行数据传输和下行数据传输。在信道估计阶段，利用 MMSE、LS 等信道估计器获得的信道估计信息 $\hat{\boldsymbol{g}}_{mk}$ 可用于上行接收信号检测和下行发送预编码设计。上行数据传输阶段，每个用户发送的信号可表示为 $\sqrt{\mu_k}s_k$，其中 $\mu_k \leqslant p_{\max}$，表示上行功率控制系数，$p_{\max}$ 表示上行最大发射功率；$\mathbb{E}\{|s_k|^2\}=1$ 且 $\mathbb{E}\{s_k s_{k'}\}=0, \forall k \neq k'$，即每个用户发送的信号是相互独立的，其模值为 1。然后，在第 m 个 AP 端接收到的信号 $\boldsymbol{x}_m \in \mathbb{C}^{N_{\mathrm{ap}}\times 1}$ 为

$$\boldsymbol{x}_m = \sum_{k=1}^{K} \boldsymbol{g}_{mk}\sqrt{\mu_k}s_k + \boldsymbol{n}_m^{\mathrm{u}} \tag{2.13}$$

其中，$\boldsymbol{n}_m^{\mathrm{u}} \sim \mathcal{CN}(0,\sigma_{\mathrm{u}}^2\boldsymbol{I}_{N_{\mathrm{ap}}})$ 表示复高斯噪声。

每个 AP 可利用本地信道估计 CSI 的 $\hat{\boldsymbol{g}}_{mk}$ 进行数据检测[162]，将解码结果发送给 CPU 汇总，也可直接将接收到的信号 $\boldsymbol{x}_m$ 发送给 CPU，让 CPU 进行数据检测工作，利用检测矩阵 $\boldsymbol{w}_{mk}$ 对接收数据进行检测，结果可表示如下：

$$\begin{aligned} r_k^{\mathrm{u}} &= \sum_{m=1}^{M} \boldsymbol{w}_{mk}^{\mathrm{H}}\boldsymbol{x}_m \\ &= \sum_{m=1}^{M} \sqrt{\mu_k}\boldsymbol{w}_{mk}^{\mathrm{H}}\boldsymbol{g}_{mk}s_k + \sqrt{\mu_k}\left(\sum_{m=1}^{M}\boldsymbol{w}_{mk}^{\mathrm{H}}\boldsymbol{g}_{mk} - \mathbb{E}\left\{\sum_{m=1}^{M}\boldsymbol{w}_{mk}^{\mathrm{H}}\boldsymbol{g}_{mk}\right\}\right)s_k + \\ &\quad \sum_{k'\neq k}^{K}\sqrt{\mu_{k'}}\sum_{m=1}^{M}\boldsymbol{w}_{mk}^{\mathrm{H}}\boldsymbol{g}_{mk'}s_{k'} + \sum_{m=1}^{M}\boldsymbol{w}_{mk}^{\mathrm{H}}\boldsymbol{n}_m^{\mathrm{u}} \end{aligned} \tag{2.14}$$

其中，$\boldsymbol{w}_{mk}$ 可由 $\hat{\boldsymbol{g}}_{mk}$ 设计得到，常用的检测方法有：

1. 最大比合并检测（Maximum Ratio Combining，MRC）[163]

$$\boldsymbol{w}_{mk}^{\mathrm{MRC}} = \hat{\boldsymbol{g}}_{mk} \tag{2.15}$$

MRC 简单易于实施，复杂度低，但其高度依赖信道估计质量，若估计信道精度较差，对系统性能影响较大，难以获得较高的系统总 SE。

2. ZF 检测[164]

$$\boldsymbol{w}_{mk}^{\mathrm{ZF}}=\mu_k\left(\sum_{k'=1}^{K}\mu_{k'}\hat{\boldsymbol{g}}_{mk'}\hat{\boldsymbol{g}}_{mk'}^{\mathrm{H}}+\sigma_{\mathrm{u}}^2\boldsymbol{I}_{N_{\mathrm{ap}}}\right)^{-1}\hat{\boldsymbol{g}}_{mk} \tag{2.16}$$

ZF 可以使用户间信道正交，从而抑制用户间信道干扰，但没有考虑信道噪声干扰影响，且复杂度较高。

3. MMSE 检测[165]

$$\boldsymbol{w}_{mk}^{\mathrm{MMSE}}=\mu_k\left(\sum_{k'=1}^{K}\mu_{k'}(\hat{\boldsymbol{g}}_{mk'}\hat{\boldsymbol{g}}_{mk'}^{\mathrm{H}}+\boldsymbol{C}_{mk'})+\sigma_{\mathrm{u}}^2\boldsymbol{I}_{N_{\mathrm{ap}}}\right)^{-1}\hat{\boldsymbol{g}}_{mk} \tag{2.17}$$

MMSE 通过最小化发射信号和接收信号之间的误差，可以获得更好的系统性能和更低的误码率，但同时也有较高的计算复杂度。

基于“使用然后忘记”的策略[166]，系统中第 k 个用户的可实现频谱效率计算如下：

$$SE_k^{\mathrm{u}}=\frac{\tau_{\mathrm{u}}}{\tau_{\mathrm{c}}}\log_2(1+SINR_k^{\mathrm{u}}) \tag{2.18}$$

其中，τ_{u} 和 τ_{c} 分别表示上行数据传输时间和相干块的总长度。$SINR_k^{\mathrm{u}}$ 可计算为

$$SINR_k^{\mathrm{u}}=\frac{\mu_k\left|\sum_{m=1}^{M}\mathbb{E}\{\boldsymbol{w}_{mk}^{\mathrm{H}}\boldsymbol{g}_{mk}\}\right|^2}{\sum_{k'=1}^{K}\mu_{k'}\mathbb{E}\left\{\left|\sum_{m=1}^{M}\boldsymbol{w}_{mk}^{\mathrm{H}}\boldsymbol{g}_{mk'}\right|^2\right\}-\mu_k\left|\sum_{m=1}^{M}\mathbb{E}\{\boldsymbol{w}_{mk}^{\mathrm{H}}\boldsymbol{g}_{mk}\}\right|^2+\sigma_{\mathrm{u}}^2\mathbb{E}\left\{\left\|\sum_{m=1}^{M}\boldsymbol{w}_{mk}^{\mathrm{H}}\right\|^2\right\}} \tag{2.19}$$

2.4.2 下行链路数据传输

在下行数据传输阶段，AP 与用户之间的信道状态信息可以基于上行信道估计，利用信道互易性思路获得，也可以由 AP 向用户发射下行导频获取，这在 AP 上天线数量较少而缺少信道硬化时比较有效。下行预编码

可在 CPU 处或者 AP 处设计，第 m 个 AP 发送的下行预编码信号 $\boldsymbol{y}_m \in \mathbb{C}^{N_{\mathrm{ap}} \times 1}$ 可表示为

$$\boldsymbol{y}_m = \sum_{k=1}^{K} \sqrt{\eta_{mk}} \boldsymbol{v}_{mk} q_k \tag{2.20}$$

其中，η_{mk} 表示下行传输功率，$\boldsymbol{v}_{mk} \in \mathbb{C}^{N_{\mathrm{ap}} \times 1}$ 表示下行预编码矢量，与上行检测矩阵类似。q_k 表示发送给用户 k 的信号，$\mathbb{E}\{|q_k|^2\} = 1, \mathbb{E}\{q_k q_{k'}\} = 0, \forall k \neq k'$。在用户端，第 k 个用户接收到的信号可表示为

$$\begin{aligned} r_k^{\mathrm{d}} &= \sum_{m=1}^{M} \boldsymbol{g}_{mk}^{\mathrm{H}} \boldsymbol{y}_m \\ &= \sum_{m=1}^{M} \sqrt{\eta_{mk}} \boldsymbol{g}_{mk}^{\mathrm{H}} \boldsymbol{v}_{mk} q_k + \sqrt{\eta_{mk}} \left(\sum_{m=1}^{M} \boldsymbol{g}_{mk}^{\mathrm{H}} \boldsymbol{v}_{mk} - \mathbb{E}\left\{ \sum_{m=1}^{M} \boldsymbol{g}_{mk}^{\mathrm{H}} \boldsymbol{v}_{mk} \right\} \right) q_k + \\ &\quad \sum_{k' \neq k}^{K} \sqrt{\eta_{mk'}} \sum_{m=1}^{M} \boldsymbol{g}_{mk}^{\mathrm{H}} \boldsymbol{v}_{mk'} q_{k'} + n_m^{\mathrm{d}} \end{aligned} \tag{2.21}$$

其中，$n_m^{\mathrm{d}} \sim \mathcal{CN}(0, \sigma_{\mathrm{d}}^2)$ 表示下行传输过程的复高斯噪声。

基于“使用然后忘记”的策略，系统中第 k 个用户的可实现频谱效率可计算为如下所示

$$SE_k^{\mathrm{d}} = \frac{\tau_{\mathrm{c}} - \tau_{\mathrm{p}}}{\tau_{\mathrm{c}}} \log_2(1 + SINR_k^{\mathrm{d}}) \tag{2.22}$$

其中，$\tau_{\mathrm{c}} - \tau_{\mathrm{p}}$ 表示一个相干块内下行数据传输时间长度，$SINR_k^{\mathrm{d}}$ 可以被计算为

$$SINR_k^{\mathrm{d}} = \frac{\left| \sum_{m=1}^{M} \sqrt{\eta_{mk}} \mathbb{E}\{\boldsymbol{g}_{mk}^{\mathrm{H}} \boldsymbol{v}_{mk}\} \right|^2}{\sum_{k'=1}^{K} \mathbb{E}\left\{ \left| \sum_{m=1}^{M} \sqrt{\eta_{mk'}} \boldsymbol{g}_{mk}^{\mathrm{H}} \boldsymbol{v}_{mk'} \right|^2 \right\} - \left| \sum_{m=1}^{M} \sqrt{\eta_{mk}} \mathbb{E}\{\boldsymbol{g}_{mk}^{\mathrm{H}} \boldsymbol{v}_{mk}\} \right|^2 + \sigma_{\mathrm{d}}^2} \tag{2.23}$$

2.5 高铁通信场景下智能超表面技术

根据 RIS 对信号的传输模式，其可以分为反射型 RIS 和 STAR-RIS。对于反射型 RIS 可以通过将其放置在基站发射端与列车接收端之间，以此

来增加多径信道传输；而对于 STAR-RIS 则可以通过与列车车窗进行结合，将信号以透射车窗的形式进行传输，从而避免高铁列车车体较高的穿透损耗。其中 RIS/STAR-RIS 由 N 块无源单元组成，基于反射 RIS 模式下分析，考虑到直视路径信道 g_0 和 RIS 的两段反射信道 h_1 和 h_2。对于 RIS 的相移反射矩阵可以表示为 $\boldsymbol{\Phi}=\mathrm{diag}(\vartheta_1\mathrm{e}^{\mathrm{j}\theta_1},\cdots,\vartheta_n\mathrm{e}^{\mathrm{j}\theta_n},\cdots,\vartheta_N\mathrm{e}^{\mathrm{j}\theta_N})$，$\vartheta_n\in[0,1]$ 和 $\theta_n\in(0,2\pi]$ 分别表示 RIS 第 n 个反射单元的幅度与相移角度。信道 g_0 表示基站发射端到列车接收端的复信道矩阵系数，通过信道响应方式可以表示为 $g_0=\alpha\mathrm{e}^{\mathrm{j}\delta}$，信道 h_1 和 h_2 分别表示基站到 RIS 和 RIS 到列车接收端之间的信道，同样，$h_1=\beta\mathrm{e}^{\mathrm{j}\phi}$ 和 $h_2=\gamma\mathrm{e}^{\mathrm{j}\varphi}$，其中 α、β 和 γ 是信道系数的模值，即 $\alpha=|g_0|$、$\beta=|h_1|$ 和 $\gamma=|h_2|$，δ、ϕ 和 φ 分别表示信道的相移角度，信号通过 RIS 反射后到达接收端的接收信号 y 可以表示为

$$y=\sqrt{P_{\mathrm{s}}}(h_2\boldsymbol{\Phi}h_1+g_0)x+w=\sqrt{P_{\mathrm{s}}}\left(\sum_{n=1}^{N}h_{2,n}\vartheta_n\mathrm{e}^{\mathrm{j}\theta_n}h_{1,n}+g_0\right)x+w \tag{2.24}$$

其中，P_{s} 表示传输功率，w 表示噪声项，其为具有独立同分布的复高斯分量，其均值为零方差为 N_0。基于复信道矩阵系数的极坐标形式，接收端处的瞬时信噪比（Signal to Noise Ratio，SNR）可以表示为

$$\begin{aligned}SNR&=\frac{P}{N_0}\left|\alpha\mathrm{e}^{\mathrm{j}\delta}+\sum_{n=1}^{N}\beta\gamma\vartheta_n\mathrm{e}^{\mathrm{j}(\theta_n+\phi+\varphi)}\right|^2\\&=\frac{P}{N_0}\left|\mathrm{e}^{\mathrm{j}\delta}\right|^2\left|\alpha+\sum_{n=1}^{N}\beta\gamma\vartheta_n\mathrm{e}^{\mathrm{j}(\theta_n+\phi+\varphi-\delta)}\right|^2\end{aligned} \tag{2.25}$$

其中，式（2.25）中存在 $\left|\mathrm{e}^{\mathrm{j}\delta}\right|^2=1$，为了实现接收端 SNR 最大化，可以对 RIS 的相移 θ_n 进行调整，对应可以令 $\theta_n=\delta-\varphi-\phi$，则接收端最大瞬时 SNR 可以表示为

$$SNR_{\max}=\frac{P}{N_0}\left|\alpha+\sum_{n=1}^{N}\beta\gamma\vartheta_n\right|^2 \tag{2.26}$$

2.6 本章小结

本章主要介绍了高速铁路通信场景中的大规模 MIMO 通信与智能超表面相关技术。首先对传统预编码方案与预编码优化方法进行了详细的阐述和对比，其次分别介绍了 GSM-R、LTE-R 和 5G-R 等不同时期的高铁越区切换技术发展和具体实现流程。然后，对空间调制技术的基本原理和系统模型做了详细的分析。最后，对新兴的去蜂窝大规模 MIMO 技术上下行链路的信号传输过程、所用的信号检测和预编码技术及 SINR 的具体求解过程都进行了详细介绍，为后续章节的深入研究奠定扎实的基础。

第 3 章　轨旁 AP 选择协作与车载中继的能效均衡优化设计

在传统高铁通信网络中，为了更好地减小通信过程中产生的功率损耗，如何克服传统蜂窝系统中小区间固有干扰损耗缺陷和设计低能耗的波束成形矢量成为关键性问题。同时，由混合预编码架构中采用高精度移相器所导致的射频链路功耗过高和多接入点联合协作的用户间干扰和高能耗的问题同样急需解决。因此，本章分别考虑在 AP 端和车载中继端分别对传输系统进行能效优化设计。对于轨旁 AP 端，在去蜂窝大规模 MIMO 系统在区域内大范围部署分布式 AP，设计基于 AP 和 ADC 精度选择的去蜂窝能效均衡优化方法，通过联合协作获得有效的宏分集增益，以实现通信系统质量均衡。而对于车载中继端，在现有的混合预编码架构基础上，考虑有限精度移相器的同时，将混合精度移相器量化加入系统中以提高车载中继通信传输的普适性并对系统频谱效率和能量效率进行权衡。

3.1 高铁车站 ADC 量化下去蜂窝大规模 MIMO 系统模型

考虑一个时分双工模式下的去蜂窝大规模 MIMO 上行传输系统，发射端为 K 个单天线用户，接收端为 L 个 AP 且配置了 M 根精度系数为 α 的天线，并满足条件 $LM \gg K$。用户在一个平面区域 $\mathcal{A}$ 中服从泊松分布，而所有 AP 随机分布于 $\mathcal{A}$ 中并通过回程网络连接到 CPU。在时分双工模式下的大规模 MIMO 系统中，考虑用户在同一时频资源下按每个相干间隔长度 τ_{c} 来进行数据采样，其中 τ_{p} 个采样点进行导频训练，剩余部分用于上行的数据传输。

在上行训练过程中，在满足 $\tau_{\mathrm{p}} \geqslant K$ 的条件下通过正交导频训练，利用最小均方误差的信道估计技术[167]获取信道状态信息。设第 l 个 AP 与第 k 个用户间的信道估计向量 $\hat{\boldsymbol{g}}_{lk}$ 及信道误差向量 $\tilde{\boldsymbol{g}}_{lk}$ 分别为

$$\hat{\boldsymbol{g}}_{lk} \sim \mathcal{CN}\left(\boldsymbol{0}_{M\times 1}, \frac{\alpha\tau_{\mathrm{p}}\rho_{\mathrm{p}}\beta_{lk}^{2}}{1+\alpha\tau_{\mathrm{p}}\rho_{\mathrm{p}}\beta_{lk}}\boldsymbol{I}_{M}\right) \tag{3.1}$$

$$\tilde{\boldsymbol{g}}_{lk} \sim \mathcal{CN}\left(\boldsymbol{0}_{M\times1}, \frac{\beta_{lk}+(1-\alpha)\tau_p\rho_p\beta_{lk}^2}{1+\tau_p\rho_p\beta_{lk}}\boldsymbol{I}_M\right) \tag{3.2}$$

其中，ρ_p 为每个导频符号的传输功率；β_{lk} 是大尺度衰落系数，为实际信道增益 $\boldsymbol{g}_{lk}$ 的方差系数，由于在一定传输间隔中变化缓慢，一般假设其已知。存在表达式 $\tilde{\boldsymbol{g}}_{lk}=\boldsymbol{g}_{lk}-\hat{\boldsymbol{g}}_{lk}$，且二者不相关，则有 $\mathbb{E}\{\tilde{\boldsymbol{g}}_{lk}\hat{\boldsymbol{g}}_{lk}\}=0$。

在数据传输阶段，发射端通过传输功率 p_u 将信号 $\boldsymbol{X}\triangleq[x_1\cdots x_k\cdots x_K]\in\mathbb{C}^{K\times1}$ 同时传输给小区范围内所有 AP。在激活所有 AP 情况下，第 l 个 AP 接收的信号矢量 $\boldsymbol{y}_l\in\mathbb{C}^{M\times1}$ 为

$$\boldsymbol{y}_l=\sum_{k=1}^{K}\sqrt{p_\mathrm{u}}\,\boldsymbol{g}_{lk}x_k+\boldsymbol{n}_l \tag{3.3}$$

其中，$\boldsymbol{n}_l\sim\mathcal{CN}(\boldsymbol{0}_{M\times1},\boldsymbol{I}_M)$ 为上行数据传输时第 l 个 AP 处的加性高斯白噪声矢量。然后，接收的信号经过 ADC 进行量化。运用加性量化噪声模型下，第 l 个 AP 接收的量化信号矢量 $\tilde{\boldsymbol{y}}_l$ 为

$$\tilde{\boldsymbol{y}}_l=\alpha\sqrt{p_\mathrm{u}}\sum_{k=1}^{K}\boldsymbol{g}_{lk}x_k+\alpha\boldsymbol{n}_l+\boldsymbol{n}_\mathrm{q} \tag{3.4}$$

其中，α 是取决于 ADC 量化位数 b 的线性增益，且满足条件 $0<\alpha\leqslant1$。$\boldsymbol{n}_\mathrm{q}$ 表示经过 ADC 量化后与 $\tilde{\boldsymbol{y}}_l$ 无关的加性量化噪声。量化噪声的协方差矩阵可以表示为 $\boldsymbol{R}_{\boldsymbol{n}_\mathrm{q}}=\alpha(1-\alpha)\mathrm{diag}\{\mathbb{E}[\boldsymbol{y}_l\boldsymbol{y}_l^\mathrm{H}]\}$ [168]。

利用MRC解码技术进行接收信号的数据检测，则经过回传链路后CPU接收的所有关于第 k 个用户的信号为

$$\begin{aligned}s_k=&\sqrt{p_\mathrm{u}}\sum_{l=1}^{L}\hat{\boldsymbol{g}}_{lk}^\mathrm{H}\tilde{\boldsymbol{y}}_l=\alpha\sqrt{p_\mathrm{u}}\sum_{l=1}^{L}\hat{\boldsymbol{g}}_{lk}^\mathrm{H}\boldsymbol{g}_{lk}x_k+\alpha\sqrt{p_\mathrm{u}}\sum_{l=1}^{L}\sum_{k'=k}^{K}\hat{\boldsymbol{g}}_{lk}^\mathrm{H}\boldsymbol{g}_{lk'}x_{k'}+\\&\alpha\sum_{l=1}^{L}\hat{\boldsymbol{g}}_{lk}^\mathrm{H}\boldsymbol{n}_l+\sum_{l=1}^{L}\hat{\boldsymbol{g}}_{lk}^\mathrm{H}\boldsymbol{n}_q\end{aligned} \tag{3.5}$$

3.2 能效均衡分析

3.2.1 频谱效率分析

在去蜂窝大规模 MIMO 系统中，有效的信道增益一般在其均值上下浮动。基于 AP 端获取的信道统计信息利用边界技术[169]，在低精度 ADC 量化下，式（3.5）可表示为

$$\begin{aligned} s_k = & \underbrace{\alpha\sqrt{p_{\mathrm{u}}}\mathbb{E}\left\{\sum_{l=1}^{L}\hat{\boldsymbol{g}}_{lk}^{\mathrm{H}}\boldsymbol{g}_{lk}\right\}x_k}_{\text{用户}k\text{发送的信号}A_k} + \underbrace{\alpha\sqrt{p_{\mathrm{u}}}\left(\sum_{l=1}^{L}\hat{\boldsymbol{g}}_{lk}^{\mathrm{H}}\boldsymbol{g}_{lk} - \mathbb{E}\left\{\sum_{l=1}^{L}\hat{\boldsymbol{g}}_{lk}^{\mathrm{H}}\boldsymbol{g}_{lk}\right\}\right)x_k}_{\text{信道增益的不确定性信号}B_k} + \\ & \underbrace{\alpha\sqrt{p_{\mathrm{u}}}\sum_{l=1}^{L}\sum_{k'=k}^{K}\hat{\boldsymbol{g}}_{lk}^{\mathrm{H}}\boldsymbol{g}_{lk'}x_{k'}}_{\text{来自其他用户的干扰信号}C_k} + \underbrace{\alpha\sum_{l=1}^{L}\hat{\boldsymbol{g}}_{lk}^{\mathrm{H}}\boldsymbol{n}_l}_{\text{信道噪声}D_k} + \underbrace{\sum_{l=1}^{L}\hat{\boldsymbol{g}}_{lk}^{\mathrm{H}}\boldsymbol{n}_q}_{\text{量化噪声}E_k} \end{aligned} \tag{3.6}$$

其中，式（3.6）右边第 1 项为第 k 个用户发送到 AP 的有效信号 A_k，第 2 项为信道增益不确定性信号 B_k，第 3 项为其他用户的干扰信号 C_k，第 4 项为信道噪声 D_k，第 5 项为量化噪声 E_k 且信号之间相互独立。

通过式（3.6）进一步求取频谱效率的表达式。在大规模 MIMO 系统中，可利用大数定律得到以下定理[170]：

$$\mathbb{E}\left\{\log_2\left(1+\frac{\boldsymbol{X}}{\boldsymbol{Y}}\right)\right\} \approx \log_2\left(1+\frac{\mathbb{E}\{\boldsymbol{X}\}}{\mathbb{E}\{\boldsymbol{Y}\}}\right) \tag{3.7}$$

在去蜂窝大规模 MIMO 系统中，系统总的上行频谱效率可以表示为

$$R = \sum_{k=1}^{K} R_k \tag{3.8}$$

其中，R_k 为第 k 个用户的频谱效率，由式（3.6）可得 R_k 可以表示为

$$R_k = \frac{\tau_c - \tau_p}{\tau_c}\log_2(1+r_k) \tag{3.9}$$

式（3.9）中，r_k 为所有 AP 服务第 k 个用户的 SINR，可以表示为

$$r_k = \frac{|A_k|^2}{|B_k|^2 + |C_k|^2 + |D_k|^2 + |E_k|^2} \tag{3.10}$$

由信道估计向量与误差向量关系可知，存在 $\mathbb{E}\left\{\hat{\boldsymbol{g}}_{lk}^{\mathrm{T}}\tilde{\boldsymbol{g}}_{lk}\right\}=0$ 及 $\boldsymbol{g}_{lk}=\hat{\boldsymbol{g}}_{lk}+\tilde{\boldsymbol{g}}_{lk}$，利用信道硬化条件，公式（3.10）的分子项可以表示为

$$\left|A_k\right|^2=p_{\mathrm{u}}\alpha^2\left|\mathbb{E}\left\{\sum_{l=1}^{L}\hat{\boldsymbol{g}}_{lk}^{\mathrm{H}}\hat{\boldsymbol{g}}_{lk}\right\}\right|^2=M^2p_{\mathrm{u}}\alpha^2\left(\sum_{l=1}^{L}\gamma_{lk}\right)^2 \tag{3.11}$$

由于不同用户的信号相互独立，且去蜂窝大规模 MIMO 系统内各 AP 间满足信道硬化条件，公式（3.10）的分母部分第二项可以表示为

$$\left|C_k\right|^2=p_{\mathrm{u}}\alpha^2\mathbb{E}\left|\sum_{l=1}^{L}\sum_{k'\neq k}^{K}\hat{\boldsymbol{g}}_{lk}^{\mathrm{H}}\boldsymbol{g}_{lk'}\right|^2=Mp_{\mathrm{u}}\alpha^2\sum_{l=1}^{L}\sum_{k'\neq k}^{K}\gamma_{lk}\beta_{lk'} \tag{3.12}$$

同时，不同 AP 下加性高斯白噪声也相互独立。因此，公式（3.10）的分母部分第三项可以表示为

$$\left|D_k\right|^2=\alpha^2\mathbb{E}\left|\sum_{l=1}^{L}\hat{\boldsymbol{g}}_{lk}^{\mathrm{H}}\boldsymbol{n}_l\right|^2=M\alpha^2\sum_{l=1}^{L}\gamma_{lk} \tag{3.13}$$

然后由 $\mathbb{E}(X-\mathbb{E}(X))^2=\mathbb{E}(X^2)-\mathbb{E}^2(X)$ 和 $\mathrm{Var}\left\{\hat{\boldsymbol{g}}_{lk}^{\mathrm{H}}\hat{\boldsymbol{g}}_{lk}\right\}=M\gamma_{lk}^2$，其中 $\mathrm{Var}\{\cdot\}$ 为方差运算，分母部分第一项可转化为

$$\begin{aligned}\left|B_k\right|^2&=p_{\mathrm{u}}\alpha^2\mathbb{E}\left|\sum_{l=1}^{L}\hat{\boldsymbol{g}}_{lk}^{\mathrm{H}}\boldsymbol{g}_{lk}-\mathbb{E}\left\{\sum_{l=1}^{L}\hat{\boldsymbol{g}}_{lk}^{\mathrm{H}}\boldsymbol{g}_{lk}\right\}\right|^2\\&=p_{\mathrm{u}}\alpha^2\sum_{l=1}^{L}\sum_{l'=1}^{L}\mathbb{E}\left\{\hat{\boldsymbol{g}}_{lk}^{\mathrm{H}}\boldsymbol{g}_{lk}\boldsymbol{g}_{l'k}^{\mathrm{H}}\hat{\boldsymbol{g}}_{l'k}\right\}-\left|A_k\right|^2\end{aligned} \tag{3.14}$$

式（3.14）右边第 1 项可以分解为

$$\begin{aligned}p_{\mathrm{u}}\alpha^2\sum_{l=1}^{L}\sum_{l'=1}^{L}\mathbb{E}\left\{\hat{\boldsymbol{g}}_{lk}^{\mathrm{H}}\boldsymbol{g}_{lk}\boldsymbol{g}_{l'k}^{\mathrm{H}}\hat{\boldsymbol{g}}_{l'k}\right\}&=p_{\mathrm{u}}\alpha^2\sum_{l=1}^{L}\mathbb{E}\left\{\hat{\boldsymbol{g}}_{lk}^{\mathrm{H}}\hat{\boldsymbol{g}}_{lk}\hat{\boldsymbol{g}}_{lk}^{\mathrm{H}}\hat{\boldsymbol{g}}_{lk}\right\}+\\&\quad p_{\mathrm{u}}\alpha^2\sum_{l=1}^{L}\mathbb{E}\left\{\hat{\boldsymbol{g}}_{lk}^{\mathrm{H}}\tilde{\boldsymbol{g}}_{lk}\tilde{\boldsymbol{g}}_{lk}^{\mathrm{H}}\hat{\boldsymbol{g}}_{lk}\right\}+M^2p_{\mathrm{u}}\alpha^2\sum_{l=1}^{L}\sum_{l'\neq l}^{L}\gamma_{lk}\gamma_{l'k}\\&=Mp_{\mathrm{u}}\alpha^2\sum_{l=1}^{L}\gamma_{lk}\beta_{lk}+\left|A_k\right|^2\end{aligned} \tag{3.15}$$

关于量化噪声的求解部分，量化噪声的协方差矩阵代入下式可得：

$$
\begin{aligned}
\left|E_k\right|^2 &= \mathbb{E}\left\{\sum_{l=1}^{L} \hat{\boldsymbol{g}}_{lk}^{\mathrm{H}} \boldsymbol{n}_q \boldsymbol{n}_q^{\mathrm{H}} \hat{\boldsymbol{g}}_{lk}\right\} = \mathbb{E}\left\{\sum_{l=1}^{L} (\alpha-\alpha^2) \hat{\boldsymbol{g}}_{lk}^{\mathrm{H}} \left(p_{\mathrm{u}} \sum_{k^{'}=1}^{K} \boldsymbol{g}_{lk^{'}} \boldsymbol{g}_{lk^{'}}^{\mathrm{H}} + 1 \right) \hat{\boldsymbol{g}}_{lk}\right\} \\
&= (\alpha-\alpha^2)\left(\mathbb{E}\left\{ p_{\mathrm{u}} \sum_{l=1}^{L} \hat{\boldsymbol{g}}_{lk}^{\mathrm{H}} \boldsymbol{g}_{lk} \boldsymbol{g}_{lk}^{\mathrm{H}} \hat{\boldsymbol{g}}_{lk} \right\} + \mathbb{E}\left\{ p_{\mathrm{u}} \sum_{l=1}^{L} \sum_{k^{'}\neq k}^{K} \hat{\boldsymbol{g}}_{lk}^{\mathrm{H}} \boldsymbol{g}_{lk^{'}} \boldsymbol{g}_{lk^{'}}^{\mathrm{H}} \hat{\boldsymbol{g}}_{lk} \right\} + \mathbb{E}\left\{ p_{\mathrm{u}} \sum_{l=1}^{L} \hat{\boldsymbol{g}}_{lk}^{\mathrm{H}} \hat{\boldsymbol{g}}_{lk} \right\} \right) \\
&= (\alpha-\alpha^2)\left(M^2 p_{\mathrm{u}} \left(\sum_{l=1}^{L} \gamma_{lk} \right)^2 + M p_{\mathrm{u}} \sum_{l=1}^{L} \gamma_{lk} \right) + (\alpha-\alpha^2) M p_{\mathrm{u}} \sum_{l=1}^{L} \sum_{k^{'}=1}^{K} \gamma_{lk} \beta_{lk^{'}}
\end{aligned}
\tag{3.16}
$$

将式（3.11）~（3.16）代入式（3.10）可得，第 k 个用户的 SINR 为

$$
r_k = \frac{M p_{\mathrm{u}} \alpha \left(\sum_{l=1}^{L} \gamma_{lk} \right)^2}{p_{\mathrm{u}} \sum_{l=1}^{L} \sum_{k^{'}=1}^{K} \gamma_{lk} \beta_{lk^{'}} + \sum_{l=1}^{L} \gamma_{lk} + (1-\alpha) M p_{\mathrm{u}} \left(\sum_{l=1}^{L} \gamma_{lk} \right)^2}
\tag{3.17}
$$

3.2.2 能量效率分析

上行传输的系统功耗一般分为三部分，即用户端消耗的功率 P_{U}，CPU 端消耗的回程功耗 P_{B}，AP 端链路功耗 P_{A}。其中 AP 端的功耗包括电路固定功耗及 ADC 的量化功耗[168][171]。则总功耗可表示为

$$
\begin{aligned}
P_{\mathrm{T}} &= \underbrace{\sum_{k=1}^{K} (\mu_k^{-1} p_k + P_{tc,k})}_{P_{\mathrm{U}}} + \underbrace{\sum_{l=1}^{L} \left(W \sum_{k=1}^{K} R_k P_{\mathrm{bt},l} + P_{0,l} \right)}_{P_{\mathrm{B}}} + \\
&\quad \underbrace{\sum_{l=1}^{L} M (P_{\mathrm{tc},l} + 2(c_m P_{\mathrm{ADC},l} + 2^{b_m} \mathrm{FOM}_{\mathrm{W}} f_{\mathrm{s}}))}_{P_{\mathrm{A}}}
\end{aligned}
\tag{3.18}
$$

其中，μ_k 为功率放大系数；W 为带宽；f_{s} 及 $\mathrm{FOM}_{\mathrm{W}}$ 分别为量化环节的奈奎斯特采样率及瓦尔登品质因数；且 $P_{\mathrm{tc},k}$、$P_{\mathrm{tc},l}$、$P_{\mathrm{AGC},l}$、$P_{0,l}$ 分别为用户端电路功耗，AP 端每根天线的电路功耗，ADC 的固定功耗，每条回程链路的

固定功耗。另外，c_m 是与量化精度有关的系数。在上行传输链路中，当 ADC 精度确定的条件下，回程链路部分由流量控制的总功耗与服务用户的 AP 组合有关，其余功耗均为固定功耗；当 ADC 量化位数变化时，AP 端关于 ADC 量化部分的功耗也随之改变[172]。

基于上述公式，进一步求取系统总能量效率 η，定义为总的频谱效率与功耗的占比，则有

$$\eta = \frac{WR}{P_T} \times 100\% \tag{3.19}$$

其中，R 为去蜂窝 MIMO 系统中总的频谱效率。

3.3 基于 ADC 精度和 AP 选择的能效均衡优化方法

假设用户分布服从泊松过程，考虑一个接收端的 ADC 量化位数为 b 的上行传输系统。为使 AP 端与用户端尽量实现有效连接并达到能效质量均衡，首先在整个系统的上行数据传输中，使所有 AP 都在同一水平比较分析，尽可能排除信道状态之外的影响因素，则所有用户端按平均传输功率为 $p_k = p_u$ 的情况下进行传输。考虑所有 AP 及用户在某一较短时间间隔处于相对静止的状态，为使在该时间间隔内 AP 与用户端尽量实现有效连接，提出一种基于 ADC 精度和 AP 选择的能效均衡优化方法。

3.3.1 求解多用户分布

由于用户在面积为 $S(\mathcal{A})$ 的区域 $\mathcal{A}$ 中分布的不确定性，考虑利用二维齐次泊松过程求解密度为 λ_{U}（用户数/km^2）的多用户分布。在该分布的求解中，用户数目 K 是满足 $\tilde{K} = \mathbb{E}(K)$ 的泊松分布的随机变量，其期望可以表示为

$$\tilde{K} = \lambda_{\mathrm{U}} S(\mathcal{A}) \tag{3.20}$$

其中，为贴近实际传输场景且便于分析，泊松变量 K 满足条件 $\tau_{\mathrm{p}} \geqslant K$ 和 $LM \gg K$；为生成均值为 $\tilde{K}$ 的泊松随机变量 K，引入在 0 到 1 内均匀分布的独立随机变量序列 $U_1, U_2 \cdots$，若满足

$$\sum_{i=1}^{K} U_i < e^{(-\tilde{K})} \tag{3.21}$$

则确定用户数量 K 及用户的位置分布。通过泊松分布过程确定用户数目及位置，进一步利用信道估计技术确定用户与所有 AP 之间的信道状态信息。并设激活所有 AP 时系统实际信道及估计信道的方差系数矩阵分别为 $\boldsymbol{B} \in \mathbb{C}^{L \times K}$ 和 $\boldsymbol{\gamma} \in \mathbb{C}^{L \times K}$。

3.3.2 信号干扰差值排序

在获取信道状态信息后，首先考虑将每个用户与所有 AP 生成信道的大尺度衰落系数作为衡量指标对 AP 进行排序，即将矩阵 $\boldsymbol{B}$ 按列进行降序排列。针对第 k 个用户，与所有 AP 之间的大尺度衰落系数的排序结果为

$$\beta_{1k} \geqslant \beta_{2k} \geqslant \cdots \geqslant \beta_{lk} \geqslant \cdots \geqslant \beta_{Lk} \quad l \in (1, 2, \cdots, L) \tag{3.22}$$

在不考虑干扰信道的影响下，默认 β_{lk} 值越大，该条信道传播路径越好。但同一 AP 服务下的其他用户的信道增益可能会更大，使得该 AP 下的用户间干扰较大。因此只考虑自信道传输环境的排序方式并不能对 AP 进行准确排序。

考虑通过同 AP 下其他用户干扰信道对有效用户信道环境的影响，进一步优化排序方式。由式（3.17）可知，在 ADC 精度固定情况下，干扰信号对 SINR 影响较大，考虑将第 l 个 AP 与第 k 个用户间的信号干扰差值 $\gamma_{lk}^2 - \sum_{k'=1}^{K} \gamma_{lk} \beta_{lk'}$ 作为有效信道的干扰抑制指标。差值越大，AP 抑制干扰能力越强。为便于分析，考虑将差值转换成比值来评估信道状态环境，其占比形式为

$$t_{lk}=\gamma_{lk}/\sum_{k'=1}^{K}\beta_{lk'} \tag{3.23}$$

将 $\boldsymbol{\gamma}$，$\boldsymbol{B}$ 按上述指标转换成一个新矩阵 $\boldsymbol{P}$。且第 k 个用户按照上述指标的排序结果为

$$\tilde{t}_{1k}\geqslant\tilde{t}_{2k}\geqslant\cdots\geqslant\tilde{t}_{Lk} \tag{3.24}$$

其中，$\tilde{t}_{lk}=\tilde{\gamma}_{lk}/\sum_{k=1}^{K}\tilde{\beta}_{lk}$，且 $\tilde{\gamma}_{lk}$ 及 $\tilde{\beta}_{lk}$ 分别对应排序后的估计信道和实际信道增益的方差系数。对式（3.23）与式（3.17）进行分析可知，所提出的干扰抑制指标与SINR排序结果一致。忽略常数项因子C，则排序指标可等价为

$$\gamma_{lk}/\left(\sum_{k'=1}^{K}\beta_{lk'}+1/\mathrm{C}\right)\sim t_{lk}\sim\gamma_{lk}^{2}-\sum_{k'=1}^{K}\gamma_{lk}\beta_{lk'} \tag{3.25}$$

式（3.24）的排序方式不仅能比较不同AP服务下用户的SINR性能，而且能体现有效信道对干扰信道的抑制效果，所以排序更为合理。

3.3.3 ADC精度与AP组合筛选

按照改进方式排序后，利用所得索引对第 k 个用户与所有 AP 间的实际信道及估计信道的方差系数进行排列，分别为 $\{\tilde{\beta}_{1k},\tilde{\beta}_{2k},\cdots,\tilde{\beta}_{Lk}\}$ 和 $\{\tilde{\gamma}_{1k},\tilde{\gamma}_{2k},\cdots,\tilde{\gamma}_{Lk}\}$。同时，其他用户对第 k 个用户的干扰信道参数按索引同步排列，则可得 $\{\tilde{\beta}_{1k'},\tilde{\beta}_{2k'},\cdots,\tilde{\beta}_{Lk'}\}$ 和 $\{\tilde{\gamma}_{1k'},\tilde{\gamma}_{2k'},\cdots,\tilde{\gamma}_{Lk'}\}$，其中 $k'\neq k$。基于排序索引选择 AP 组合对第 k 个用户联合服务，则前 l 个 AP 服务第 k 个用户的SINR为

$$r_k=\frac{M\alpha\left(\sum_{t=1}^{l}\tilde{\gamma}_{tk}\right)^2}{\sum_{t=1}^{l}\sum_{k'=1}^{K}\tilde{\gamma}_{lk}\tilde{\beta}_{lk'}+\sum_{t=1}^{l}\frac{\tilde{\gamma}_{tk}}{p_{\mathrm{u}}}+M(1-\alpha)\left(\sum_{t=1}^{l}\tilde{\gamma}_{tk}\right)^2} \tag{3.26}$$

比较排序后多个 AP 服务的频谱效率差值来确定服务第 k 个用户的 AP 集。首先设定阈值 $\delta=0$，并比较前 l 个与前 $(l-1)$ 个 AP 服务第 k 个用户所达频谱效率的差值，大于阈值继续进行筛选，直到遍历完所有 AP；若小于阈值则停止筛选，并确定前 $(l-1)$ 个 AP 为服务第 k 个用户的 AP 组合。不同的用户对应不同的筛选结果，设用户筛选后所得 AP 索引矩阵为 $\tilde{\boldsymbol{N}}$。

用户通过利用基于信号干扰差值的 AP 选择算法遍历所有 AP 进而确定自己的 AP 组合后，此时第 k 个用户的 SINR 为

$$r_k=\frac{M\alpha\left(\sum\limits_{l\in\tilde{\boldsymbol{N}}(:,k)}\gamma_{lk}\right)^2}{\sum\limits_{l\in\tilde{\boldsymbol{N}}(:,k)}\sum\limits_{k'=1}^{K}\gamma_{lk}\beta_{lk'}+\sum\limits_{l\in\tilde{\boldsymbol{N}}(:,k)}\frac{\gamma_{lk}}{p_{\mathrm{u}}}+M(1-\alpha)\left(\sum\limits_{l\in\tilde{\boldsymbol{N}}(:,k)}\gamma_{lk}\right)^2} \tag{3.27}$$

由于回程功耗部分的流量控制的总功耗与选择的 AP 组合有关，此时的总功耗为

$$\begin{aligned}P_{\mathrm{T}}=&\underbrace{\sum_{k=1}^{K}(\mu_k^{-1}p_k+P_{\mathrm{tc},k})}_{P_{\mathrm{U}}}+\underbrace{\sum_{l\in\tilde{\boldsymbol{N}}(:,k)}W\sum_{k=1}^{K}R_kP_{\mathrm{bt},l}+\sum_{l=1}^{L}P_{0,l}}_{P_{\mathrm{B}}}+\\&\underbrace{\sum_{l=1}^{L}M(P_{\mathrm{tc},l}+2(c_mP_{\mathrm{AGC},l}+2^{b_m}\mathrm{FOM_W}f_{\mathrm{s}}))}_{P_{\mathrm{A}}}\end{aligned} \tag{3.28}$$

因此，通过式（3.27）、式（3.28）可得到经过 AP 选择后的频谱效率 R_k 及总的能量效率 η。则基于 ADC 精度和 AP 选择的能效均衡优化方法的求解过程如算法 3.1 所示。

算法 3.1　基于 ADC 精度和 AP 选择的能效均衡优化方法。

输入　AP 天线数 M，$\boldsymbol{B}$，$\boldsymbol{\gamma}$，$\boldsymbol{P}$，$b=0$，$R^{(b)}=0$，$\eta^{(b)}=0$；

输出　$\tilde{\boldsymbol{N}}$，b；

步骤 1　初始化：$k=1$，$p_k=p_{\mathrm{u}}$，$b=b+1$；

步骤 2　初始化：$\tilde{r}_k^{(0)}=0$，$l=1$，$\tilde{\boldsymbol{n}}_k=\varnothing$；

步骤3 对$\boldsymbol{P}$的第k列降序排列并得到索引$\boldsymbol{d}$，按索引$\tilde{\boldsymbol{d}}$对$\boldsymbol{B}$、γ排序得到$\tilde{\boldsymbol{B}}$，$\tilde{\gamma}$；

步骤4 根据公式（3-27）计算$\tilde{r}_k^{(l)}$；

步骤5 更新$\tilde{\boldsymbol{n}}_k = \tilde{\boldsymbol{n}}_k \cup \tilde{\boldsymbol{d}}(l)$和$l = l+1$；

步骤6 如果$\tilde{r}_k^{(l)} - \tilde{r}_k^{(l-1)} > 0$且$l < L$，则返回步骤4；

步骤7 如果$l = L$且$\tilde{r}_k^{(l)} - \tilde{r}_k^{(l-1)} > 0$则更新$\tilde{\boldsymbol{n}}_k = \tilde{\boldsymbol{n}}_k \cup \tilde{\boldsymbol{d}}(l)$，否则跳到步骤8；

步骤8 $\tilde{\boldsymbol{N}}(:,k) = \tilde{\boldsymbol{n}}_k$，更新$k = k+1$，如果$k < K$，返回步骤2；

步骤9 将$\tilde{\boldsymbol{N}}$代入式（3-8）、（3-19）、（3-27）、（3-28）计算ADC精度为b时的$R^{(b)}$和$\eta^{(b)}$；

步骤10 如果$R^{(b)} - R^{(b-1)} > 0$且$\eta^{(b)} - \eta^{(b-1)} > 0$，返回步骤1，否则跳到步骤11；

步骤11 输出$\tilde{\boldsymbol{N}}$和$b = b-1$。

在能效均衡方法中，首先基于信号干扰差值对AP进行排序，然后通过比较AP联合服务的频谱效率变化差值，确定所选AP组合，其复杂度为$\mathcal{O}(K(L+(L-1)))$；最后，为实现能效质量均衡，在此基础上增添了ADC精度的选择。由于搜索ADC量化位数的区间为1～10，且为整数，其搜索长度为$N=10$，所提方法整体的复杂度为$\mathcal{O}(KN(L+(L-1)))$。另外，其他AP选择一般基于大尺度衰落系数等指标对AP进行排序，并比较排序后该指标累加和与所定阈值的大小，从而确定所选AP，其复杂度为$\mathcal{O}(K(L+L))$。因此，在去蜂窝大规模MIMO系统中，所提能效优化方法、所提AP选择和其他AP选择的复杂度比较结果为$\mathcal{O}(KN(2L-1)) > \mathcal{O}(K(2L-1)) \approx \mathcal{O}(2KL)$。由此可看出，所提出的能效均衡优化方法仅为与AP数L相关的一次函数，故其算法复杂度与对比算法差距较小。

3.3.4 最大化最小频谱效率的功率控制

在平均功率传输下，通过上述能效均衡优化方法获取最优ADC量化及用户对应的 AP 组合后，对区域用户的传输功率进行重新分配，以保证系统一致良好的通信服务质量。此时设第 k 个用户的 SINR 表示为

$$r_k = \frac{p_k M \alpha \left(\sum_{l \in \tilde{N}(:,k)} \gamma_{lk} \right)^2}{\sum_{l \in \tilde{N}(:,k)} \sum_{k'=1}^{K} p_{k'} \gamma_{lk} \beta_{lk'} + \sum_{l \in \tilde{N}(:,k)} \gamma_{lk} + M p_k (1-\alpha) \left(\sum_{l \in \tilde{N}(:,k)} \gamma_{lk} \right)^2} \tag{3.29}$$

则在上行传输系统中，最大化最小用户频谱效率的功率优化问题表示为

$$\begin{aligned} &(\text{P1}): \max_{\{p_k\}} \min_{k=1,\cdots,K} R_k \\ &\text{s.t. } 0 \leqslant p_k \leqslant E_u,\ k=1,\cdots,K \end{aligned} \tag{3.30}$$

引入中间变量 t，上述问题可以变化为

$$\begin{aligned} &(\text{P2}): \max_{\{p_k\}}\ t \\ &\text{s.t. } t \leqslant r_k,\quad k=1,\cdots,K, \\ &\quad 0 \leqslant p_k \leqslant E_u, k=1,\cdots,K \end{aligned} \tag{3.31}$$

此时，上述优化问题是非凸的。为解决这个问题，通过一阶泰勒展开的连续近似技术将优化目标变换为非凸问题，即首先将用户的 SINR 函数转换为凸函数 $1/uv$ 形式，其中 $u>0$，$v>0$，则满足以下条件

$$\frac{1}{uv} \geqslant \frac{3}{u_0 v_0} - \frac{u}{u_0^2 v_0} - \frac{v}{u_0 v_0^2} \tag{3.32}$$

对第 k 个用户，u_k 为式（3.29）分子部分的倒数，而 v_k 则为该公式的分母部分。且第 k 个用户的 SINR 即 r_k 有如下不等式：

$$\frac{1}{u_k v_k} \geqslant \frac{3}{u_{k0} v_{k0}} - \frac{u_k}{u_{k0}^2 v_{k0}} - \frac{v_k}{u_{k0} v_{k0}^2} \tag{3.33}$$

其中，u_{k0} 和 v_{k0} 的初始值分别为平均传输功率的对应值。则优化问题可转换为

$$
\begin{aligned}
&(\text{P3}): \max_{\{p_k\}} \ t \\
&\text{s.t.}\ t \leqslant \frac{3}{u_{k0}v_{k0}} - \frac{u_k}{u_{k0}^2 v_{k0}} - \frac{v_k}{u_{k0}v_{k0}^2} \\
&\quad 0 \leqslant p_k \leqslant E_u,\ k=1,\cdots,K
\end{aligned} \tag{3.34}
$$

通过上述的近似分解，优化问题可转换为求解一系列的凸优化问题。此时可通过 MATLAB 的 CVX 凸优化工具包进行最优解查找，则最大化最小用户频谱效率的功率优化算法的求解过程如算法 3.2 所示。

算法 3.2　最大化最小频谱效率的功率控制方法。

输入　选定 AP 索引矩阵 $\tilde{N}$，最优 ADC 量化位数 b；

输出　传输功率 p_k，$k=1,\cdots,K$；

步骤 1　初始化：迭代次数 $i=1$，$p_k^{(0)}=p_u$，$u_{k0}^{(1)}=u_k$ 和 $v_{k0}^{(1)}=v_k$，其中 $k=1,\cdots,K$，最大迭代次数为 I，容差量为 ε；

步骤 2　设定 $u_{k0}=u_{k0}^{(i)}$，$v_{k0}=v_{k0}^{(i)}$ 并求解

$$
\begin{aligned}
&t \leqslant \frac{3}{u_{k0}v_{k0}} - \frac{u_k}{u_{k0}^2 v_{k0}} - \frac{v_k}{u_{k0}v_{k0}^2}; \\
&0 \leqslant p_k \leqslant E_u, k=1,\cdots,K
\end{aligned}
$$

步骤 3　如果 $\left|t^{(i-1)}-t^{(i)}\right| \leqslant \varepsilon$，$i=I$ 则停止并输出 $p_k=p_k^{(i)}$，$k=1,\cdots,K$。否则执行步骤 4；

步骤 4　更新 $u_{k0}^{(i+1)}=u_{k0}^{(i)}$，$v_{k0}^{(i+1)}=v_{k0}^{(i)}$，并设置 $i=i+1$，并返回至步骤 2。

3.4　仿真结果分析

为验证本章所提的基于 ADC 精度及 AP 选择的去蜂窝能效均衡优化方法的有效性，本节分析了不同系统参数下多种 AP 连接方式对系统频谱效率及能量效率的影响。仿真中设定进行信息传输的范围是面积为 $S(\mathcal{A})=1\ \text{km}^2$ 的正方形区域。在该区域中，用户服从密度 $\lambda_{\text{U}}=10$ 的泊松分布，所有 AP 随机

分布，AP 总数 $L=100$，且每个 AP 配置的天线数 $M=3$。其中发射导频与数据的平均传输功率均为 0.1 W，相干间隔长度 $\tau_{\mathrm{c}}=200$，导频长度 $\tau_{\mathrm{p}}=40$。用户与 AP 之间的大尺度衰落系数建模为 $\beta_{lk}=-34.53-38\log_{10}v_{lk}+F_{lk}$ [170]，其中 F_{lk} 和 v_{lk} 分别为相关阴影衰落系数和不同环绕情况下的最小值的距离。实验结果均为 1 000 次 AP 与用户随机分布求取平均值所得的。系统的相关仿真参数如表 3.1 所示。

表 3.1　系统仿真参数表

参数	数值	参数	数值
路径损耗指数	3.8	用户端电路功耗 $P_{\mathrm{tc},k}/\mathrm{W}$	0.2
带宽 W/MHz	20	$P_{\mathrm{tc},l}/\mathrm{W}$	0.1
噪声方差/dB	−94	$P_{\mathrm{bt},l}/(\mathrm{W/Gb\cdot s^{-1}})$	0.25
噪声值/dB	7	$P_{0,l}/\mathrm{W}$	0.2
阴影衰落指数 δ^{sh}/dB	8	功率放大系数 μ_k	0.388

在图 3.1 中，讨论小区内用户分布密度分别为 $\lambda_{\mathrm{U}}=10$ 和 $\lambda_{\mathrm{U}}=20$ 时，配置高精度 ADC 的 AP 数目对总的频谱效率的影响。从仿真图中可以看出，在相同用户分布下，通过各种 AP 传输方式，总的频率都随着 AP 数的增加而逐渐增大，并趋于稳定。这是因为同 AP 服务下的用户间干扰会使增多 AP 对总的频谱效率的提升效果趋于饱和，因此有必要合理选择 AP 数目。同时在 $\lambda_{\mathrm{U}}=10$ 和 $\lambda_{\mathrm{U}}=20$ 情况下将几种 AP 选择算法与全 AP 传输进行比较，可以看出 AP 选择算法在 $\lambda_{\mathrm{U}}=20$ 时对性能提升效果更为显著。这是由于用户密集区域，用户间干扰影响较大，更需要为用户进行 AP 选择。另外，随着 AP 数目的增多，相比于基于 SINR 和大尺度衰落系数的 AP 选择，所提出的 AP 选择算法对系统总的频谱效率一直有更平稳的提升。

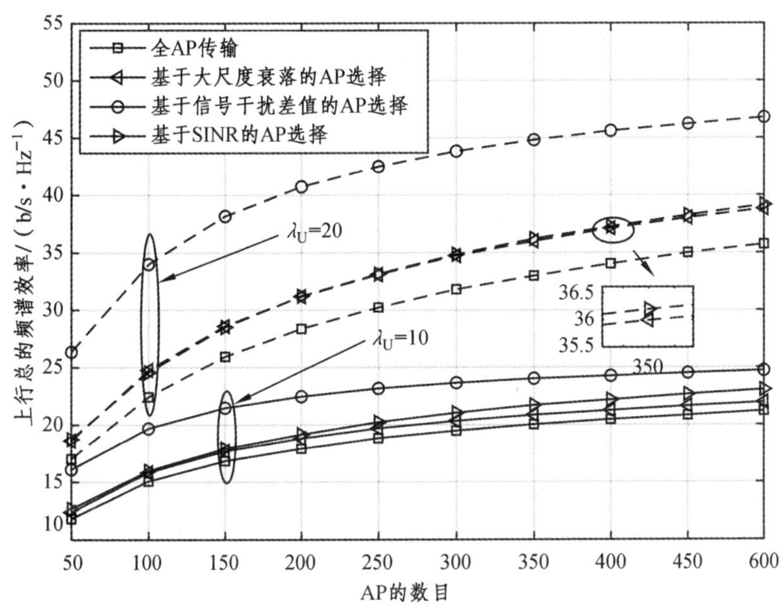

图 3.1 接入点数与总的频谱效率的关系

图 3.2 显示了 AP 总数分别为 $L=100$ 和 $L=500$ 的情况下，不同 AP 连接下用户平均频谱效率与用户分布密度 λ_U 的关系。从图中可以看出当用户服从泊松分布的密度 λ_U 逐渐增大时，用户的平均频谱效率都逐渐降低。这是因为用户分布逐渐密集时，用户间干扰逐渐加剧。同时还可以看出在 AP 总数不变的情况下，与全 AP 传输相比，利用 AP 选择算法时的用户平均频谱效率性能更好，因为 AP 选择算法能通过筛选有效 AP 组合来减轻用户间干扰。通过与基于 SINR 和大尺度衰落系数的 AP 选择算法进行比较，可以看出本章提出的算法在不同用户分布密度下都可以得到比其他 AP 选择算法更优的平均频谱效率。这是因为该算法针对性地考虑了用户间干扰对频谱效率的影响。但 AP 的增多也会带来部署及能耗问题，并且在 $L=500$ 时进行全传输的频谱效率性能相较于 $L=100$ 时提升的幅度并不显著。

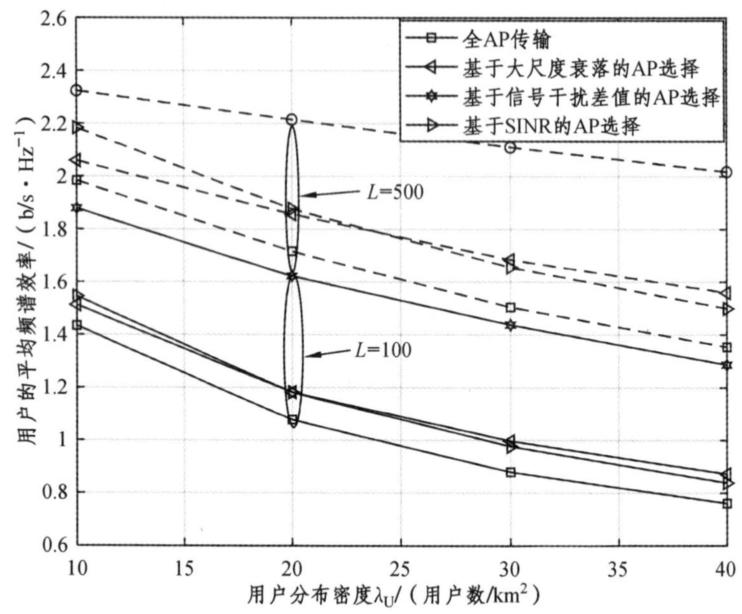

图 3.2　用户分布密度与用户平均频谱效率的关系

图 3.3 显示了不同 AP 连接方式下对系统用户最小频谱效率累积分布函数（Cumulative Distribution Function，CDF）的影响。由图可以看出，在该系统下可以通过 AP 选择算法提升用户最小频谱效率。这是因为通过 AP 选择能筛选出最有效的 AP 组合，从而在一定程度上减小用户间干扰使频谱效率增大。通过与基于 SINR 和大尺度衰落系数的 AP 选择算法相比较，本章所提出的 AP 选择算法能较大程度提升用户的最小频谱效率，进而提升边缘用户服务质量。这是因为所提出的 AP 选择算法针对性地考虑了同 AP 下有效用户信道的干扰抑制能力能较大程度上通过筛选有效 AP 组合减轻用户间干扰，进而提升用户最小频谱效率。

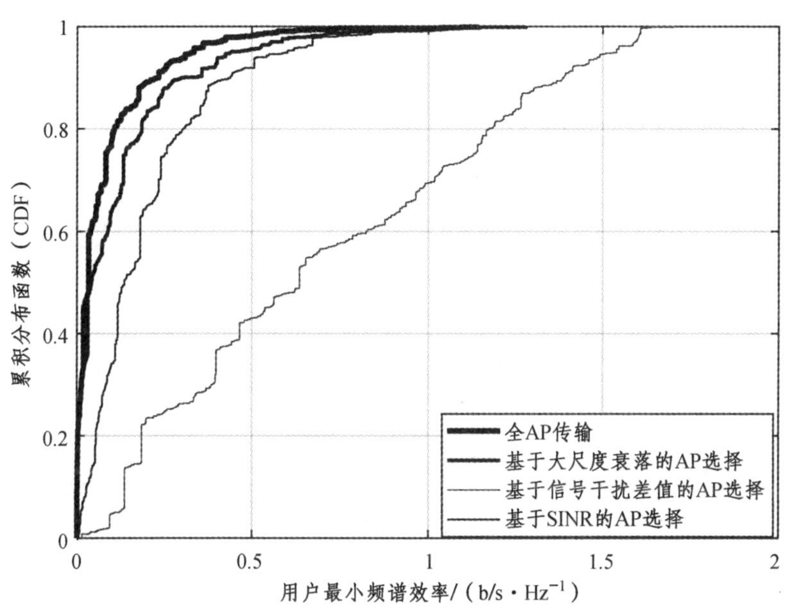

图 3.3　用户最小频谱效率的累积分布曲线

图 3.4 显示了当导频长度 $\tau_{\mathrm{p}}=50$ 且 AP 总数分别为 100 和 500 时，通过不同 AP 选择策略，用户平均频谱效率与 ADC 量化位数的关系。从图中可以看出，当 ADC 量化位数从 1 逐渐增大时，用户的平均频谱效率都逐渐增大并在量化位数为 4 左右时趋于平稳，此时即使提升 ADC 精度，对频谱效率的提高影响也不大。另外图中显示，在 AP 总数不变的情况下，与全 AP 传输相比，利用 AP 选择算法时的用户平均频谱效率性能更好，因为 AP 选择算法能通过筛选有效 AP 组合来减轻用户间干扰。通过与基于大尺度衰落系数和 SINR 的 AP 选择算法进行比较，由于针对性考虑了用户间干扰对频谱效率的影响，可以看出所提出的 AP 选择在不同用户分布密度下都可以得到更优的平均频谱效率。

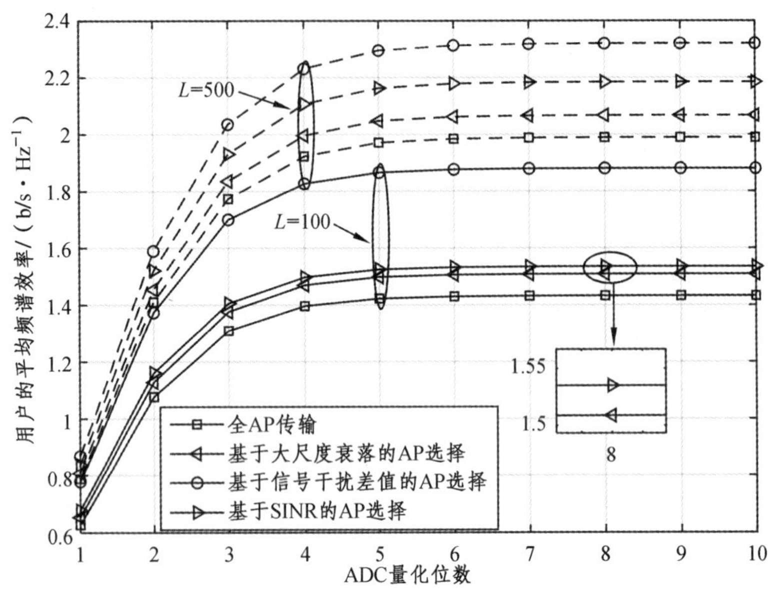

图 3.4　ADC 量化位数与用户平均频谱效率的关系

图 3.5 显示了 ADC 量化位数分别为 1 及高精度时，利用不同 AP 连接方式对系统用户最小频谱效率 CDF 的影响。由图可以看出，相比于低精度 ADC，在配置高精度 ADC 的射频链路系统中，利用 AP 选择算法可以更明显提升用户最小频谱效率。这是因为配置高精度 ADC 的系统，其用户间干扰及噪声较大，即某些不必要的 AP 占比也较大，因此通过 AP 选择能筛选出最有效的 AP 组合，从而在一定程度上减小用户间干扰使频谱效率增大。并且通过与基于 SINR 和大尺度衰落系数的 AP 选择算法相比较，所提出的 AP 选择算法能较大程度提升用户的最小频谱效率，进而提升边缘用户服务质量。所提出的 AP 选择算法针对性地考虑了同 AP 下有效用户信道的干扰抑制能力能较大程度上通过筛选有效 AP 组合减轻用户间干扰，进而提升用户最小频谱效率。

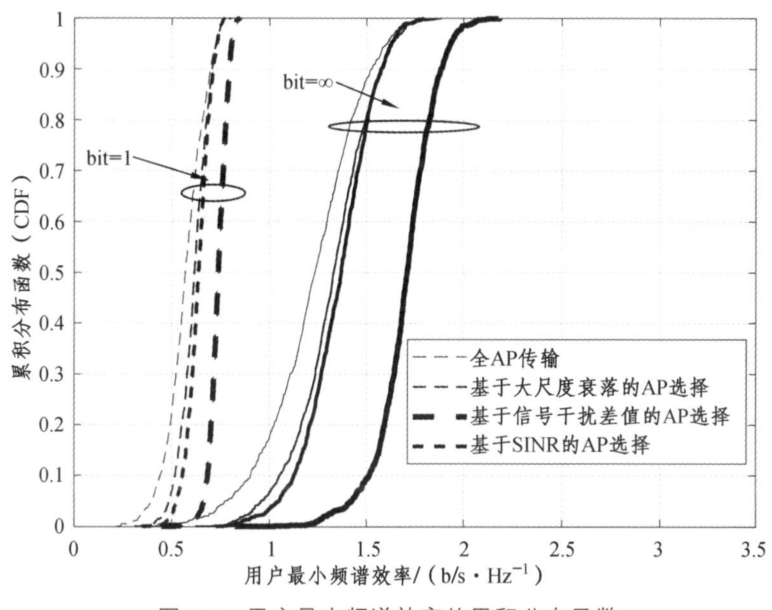

图 3.5　用户最小频谱效率的累积分布函数

图3.6显示了ADC量化位数为4且在小区范围内用户分布密度分别为 $\lambda_U=10$ 和 $\lambda_U=20$ 时，利用不同AP连接方式对系统用户最小频谱效率累积分布函数的影响。由图可以看出，相比于用户分布密度 $\lambda_U=10$ 的系统，$\lambda_U=20$ 时利用基于信号干扰差值的AP选择算法可以更明显提升用户最小频谱效率。这是因为用户密集区域内的用户间干扰较大，即某些不必要AP占比也较大。因此通过AP选择能筛选出更有效的AP组合，从而在一定程度上减小用户间干扰并提升频谱效率。同时，通过与基于SINR和大尺度衰落系数的AP选择算法相比，所提出的AP选择算法更能提升用户的最小频谱效率，以提升边缘用户服务质量。所提出的AP选择算法针对性考虑了同AP服务下有效用户信道的干扰抑制能力，因此能通过筛选有效AP组合较大程度减少用户间干扰，进而提升用户最小频谱效率。

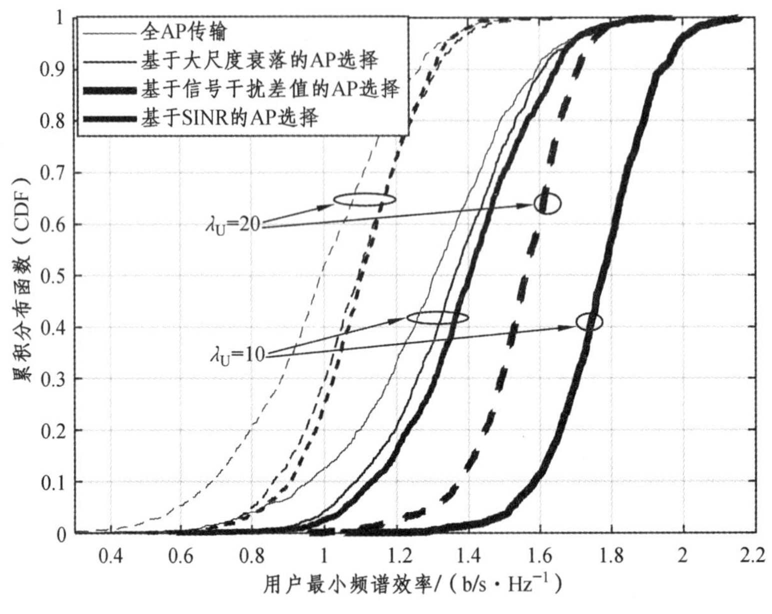

图 3.6　用户最小频谱效率的累积分布函数

图 3.7 显示了用户传输功率满足功率缩放，且用户分布密度分别为 $\lambda_{\rm U}=10$ 和 $\lambda_{\rm U}=40$ 情况下，AP 天线数与总的频谱效率的关系曲线，其中 $E_{\rm u}=20$ dB 和 $p_{\rm u}=E_{\rm u}/(M*L)$。仿真图显示随着 AP 天线数越多，平均传输功率越小，总的频谱效率性能会因多天线的分集增益而增强。而随着天线数增长到一定值，总的频谱效率曲线会逐渐平滑，趋于饱和。同时 $\lambda_{\rm U}=40$ 比 $\lambda_{\rm U}=10$ 时的平均频谱效率要差，这是因为用户越密集，用户间干扰越强，使得 AP 选择对性能提升效果会更显著。在 $\lambda_{\rm U}$ 一定时，相比于其他方法，基于信号干扰差值的 AP 选择对用户平均频谱效率的提升效果更好。

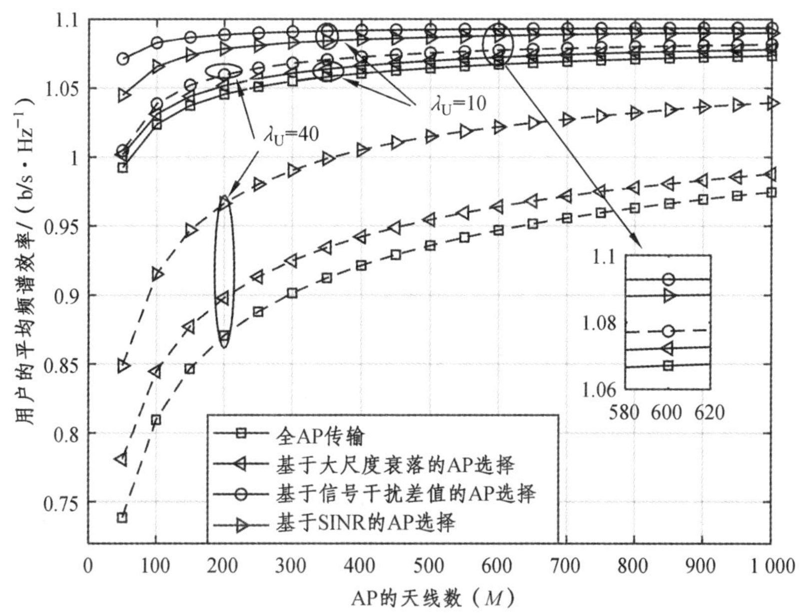

图 3.7　接入点天线数与用户平均频谱效率的关系

图 3.8 显示了射频链路配置量化位数为 4 的 ADC 和用户传输功率满足功率缩放条件下，用户分布密度分别为 $\lambda_U = 10$ 及 $\lambda_U = 20$ 时，AP 天线数与总的频谱效率的关系曲线。其中总的传输功率 $E_u = 20$ dB 且满足条件 $p_u = E_u/(M*L)$。仿真图显示，在相同用户分布下，用户平均频谱效率随着天线数增加而逐渐提升并趋于平缓。AP 天线数增加，总的频谱效率性能会因天线带来的分集增益而增强；在功率缩放条件下，AP 天线数的增加使得用户平均传输功率减小，同时对频谱效率提升效果趋于饱和。另外从图中也可看到，用户分布密度 $\lambda_U = 20$ 比 $\lambda_U = 10$ 时的平均频谱效率性能要差，这是因为用户越密集，用户间干扰越强，此时所有 AP 选择算法对性能提升效果都更显著。在 λ_U 一定时，相比于其他算法，基于信号干扰差值的 AP 选择算法对平均频谱效率的提升效果更好。

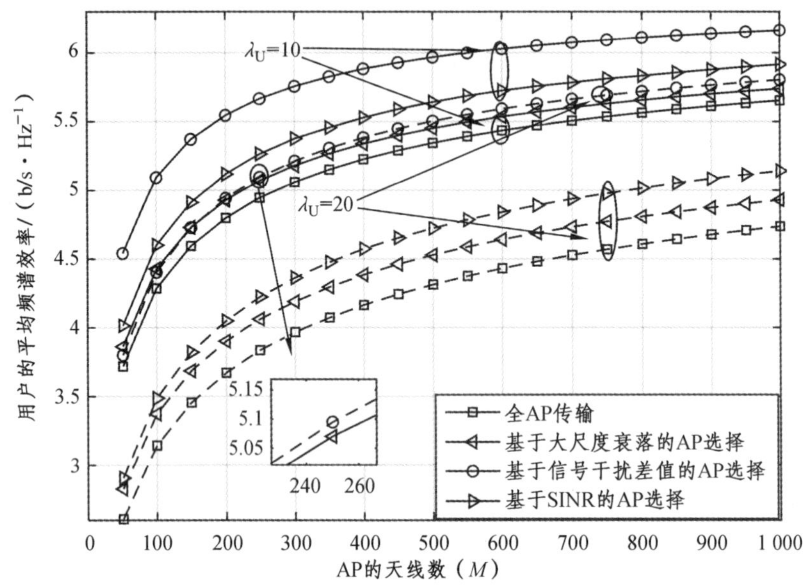

图 3.8　接入点天线数与用户平均频谱效率的关系

图 3.9 显示了用户数期望 $\tilde{K}=10$ 且小区面积分别为 $S(\mathcal{A})=1\text{ km}^2$ 和 $S(\mathcal{A})=4\text{ km}^2$ 时，AP 数对总的能量效率的影响。由图可以看出，AP 数目越多，能量效率越小。这是由于 AP 数目越多，用户间干扰也尤为显著，全 AP 传输中无效 AP 也越多，其不必要的功耗也会增多。图中显示区域面积越大，总的能量效率越小。随着区域面积的增大，在相同 AP 数目下，造成的平均路径损耗也会更大，信号衰落也会严重，因此达到一定频谱效率需要消耗更多功耗。同时由图可以看出在 $S(\mathcal{A})=1\text{ km}^2$ 的区域内，所有 AP 选择算法都对总的能量效率有较大提升。且在密集区域，通过 AP 选择算法对性能提升效果更为明显。在 $S(\mathcal{A})=4\text{ km}^2$ 时，基于 SINR 的 AP 选择并不比全 AP 传输下的能量效率性能要好，即该算法并不适用于用户稀疏的信息传输区域。相比其他 AP 选择算法，在 AP 总数一定时，所提出的基于信号干扰差值的 AP 选择算法的能量效率提升效果更好。因为该算法针对性考虑了用户间干扰的抑制能力，选择的 AP 组合更为有效。

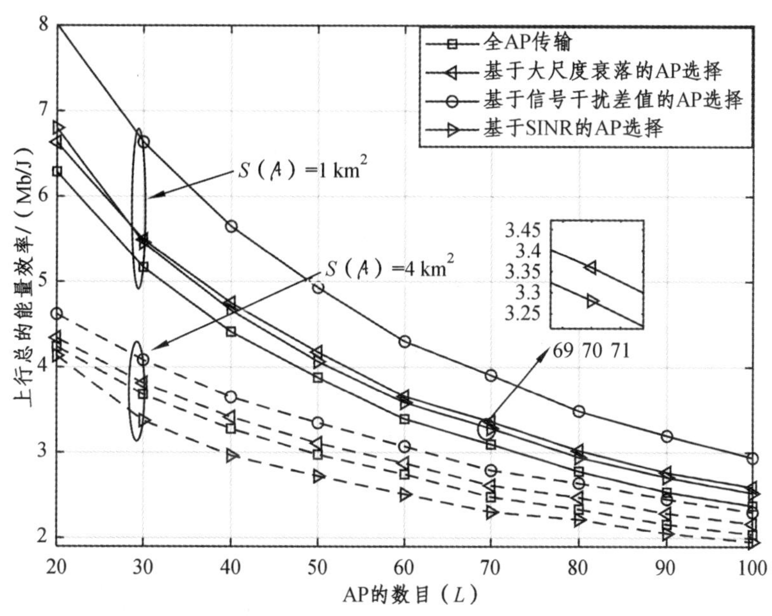

图 3.9　接入点数与能量效率的关系

图 3.10 显示用户分布强度 $\lambda_U=10$ 时，不同 ADC 精度下系统总能量效率和总频谱效率之间的权衡。如图可以看到，系统 AP 部署的增多虽然能带来更好的频谱效率性能，但是能量效率也大大降低。这是因为 AP 部署越多，其带来的干扰信号也随之增多，即无效 AP 占比更多，消耗的功率增多，使得系统能效降低，因此有必要合理部署 AP 数目及进行 AP 选择。另外，相比于其他 AP 选择模式，基于信号干扰差值的 AP 选择算法对用户平均频谱效率及能量效率的都有更好的提升。由图中可以看出在拐点外实现能效均衡，且最优量化位数为 4，这一仿真图即验证所提出能效均衡优化方法的有效性。

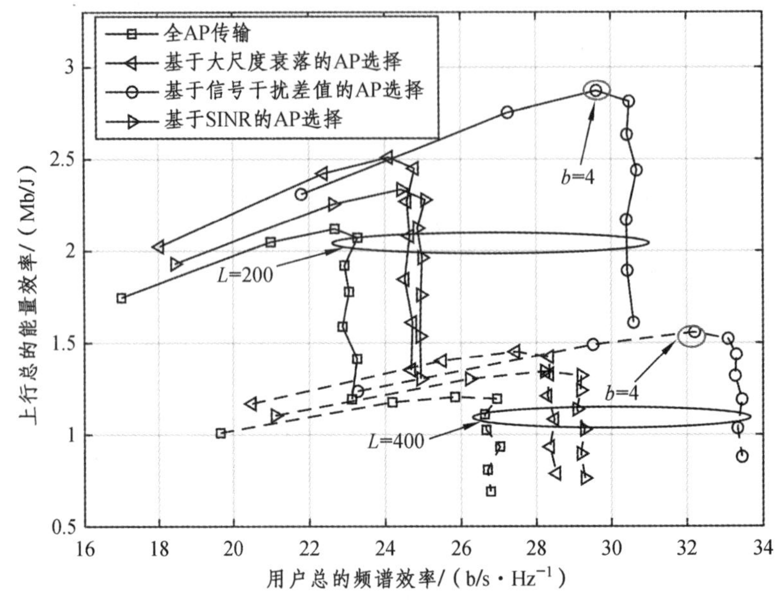

图 3.10 不同 ADC 量化下能量效率与总频谱效率的关系

图 3.11 为在本仿真环境中配置最优量化的 ADC 时，分别利用不同 AP 选择策略及联合最大最小功率控制下用户频谱效率的累积分布函数曲线。仿真结果显示，相比于其他 AP 连接模式，基于信号干扰差值的 AP 选择能针对每个用户实现频谱效率的提升。且在通过该选择策略获取较优 AP 组合基础上，利用最大最小用户频谱效率的功率控制，可提升服务质量较差的用户通信性能，减小不同用户间的频谱效率差距，在系统区域内实现用户服务质量一致的优化目标。因此可验证，通过所提的能效均衡优化方法获取最优量化位数及 AP 组合后，利用最大最小频谱效率的功率控制算法可实现系统区域一致良好的服务质量。

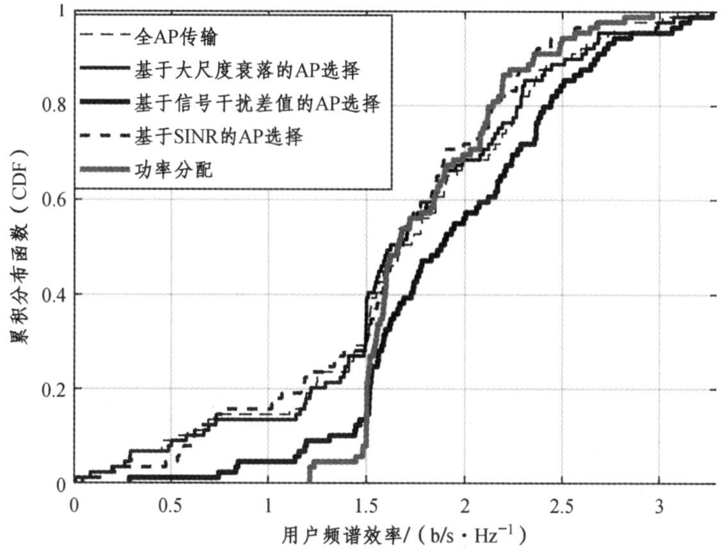

图 3.11　每个用户频谱效率的累积分布函数

3.5　车载中继混合精度移相器量化模型

3.5.1　大规模 MIMO 下行通信系统模型

考虑一个有限精度混合预编码结构的下行毫米波大规模 MIMO 通信系统，如图 3.12 所示，其中发送端配置 N_t 根发射天线，接收端配置 N_r 根接收天线。发送端通过 N^{RF} 个 RF 链传输 N_s 个经过调制的数据流，其中 $N_s \leqslant N^{RF} \leqslant N_t$。

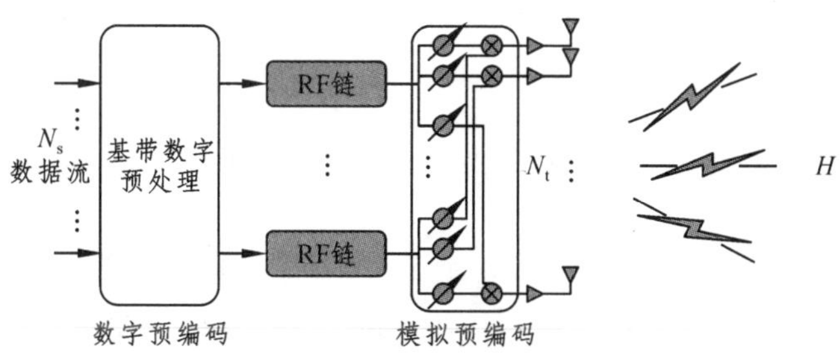

图 3.12　下行通信系统模型图

在发送端，数据流首先经过数字预编码矩阵 $\boldsymbol{F}_{\mathrm{BB}} \in \mathbb{C}^{N^{\mathrm{RF}} \times N_{\mathrm{s}}}$ 调整信号幅值，再通过模拟预编码矩阵 $\boldsymbol{F}_{\mathrm{RF}} \in \mathbb{C}^{N_{\mathrm{t}} \times N^{\mathrm{RF}}}$ 调整信号角度。在经过信道矩阵 $\boldsymbol{H} \in \mathbb{C}^{N_{\mathrm{r}} \times N_{\mathrm{t}}}$ 传输后，接收端的信号为

$$\boldsymbol{y} = \sqrt{p}\boldsymbol{H}\boldsymbol{F}_{\mathrm{RF}}\boldsymbol{F}_{\mathrm{BB}}\boldsymbol{s} + \boldsymbol{n} \tag{3.35}$$

其中，$\boldsymbol{s} = [s_1, s_2, \cdots, s_{N_{\mathrm{s}}}]^{\mathrm{T}}$ 为发送信号并且满足 $\mathrm{E}\{\boldsymbol{s}\boldsymbol{s}^{\mathrm{H}}\} = 1/N_{\mathrm{s}}\boldsymbol{I}_{N_{\mathrm{s}}}$； p 为基站发送功率；预编码矩阵 $\boldsymbol{F}_{\mathrm{BB}}$ 和 $\boldsymbol{F}_{\mathrm{RF}}$ 满足总功率约束 $\|\boldsymbol{F}_{\mathrm{BB}}\boldsymbol{F}_{\mathrm{RF}}\|_{\mathrm{F}}^2 \leqslant P_{\mathrm{t}}$。由于移相器存在幅值固定的约束，模拟预编码矩阵 $\boldsymbol{F}_{\mathrm{RF}}$ 中所有元素都属于集合 F，F 为模拟预编码矩阵的可行集且集合内所有元素的模值都为 $1/N_{\mathrm{t}}$，$\boldsymbol{n}$ 为加性噪声且服从均值为 0、方差为 $\sigma^2\boldsymbol{I}_{N_{\mathrm{r}}}$ 复高斯分布。

3.5.2 毫米波信道传输模型

系统信道模型采用基于多径散射簇 Saleh-Valenzuela 空间几何信道模型[68]，其中信道矩阵 $\boldsymbol{H}$ 由 N_{cl} 个散射簇组成，每个散射簇有 N_{ray} 个子径，则系统的信道模型可以表示为

$$\boldsymbol{H} = \gamma \sum_{i,l} \alpha_{i,l} \boldsymbol{a}_{\mathrm{r}}(\phi_{i,l}^{\mathrm{r}}, \varphi_{i,l}^{\mathrm{r}}) \boldsymbol{a}_{\mathrm{t}}^{\mathrm{H}}(\phi_{i,l}^{\mathrm{t}}, \varphi_{i,l}^{\mathrm{t}}) \tag{3.36}$$

其中，归一化因子 $\gamma = \sqrt{N_{\mathrm{t}}N_{\mathrm{r}}/N_{\mathrm{cl}}N_{\mathrm{ray}}}$； $\alpha_{i,l}$ 表示为第 i 簇的第 1 个子径的信道增益；$\phi_{i,l}^{\mathrm{r}}$ 和 $\varphi_{i,l}^{\mathrm{r}}$ 分别表示信号的水平方向到达角和垂直方向到达角，向量 $\boldsymbol{a}_{\mathrm{r}}$ 和 $\boldsymbol{a}_{\mathrm{t}}$ 则分别表示接收和发送阵列相应矢量。考虑采用大小为 $W_1 \times W_2$ 均匀平面分布（Uniform Planar Array，UPA）的天线阵列，因此阵列响应矢量可以表示为：

$$\boldsymbol{a}_{\mathrm{UPA}}(\phi, \varphi) = \frac{1}{\sqrt{N}}[1, \cdots, \mathrm{e}^{\mathrm{j}dk\Gamma(m,n)}, \cdots, \mathrm{e}^{\mathrm{j}dk\Gamma(W_1,W_2)}]^{\mathrm{T}} \tag{3.37}$$

其中，$\Gamma(m,n) = m\sin(\phi)\sin(\varphi) + n\cos(\varphi)$，$0 \leqslant m \leqslant W_1$ 和 $0 \leqslant n \leqslant W_2$ 分别表示水平和垂直方向上的天线元素；$N = W_1W_2$；$k = 2\pi/\lambda$，λ 为载波的波长；$d = \lambda/2$，为设置天线阵列的天线间距。

系统的能量效率表达式 η 为

$$\eta = \frac{R}{P_{\mathrm{T}}} \times 100\% \tag{3.38}$$

其中，R 为系统的频谱效率；P_{T} 为系统消耗的总功率。系统频谱效率 R 的表达式为

$$R = \log_2\left(\left|\boldsymbol{I}_{N_{\mathrm{s}}} + \frac{p\left\|\boldsymbol{H}\overline{\boldsymbol{F}}_{\mathrm{RF}}\boldsymbol{F}_{\mathrm{BB}}\right\|_{\mathrm{F}}^2}{N_{\mathrm{s}}\sigma^2}\right|\right) \tag{3.39}$$

其中，$\overline{\boldsymbol{F}}_{\mathrm{RF}}$ 是根据混合量化精度配比矢量 $\boldsymbol{g} \in \mathbb{C}^{B_{\max} \times 1}$ 进行对应的精度量化过后的模拟预编码矩阵，$B_{\max}$ 为最高的量化精度。

系统消耗的总功率对应表达式为

$$\begin{aligned} P_{\mathrm{T}}(\boldsymbol{F}_{\mathrm{RF}}, \boldsymbol{F}_{\mathrm{BB}}) &= \kappa P_{\mathrm{t}} + P_{\mathrm{PS}} + P_{\mathrm{RF}} + P_{\mathrm{BB}} \\ &= \kappa\left\|\boldsymbol{F}_{\mathrm{RF}}\boldsymbol{F}_{\mathrm{BB}}\right\|_{\mathrm{F}}^2 + P_{\mathrm{C}} \end{aligned} \tag{3.40}$$

其中，$P_{\mathrm{C}} = P_{\mathrm{PS}} + P_{\mathrm{RF}} + P_{\mathrm{BB}}$；$P_{\mathrm{t}}$ 为系统发送功率；P_{BB} 和 P_{RF} 分别为基带电路单元和 RF 链路功耗；P_{PS} 为所有精度移相器消耗的总功耗；功率放大系数 $\kappa \geqslant 1$。

因此系统的优化目标问题为

$$\begin{aligned} \mathrm{Q}_1: \quad & \{\overline{\boldsymbol{F}}_{\mathrm{RF}}, \boldsymbol{F}_{\mathrm{BB}}, \boldsymbol{g}_{\mathrm{opt}}\} = \max \eta \\ \text{s.t.} \quad & C_1{:}\ \overline{\boldsymbol{F}}_{\mathrm{RF}}(i,j) \in F \\ & C_2{:}\ \sum_{i=1}^{B_{\max}} g_i = N_{\mathrm{PS}} \\ & C_3{:}\ R > R_{\varepsilon} \\ & C_4{:}\ \left\|\boldsymbol{F}_{\mathrm{RF}}\boldsymbol{F}_{\mathrm{BB}}\right\|_{\mathrm{F}}^2 = P_{\mathrm{t}} \end{aligned} \tag{3.41}$$

其中，$\boldsymbol{g}_{\mathrm{opt}}$ 为优化求解得到的最优精度配置矢量；g_i 表示使用 i 精度量化移相器的个数；N_{PS} 为系统移相器的总个数；R_{ε} 为保证系统通信质量的最低频谱效率，其值由最高精度 $B_{\max}$ 对应频谱效率的 $R_{B_{\max}}$ 和最低精度 $B_{\min}$ 对

应的频谱效率 $R_{B_{\min}}$ 以及分配因子 $v \in (0,1)$ 组成，即 $R_{\varepsilon} = vR_{B_{\max}} + (1-v)R_{B_{\min}}$ 。

由于问题 Q_1 是一个存在非凸约束的优化问题，因此可采用分式规划和交替最优方法进行求解。通过以系统的能量效率最大化为优化目标来对系统混合预编码矩阵和移相器精度进行设计。问题 Q_1 的优化目标可以分为全精度混合预编码矩阵的优化和最佳混合精度量化矢量求解两部分。

3.6 基于 Dinkelbach 的混合预编码设计

3.6.1 全精度的混合预编码设计

由于频谱效率 R 以及系统消耗功率 P_{T} 均为正数，故可以通过 Dinkelbach 方法[173]，将原来的分式问题 Q_1 转换为多项式和形式的参数规划问题，再利用交替最优化对参数规划问题进行求解。

通过引入辅助变量 λ ，将式（3.41）的分式形式目标问题转变为含参数的多项式形式。目标函数可转变为

$$\begin{aligned}&\mathrm{Q}_2{:}f\left(\lambda\right)=\max_{\boldsymbol{F}_{\mathrm{RF}},\boldsymbol{F}_{\mathrm{BB}}}\left\{R\left(\boldsymbol{F}_{\mathrm{RF}},\boldsymbol{F}_{\mathrm{BB}}\right)-\lambda P_{\mathrm{T}}\left(\boldsymbol{F}_{\mathrm{RF}},\boldsymbol{F}_{\mathrm{BB}}\right)\right\}\\&\text{s.t.}\quad \boldsymbol{F}_{\mathrm{RF}}(i,j)\in F\end{aligned} \tag{3.42}$$

对于问题 Q_2 来说，若给定 λ ，则可以采用迭代方法求解 λ 对应的最优预编码矩阵 $(\boldsymbol{F}_{\mathrm{RF}}^{*}(\lambda),\boldsymbol{F}_{\mathrm{BB}}^{*}(\lambda))$ ，再基于最优预编码矩阵更新 λ ，交替迭代得到最优 λ^{*} 和预编码矩阵。当已知最优解 λ^{*} 和基站端功率放大系数 $\kappa=1$ 时，公式（3.42）可转化为

$$\begin{aligned}&\max_{\boldsymbol{F}_{\mathrm{RF}},\boldsymbol{F}_{\mathrm{BB}}}\left\{\log_2\left|\boldsymbol{I}_{N_{\mathrm{s}}}+\frac{p\left\|\boldsymbol{H}\boldsymbol{F}_{\mathrm{RF}}\boldsymbol{F}_{\mathrm{BB}}\right\|_{\mathrm{F}}^{2}}{N_{\mathrm{s}}\sigma^{2}}\right|-\lambda^{*}(\left\|\boldsymbol{F}_{\mathrm{RF}}\boldsymbol{F}_{\mathrm{BB}}\right\|_{\mathrm{F}}^{2}+P_{\mathrm{C}})\right\}\\&\text{s.t.}\quad \boldsymbol{F}_{\mathrm{RF}}(i,j)\in F\end{aligned} \tag{3.43}$$

由于式（3.43）优化求解得到的是全精度下的混合预编码矩阵，故本小节中可暂时不考虑约束 C_2 。

式（3.43）的优化问题因存在非凸约束，故需要解耦非凸的恒模约束才能直接通过凸优化等工具箱求解。因此，根据 $\log_2\left|\boldsymbol{I}_{N_s}+\boldsymbol{X}\right|\approx\log_2(1+\mathrm{tr}(\boldsymbol{X}))\approx\mathrm{tr}(\boldsymbol{X})$，忽略其中常数项后，公式（3.43）可以等效为

$$\begin{aligned}&\frac{p}{N_s\sigma^2}\mathrm{tr}(\boldsymbol{F}_{\mathrm{BB}}^{\mathrm{H}}\boldsymbol{F}_{\mathrm{RF}}^{\mathrm{H}}\boldsymbol{H}^{\mathrm{H}}\boldsymbol{H}\boldsymbol{F}_{\mathrm{RF}}\boldsymbol{F}_{\mathrm{BB}})-\lambda^*\left\|\boldsymbol{F}_{\mathrm{RF}}\boldsymbol{F}_{\mathrm{BB}}\right\|_{\mathrm{F}}^2\\&\overset{(\mathrm{a})}{=}\frac{p}{N_s\sigma^2}\left\|\boldsymbol{H}\boldsymbol{F}_{\mathrm{RF}}\boldsymbol{F}_{\mathrm{BB}}\right\|_{\mathrm{F}}^2-\lambda^*\left\|(\boldsymbol{H}^{\mathrm{H}}\boldsymbol{H})^{-1}\boldsymbol{H}^{\mathrm{H}}\boldsymbol{H}\boldsymbol{F}_{\mathrm{RF}}\boldsymbol{F}_{\mathrm{BB}}\right\|_{\mathrm{F}}^2\\&\overset{(\mathrm{b})}{\geqslant}\frac{p}{N_s\sigma^2}\left\|\boldsymbol{H}\boldsymbol{F}_{\mathrm{RF}}\boldsymbol{F}_{\mathrm{BB}}\right\|_{\mathrm{F}}^2-\lambda^*\left\|(\boldsymbol{H}^{\mathrm{H}}\boldsymbol{H})^{-1}\boldsymbol{H}^{\mathrm{H}}\right\|_{\mathrm{F}}^2\left\|\boldsymbol{H}\boldsymbol{F}_{\mathrm{RF}}\boldsymbol{F}_{\mathrm{BB}}\right\|_{\mathrm{F}}^2\\&=\left(\frac{p}{N_s\sigma^2}-\lambda^*\left\|(\boldsymbol{H}^{\mathrm{H}}\boldsymbol{H})^{-1}\boldsymbol{H}^{\mathrm{H}}\right\|_{\mathrm{F}}^2\right)\left\|\boldsymbol{H}\boldsymbol{F}_{\mathrm{RF}}\boldsymbol{F}_{\mathrm{BB}}\right\|_{\mathrm{F}}^2\end{aligned}\tag{3.44}$$

由于信道矩阵的低秩特性，故步骤（a）可以通过伪逆性质进行等效变换得到，步骤（b）通过不等式 $\|\boldsymbol{A}\|_{\mathrm{F}}^2\cdot\|\boldsymbol{B}\|_{\mathrm{F}}^2\geqslant\|\boldsymbol{AB}\|_{\mathrm{F}}^2$ 进行缩放得到。

因此，当参数 λ 固定时，公式（3.42）的最大化能量效率问题转变为最大化 $\left\|\boldsymbol{H}\boldsymbol{F}_{\mathrm{RF}}\boldsymbol{F}_{\mathrm{BB}}\right\|_{\mathrm{F}}^2$。通过对信道矩阵进行 SVD 分解，将目标优化问题转化为右奇异矩阵与预编码矩阵的联合优化子问题。再利用舒尔补集性质对子问题近似并化简，最后把子问题转化为最大化 $\mathrm{tr}(\boldsymbol{V}_1\boldsymbol{F}_{\mathrm{RF}}\boldsymbol{F}_{\mathrm{BB}})$ 问题，其中 $\boldsymbol{V}_1$ 为信道矩阵 SVD 分解后得到右奇异矩阵的前 $\boldsymbol{N}_s$ 列。

综上，公式（3.44）的求解可以等价于混合预编码矩阵的范数最小化形式

$$\begin{aligned}&\min_{\boldsymbol{F}_{\mathrm{RF}},\boldsymbol{F}_{\mathrm{BB}}}\left\|\boldsymbol{F}_{\mathrm{opt}}-\boldsymbol{F}_{\mathrm{RF}}\boldsymbol{F}_{\mathrm{BB}}\right\|_{\mathrm{F}}^2\\&\text{s.t.}\quad \boldsymbol{F}_{\mathrm{RF}}(i,j)\in F\end{aligned}\tag{3.45}$$

其中，$\boldsymbol{F}_{\mathrm{opt}}$ 表示最优全数字预编码矩阵，且 $\boldsymbol{F}_{\mathrm{opt}}=\boldsymbol{V}_1$。

定义辅助酉矩阵 $\boldsymbol{\Phi}\in\mathbb{C}^{N^{\mathrm{RF}}\times N^{\mathrm{RF}}}$ 来松弛式（3.45）中的约束，式（3.45）可转变为

$$\min_{\boldsymbol{F}_{\mathrm{RF}},\boldsymbol{F}_{\mathrm{BB}}}\left\|\boldsymbol{F}_{\mathrm{opt}}-\boldsymbol{F}_{\mathrm{A}}\boldsymbol{\Phi}\boldsymbol{\Phi}^{\mathrm{H}}\boldsymbol{F}_{\mathrm{D}}\right\|_{\mathrm{F}}^2\tag{3.46}$$

其中，$\boldsymbol{F}_{\mathrm{RF}}=\boldsymbol{F}_{\mathrm{A}}\boldsymbol{\Phi}$，$\boldsymbol{F}_{\mathrm{BB}}=\boldsymbol{\Phi}^{\mathrm{H}}\boldsymbol{F}_{\mathrm{D}}$，定义 $\boldsymbol{F}_{\mathrm{A}}$ 和 $\boldsymbol{F}_{\mathrm{D}}$ 矩阵分别为不考虑恒模约束情况下的模拟和数字预编码矩阵。如果 $\boldsymbol{F}_{\mathrm{A}}\boldsymbol{\Phi}$ 满足恒模特性，那么可以直接替代模拟预编码矩阵 $\boldsymbol{F}_{\mathrm{RF}}$，从而松弛式（3.46）中的恒模约束。因此优化目标变为

$$\begin{aligned}&\min_{\boldsymbol{F}_{\mathrm{A}},\boldsymbol{\Phi}}\left\|\boldsymbol{F}_{\mathrm{RF}}-\boldsymbol{F}_{\mathrm{A}}\Phi\right\|_{\mathrm{F}}^{2}\\&\text{s.t.}\quad \boldsymbol{F}_{\mathrm{RF}}(i,j)\in F\end{aligned}\tag{3.47}$$

由于 $\boldsymbol{F}_{\mathrm{A}}$ 不受恒模条件约束，需要通过酉矩阵 $\boldsymbol{\Phi}$ 来保证乘积 $\boldsymbol{F}_{\mathrm{A}}\boldsymbol{\Phi}$ 满足模拟预编码恒模约束。因此给定 $\boldsymbol{F}_{\mathrm{A}}$，将优化函数定义为

$$\begin{aligned}f(\boldsymbol{\Phi})=&\operatorname{tr}(\boldsymbol{F}_{\mathrm{RF}}^{\mathrm{H}}\boldsymbol{F}_{\mathrm{RF}})-2\operatorname{Re}(\operatorname{tr}(\boldsymbol{F}_{\mathrm{RF}}^{\mathrm{H}}\boldsymbol{F}_{\mathrm{A}}\boldsymbol{\Phi}))+\\&\operatorname{tr}(\boldsymbol{F}_{\mathrm{A}}^{\mathrm{H}}\boldsymbol{\Phi}^{\mathrm{H}}\boldsymbol{\Phi}\boldsymbol{F}_{\mathrm{A}})\end{aligned}\tag{3.48}$$

根据酉矩阵性质 $\boldsymbol{\Phi}^{\mathrm{H}}\boldsymbol{\Phi}=\boldsymbol{I}$，所以式（3.48）中只有第二项与辅助变量 $\boldsymbol{\Phi}$ 有关。因此，优化函数 $f(\Phi)$ 可以转换为

$$\begin{aligned}&\max_{\boldsymbol{\Phi}} f(\boldsymbol{\Phi})=\operatorname{Re}(\operatorname{tr}(\boldsymbol{F}_{\mathrm{RF}}^{\mathrm{H}}\boldsymbol{F}_{\mathrm{A}}\boldsymbol{\Phi}))\\&\text{s.t.}\quad \boldsymbol{\Phi}^{\mathrm{H}}\boldsymbol{\Phi}=\boldsymbol{I}\end{aligned}\tag{3.49}$$

利用 Hold 不等式的方法来处理问题式（3.49），将目标函数进行放缩，再对 $\boldsymbol{F}_{\mathrm{RF}}^{\mathrm{H}}\boldsymbol{F}_{\mathrm{A}}$ 进行奇异值分解，即 $\boldsymbol{F}_{\mathrm{RF}}^{\mathrm{H}}\boldsymbol{F}_{\mathrm{A}}=\boldsymbol{U}\boldsymbol{S}\boldsymbol{V}^{\mathrm{H}}$ [174]。当 $\boldsymbol{V}^{\mathrm{H}}\boldsymbol{\Phi}\boldsymbol{U}=\boldsymbol{I}$ 时，式（3.49）取得最大值，即

$$\boldsymbol{\Phi}=\boldsymbol{V}\boldsymbol{U}^{\mathrm{H}}\tag{3.50}$$

综上所述，全精度的混合预编码矩阵可以通过交替最小化方法求解，具体算法 3.3 如下所示：

算法 3.3　交替优化算法。

步骤 1　初始化 $n=1$，随机生成 $\boldsymbol{F}_{\mathrm{RF}}$ 矩阵，保证幅度约束；

步骤 2　根据 SVD 获取 $\boldsymbol{F}_{\mathrm{A}}$ 和 $\boldsymbol{F}_{\mathrm{D}}$；

步骤 3　计算酉矩阵 $\boldsymbol{\Phi}$，$\boldsymbol{F}_{\mathrm{BB}}=\boldsymbol{\Phi}^{\mathrm{H}}\boldsymbol{F}_{\mathrm{D}}$；

步骤 4　计算误差 $\varsigma_1 = \left\| \boldsymbol{F}_{\mathrm{RF}} - \boldsymbol{F}_{\mathrm{A}}\boldsymbol{\Phi} \right\|_{\mathrm{F}}^2$；

步骤 5　$\boldsymbol{F}_{\mathrm{RF}} = \dfrac{1}{\sqrt{N_{\mathrm{t}}}} \mathrm{e}^{(\mathrm{j}*\mathrm{angle}(\boldsymbol{F}_{\mathrm{A}}\boldsymbol{\Phi}))}$；

步骤 6　$\varsigma_2 = \left\| \boldsymbol{F}_{\mathrm{RF}} - \boldsymbol{F}_{\mathrm{A}}\boldsymbol{\Phi} \right\|_{\mathrm{F}}^2$；

步骤 7　判断 $\left|\varsigma_2 - \varsigma_1\right| < \varepsilon_1$，若不满足返回步骤 3，否则到步骤 8；

步骤 8　更新 $\boldsymbol{F}_{\mathrm{BB}}$ 使其满足功率约束；

步骤 9　输出 $\boldsymbol{F}_{\mathrm{RF}}$，$\boldsymbol{F}_{\mathrm{BB}}$。

3.6.2　混合精度的混合预编码设计

根据 3.6.1 小节求解得到的全精度混合预编码矩阵，通过解耦模拟预编码的恒模约束和预编码矩阵的功率约束，系统的目标函数由式（3.41）转变为

$$\begin{aligned} \mathrm{Q}_3:\ & \{\overline{\boldsymbol{F}}_{\mathrm{RF}}, \boldsymbol{g}_{\mathrm{opt}}\} = \max \eta \\ \mathrm{s.t.}\ & R > R_{\varepsilon} \\ & \sum\nolimits_{i=1}^{B_{\max}} g_i = N_{\mathrm{PS}} \end{aligned} \tag{3.51}$$

当系统采用全连接结构的混合预编码器时，每个 RF 链路都连接 N_{t} 个移相器单元，所以总移相器数 $N_{\mathrm{PS}} = N^{\mathrm{RF}} N_{\mathrm{t}}$，若采用子连接结构时，总移相器数 $N_{\mathrm{PS}} = N_{\mathrm{t}}$。

假设模拟预编码矩阵 $\boldsymbol{F}_{\mathrm{RF}}$ 表示为 $\boldsymbol{F}_{\mathrm{RF}} = [\boldsymbol{f}_1, \cdots, \boldsymbol{f}_n, \cdots, \boldsymbol{f}_{N_{\mathrm{t}}}]^{\mathrm{T}}$，其中 $\boldsymbol{f}_n$ 表示模拟预编码矩阵的第 n 个列向量。考虑每个 $\boldsymbol{f}_n$ 向量对应量化的精度不完全一样，每个列向量有自己对应的量化精度。当第 n 个列向量的量化位数为 b 时，定义量化集 $\beta_n = [0, \Delta, \cdots, (2^b - 1)\Delta]$，量化集共 2^b 个元素，其中均匀量化步长 $\Delta = 2\pi/2^b$。对于有限精度移相器量化有

$$\overline{m} = \min_{m \in \beta_n} \left| \theta_{n,k} - m\Delta \right| \tag{3.52}$$

其中，β_n 为列向量 $\boldsymbol{f}_n$ 对应的量化集；$\overline{m}$ 表示 $\boldsymbol{f}_n$ 列向量元素中最接近量化

集中元素的索引值，因此第 n 个列向量的第 k 个元素量化后的相位为 $\bar{\theta}_{n,k}=\bar{m}\Delta$。

通过增量搜索法[175]对精度配比矢量进行优化求解，从而对模拟预编码矩阵进行优化。其基本思想为对于一个长度为 $B_{\max}$ 的精度分配权重矩阵 $\boldsymbol{g}$，并初始化为 $[N_{\mathrm{PS}},0,\cdots,0]$。然后令第一个元素值减一，同时第二个位置元素值加一，再对向量内元素从前到后逐次增加，每次更新 $\boldsymbol{g}$ 后，重新计算当前精度配比下系统的频谱效率和能量效率，直到找到最优矢量 $\boldsymbol{g}_{\mathrm{opt}}$。针对矢量 $\boldsymbol{g}$ 中的第 i 个元素 g_i，从模拟预编码矩阵 $\boldsymbol{F}_{\mathrm{RF}}$ 中取 g_i 个行向量进行 i 精度量化，进而得到维度为 $g_i\times N^{\mathrm{RF}}$ 的子量化矩阵 $\overline{\boldsymbol{F}}_{\mathrm{RF}}^{i}$。通过遍历配比矢量 $\boldsymbol{g}$ 的每个元素进行矩阵量化，便可得到由 $B_{\max}$ 个子量化矩阵组成的量化矩阵 $\overline{\boldsymbol{F}}_{\mathrm{RF}}\in\mathbb{C}^{N_{\mathrm{t}}\times N^{\mathrm{RF}}}$。

综上所述，结合 3.6.1 节中的交替优化算法获取的全精度混合预编码矩阵，系统能效可以通过 Dinkelbach 方法获取，具体算法 3.4 如下所示。

算法 3.4　基于 Dinkelbach 的优化算法。

步骤 1　初始化 $\lambda^{(0)}\geqslant 0$，n，$R_{(n)}=0$；

步骤 2　由算法 3.3 获取全精度混合预编码矩阵；

步骤 3　计算混合精度配比向量 $\boldsymbol{g}$ 并获取 $\overline{\boldsymbol{F}}_{\mathrm{RF}}$；

步骤 4　计算混合精度量化混合预编码矩阵 $\boldsymbol{F}_{\mathrm{hyb}}^{n}=\overline{\boldsymbol{F}}_{\mathrm{RF}}\boldsymbol{F}_{\mathrm{BB}}$，计算 $R_{(n)}$；

步骤 5　根据式（3.42）的 $\lambda^{(n)}$ 和 $R_{(n)}$ 计算 $f(\lambda^{(n)})$；

步骤 6　更新 $\lambda^{(n+1)}=\lambda^{(n)}+\dfrac{f(\lambda^{(n)})}{\|\boldsymbol{F}_{\mathrm{RF}}\boldsymbol{F}_{\mathrm{BB}}\|_{\mathrm{F}}^{2}+P_{\mathrm{C}}}$；

步骤 7　更新 $n=n+1$；

步骤 8　若 $\left|f(\lambda^{(n-1)})\right|<\varepsilon_2$，则输出 $\boldsymbol{F}_{\mathrm{hyb}}^{*}$ 和 $\lambda^{*}=\lambda^{(n-1)}$，否则返回步骤 2；

步骤 9　输出 $\boldsymbol{g}$，$\overline{\boldsymbol{F}}_{\mathrm{RF}}$，$\boldsymbol{F}_{\mathrm{BB}}$。

由算法 3.4 可以看出，第 $n+1$ 次迭代的初始值 $\boldsymbol{F}_{\mathrm{hyb}}^{*}$ 是前一次算法 3.3 迭代的最优解，这样就保证了 $f(\lambda)$ 的单调非减性。同时由于最大发射功率的限制，$f(\lambda)$收敛于某一固定值，而Dinkelbach方法是收敛的[173]，因此算法3.4最终达到收敛。

算法3.3的信道矩阵SVD分解的复杂度为$O(N_\mathrm{t}^3)$，而由于模拟预编码的列向量每次迭代所需复杂度$O(N_\mathrm{s}N_\mathrm{t})$，所以获取模拟预编码总复杂度为$O(N^\mathrm{RF}N_\mathrm{s}N_\mathrm{t})$，因此算法3.3的复杂度为$O(N_\mathrm{t}^3+N^\mathrm{RF}N_\mathrm{s}N_\mathrm{t})$。算法3.4的复杂度包括对两个预编码矩阵的求解和最佳量化精度配比矩阵求解，其中$\boldsymbol{F}_\mathrm{RF}$和$\boldsymbol{F}_\mathrm{BB}$的复杂度均为$O(N^\mathrm{RF}N_\mathrm{s}N_\mathrm{t}^2)$，对于单个列向量$\boldsymbol{f}_n$的增量搜索算法复杂度为$O(N^\mathrm{RF}B_\mathrm{max}^2N_\mathrm{t})$，因此结合混合精度量化后算法3.4的总复杂度为$O(N^\mathrm{RF}N_\mathrm{t}^2N_\mathrm{s}+N^\mathrm{RF}N_\mathrm{t}B_\mathrm{max}^2)$。所提出算法的复杂度与传统的量化算法对比如表3.2所示。

表3.2　所提出算法与传统的量化算法复杂度对比表

算法	算法复杂度
算法3.3	$O(N_\mathrm{t}^3+N^\mathrm{RF}N_\mathrm{s}N_\mathrm{t})$
算法3.4	$O(N^\mathrm{RF}N_\mathrm{t}^2N_\mathrm{s}+N^\mathrm{RF}N_\mathrm{t}B_\mathrm{max}^2)$
CDM	$O(N_\mathrm{iter}^\mathrm{o}N_\mathrm{iter}^\mathrm{i}(N^\mathrm{RF})^2N_\mathrm{s}N_\mathrm{t}^3)$
Binary	$O(2N_\mathrm{s}N_\mathrm{t}^3+2N_\mathrm{s}N_\mathrm{t}^2)$

经过对比发现：因为发送天线数N_t远大于其他变量，且所提出算法的发送天线量级低于CDM算法和Binary算法，所以提出算法的复杂度低于两种对比算法。尤其是大规模MIMO场景下，提出的算法性能优势会更加明显。

3.7　仿真结果与分析

本节对系统性能进行仿真分析。对于毫米波信道参数设置，采用28 GHz的载波频率对信号进行传输，假设信道包含5个散射簇，且每个散射簇存在 10 个子径，子径之间角度间隔为 10°，所有子径的离开角和到达角均服从区间为 $[-\pi/2,\pi/2]$ 和 $[-\pi/3,\pi/3]$ 的均匀分布。在基站端天线阵列配置 36 根发射天线，接收端配置 16 根接收天线，并均采用 UPA 形式排列。基站端有 4 根 RF 射频链路，每根 RF 链路连接 36 个移相器。同时，基站端拟采用 QPSK 编码进行多数据流传输。所有预编码矩阵都采用相同的功率约束，仿真图形中每个结果都是经过 1 000 次独立信道实验所得。

针对移相器的量化位数，研究系统频谱效率随量化位数的变化图，如图 3.13 所示。从图中可以看出，当量化位数为 1，2 或者 3 位时，系统的频谱效率逐渐接近全精度移相器的频谱效率。当量化位数为 4 或者 5 时，系统的频谱效率与全数字十分接近，仅仅约为 1.5%的差距，而当量化精度超过 5 时，系统的频谱效率增长较小。故采用性能较为接近的 5 精度量化移相器代替全精度移相器。

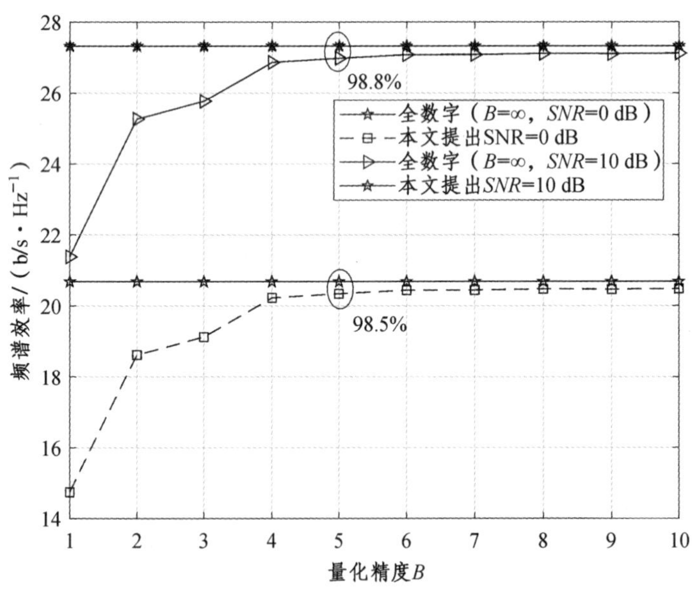

图 3.13　频谱效率随量化位数变化影响图

图 3.14 给出了完美信道下不同数据流传输的系统频谱效率随 SNR 的变化关系，其中 RF 链路数为 6，B 表示单精度量化精度。为了更好地比较，将文献[176]中的 CDM 算法和文献[177]中的 1 精度 Binary 量化算法与提出的 Dinkelbach 混合精度量化方法进行了对比。同时，当量化精度超过 5 时，再提高量化精度对频谱效率的提升可忽略，故在仿真中引入 5 精度量化曲线与混合量化结构对比，并把通过 SVD 分解获取的全数字预编码结构曲线作为频谱效率上限。从图 3.14 中可以看出，提出的混合精度量化算法频谱效率优于传统的 CDM 算法和 Binary 算法的单精度量化曲线。当传输双数据流时，混合精度移相器量化算法与传统的单精度移相器量化算法在频谱效率上优势并不明显。但随着数据流数逐渐增加时，提出的混合精度量化算法的优势逐渐体现。当数据流数为 4 时，提出的混合精度量化算法曲线与传统单精度量化曲线差距增大，且与 5 精度量化曲线接近。因此，随着数据流数的增大所提出算法的性能相比于传统算法有了更大的提升并且与全数字结构的性能更加接近。

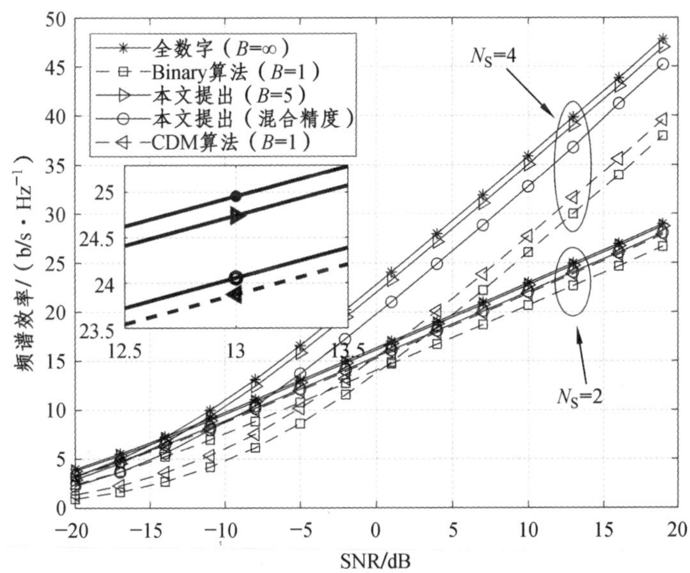

图 3.14 系统频谱效率随 SNR 变化关系

采用子连接结构下不同发射天线的混合精度量化配比矢量数值如表 3.3 所示，其中量化精度 $B_i = i$。当基站天线数较少时，通过增量搜索算法得到的精度配比矢量中 1 和 2 比特精度占大部分，还有少量 3 比特精度。随着基站天线数增加，1 比特移相器的数目占比逐渐提高，2 比特精度逐渐减少，这是因为大量天线所带来的空间分集增益可以补偿由量化引起的信号失真，进而导致频谱效率下降。增加发送天线数带来的增益使系统对高精度移相器的需求下降，因此低精度移相器的占比逐渐增多，所以表 3.3 中 B_1 的占比逐渐增大。但由于要满足系统通信的最低频谱效率通信需求，所以 1 精度占比不能无限接近 1。

表 3.3　不同精度移相器配比对比表

N_{PS}	B_1	B_2	B_3	B_4	B_5
64	0.5	0.48	0.02	0	0
81	0.67	0.33	0	0	0
225	0.74	0.26	0	0	0
400	0.76	0.24	0	0	0

假设每个 RF 链路的功耗为 40 mW，基带功耗为 0.2 W，因为不同精度的移相器有着不同的功率损耗，故可假设移相器精度的损耗呈线性增加趋势[178]。假设 1 比特精度移相器对应的功耗为 6 mW，则 2 比特对应的功耗 12 mW，设置最高量化精度 $B_{max} = 5$ 且对应为 30 mW，全精度移相器的功耗为 45 mW。

完美信道下系统的能量效率随 SNR 变化如图 3.15 所示。从图中可以看出，随着信噪比不断增加，系统的能量效率也随之上升，但随着传输功率进一步提高，所带来的频谱效率提升远没有消耗的功率大，故在高信噪比时能量效率会逐渐减小。同时，从图中可以看出，由于采用混合精度量化的移相器结构，所提出的混合精度量化算法具有最高的能量效率。而且从表3.3中可以看到当采用大规模天线时，超过半数的移相器采用1比特精度量化，这意味着系统的功耗会因为低精度移相器数量增加而大量减少。因此，采用混合精度量化结构在能量效率性能上优于传统的单精度量化结构。

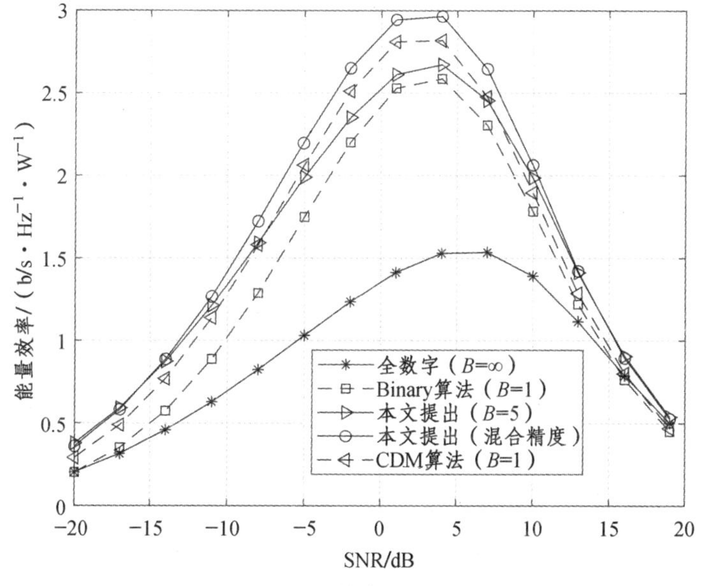

图3.15 系统能量效率随SNR变化关系

接下来研究CSI误差对所提出的混合预编码算法的影响。信道估计矩阵表达式为[179]

$$\overline{\boldsymbol{H}}=\xi\boldsymbol{H}+\sqrt{1-\xi^2}\boldsymbol{E} \tag{3.53}$$

其中，$\boldsymbol{H}$为信道矩阵；$\xi\in[0,1]$为CSI误差因子；$\boldsymbol{E}$为信道估计误差矩阵且其元素服从均值为0、方差为1的复高斯分布。

图3.16展示了36×16和256×64两组毫米波系统在非完美信道状态下的频谱效率对比，其中RF链路数为4，数据流数为2。由于毫米波的空

间稀疏性，天线所带来的分集增益会提升系统的性能，降低信道误差所带来的不利影响。另外，从图中可以看出，CSI 误差对混合精度量化结构的系统影响并不大。当 $\xi=0.9$ 时系统的频谱效率与完美 CSI 下的性能接近，甚至当误差因子 $\xi=0.5$ 时，系统的性能也达到了完美 CSI 下的 80%。此外，对比两个不同天线阵列，256×64 组由于天线数量多获得更高阵列增益，从而实现更优的频谱效率。

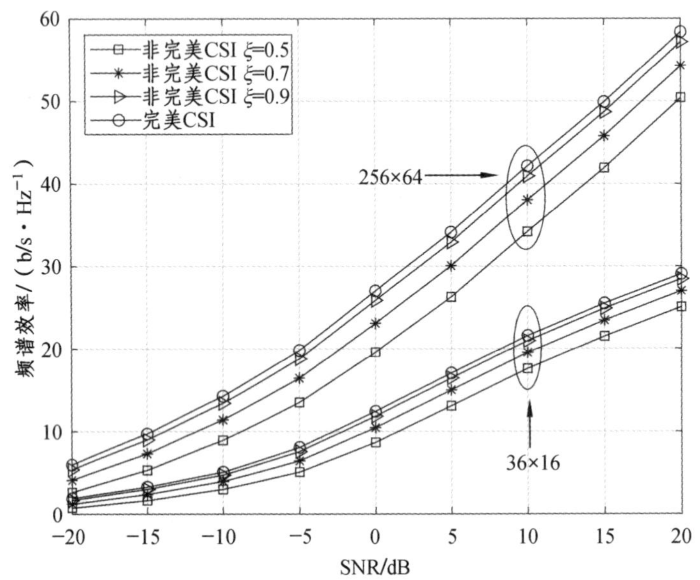

图 3.16　非完美信道下的频谱效率随 SNR 变化关系

图 3.17 讨论了 36×16 的完美信道下系统的频谱效率和能量效率随着共同变量 SNR 变化时的趋势，其中 RF 链路数和数据流均为 4。通过观察可以发现，随着信噪比的提高，提出的混合精度量化算法在能量效率上有着较大的优势，其原因为混合精度量化算法可以采用较低精度的移相器来满足系统的通信需求。同时，由图 3.15 可得，系统能量效率存在一个最大

值，即图3.17中各个算法的★标识点（SNR为4 dB）。从图3.15中可以看出，当SNR为4 dB时，所提出的算法在能量效率上比CDM算法高出6%，比Binary算法高出14.7%。同时，两个对比算法的频谱效率与所提出算法的差距较大。例如，所提出的算法在频谱效率上比表现更好的CDM对比算法有着23.8%的提升。其原因为单精度量化结构精度单一，并不能很好地实现频谱效率与能量效率间的权衡。故综合考虑频谱效率和能量效率两个性能，混合精度量化算法优于传统单精度量化算法。

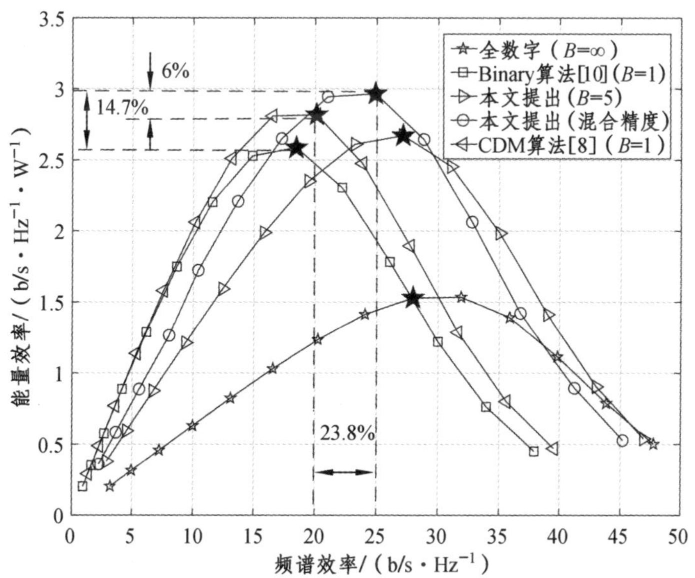

图3.17　系统频谱效率和能量效率随SNR变化情况

图3.18研究非完美信道下精度配比因子ν的改变对系统频谱效率的影响，并给出不同信道误差因子ξ下的系统频谱效率。从图3.18中可以看出，受$R_{B_{\max}}$和$R_{B_{\min}}$的影响，配比因子ν对系统频谱效率的影响呈递增趋势且存在一个跳跃点。同时，不同的数据流与RF链路个数对跳跃点的影响不同。首先图3.18中讨论了CSI误差因子ξ为0.6和0.8两种情况下的频谱效率，

可以发现不同的 CSI 精度因子对应的跳跃点的配比因子ν取值是不同的，且 CSI 误差因子较低时的跳跃点往往是不低于高精度下的跳跃点。这意味着，当信道状态差时，往往需要较多的高精度移相器来满足系统的通信需求。同时，通过对比不同 RF 链路下的频谱效率表明，提高 RF 链路的个数可以弥补配比因子ν较低时带来的频谱效率下降。

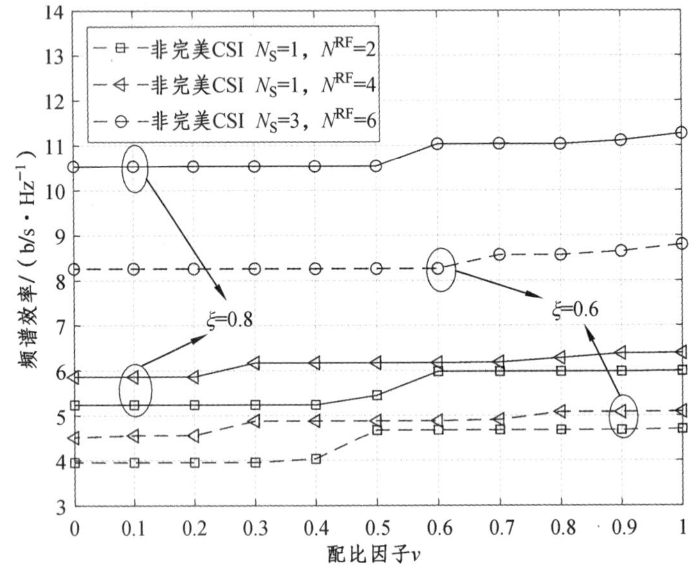

图 3.18　频谱效率随配比因子ν变化情况

非完美信道下系统能量效率随配比因子变化情况如图 3.19 所示。从图中可以看出信道状态信息的准确度对系统的能量效率的影响较大，多数据流传输时，CSI 精度因子ξ的影响会造成约 18%的能量效率下降。此外，随着配比因子ν的增加，依据不同的数据流数和 RF 链路数，系统的能量效率曲线的变化趋势并不一致，当传输单数据流数时，能量效率的变化趋势呈现一个平缓的曲线，其中单数据流的最大降幅为 17%，而数据流数增大至 3 时，能量效率曲线存在一个 34%下降值。不仅如此，多数据流曲线对配比因子v的敏感度远高于单数据流曲线。因此针对多数据流传输时，可以通过设计配比因子实现一个能量效率和频谱效率综合权衡。

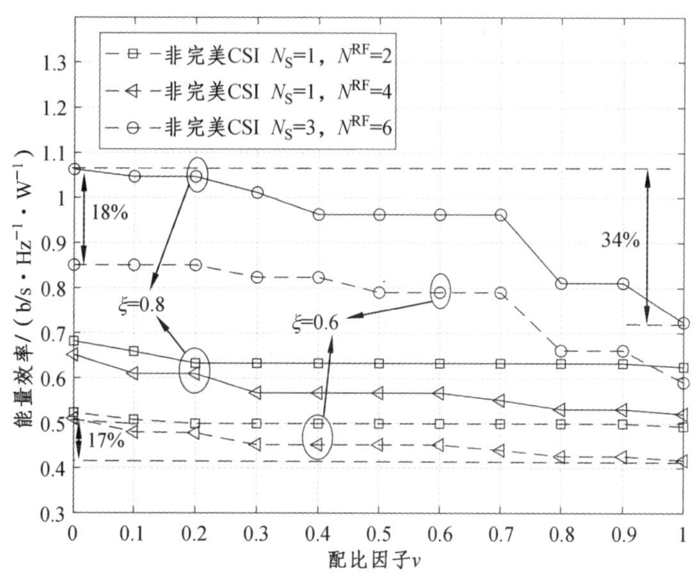

图 3.19 能量效率随配比因子v变化情况

不同的移相器量化方法系统频谱效率对比如图 3.20 所示。观察可以发现，随着天线数目的增加，所有预编码量化结构的频谱效率性能都增加，但最终趋于平缓。这是由于增加天线数目可以有效地提高系统的分级增益和复用增益，从而提高系统的性能，但由于基站发送功率的限制，并不能理论性地无限制增加。其中，性能最好的是全精度的全数字预编码结构曲线，然后是高精度量化曲线（$B = 5$）。从图中可以发现，所提出的混合精度移相器量化结构相比于传统的 Binary 算法与 CDM 算法都具有更好的系统频谱效率，且与高精度量化曲线之间的差距较小。由此结合图 3.16 可以发现，本章所提出的混合精度移相器量化结构不仅具有最优的能量效率，同时还拥有不错的系统频谱效率。

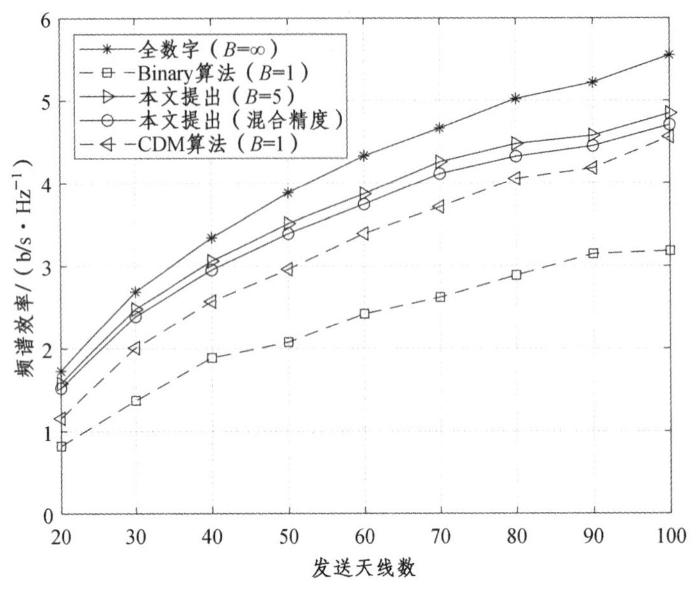

图 3.20　系统频谱效率随基站天线数变化情况

3.8　本章小节

本章针对毫米波大规模 MIMO 系统能量效率低下的问题，研究了一种 ADC 精度和 AP 选择的能效均衡优化方法。该方法首先根据频谱效率闭式解的分析，将有用信号与干扰信号的差值转换成比值作为衡量信道干扰抑制能力的指标，对 AP 进行降序排列。然后通过 AP 序列联合服务的频谱效率变化差值筛选 AP 组合，最后通过 ADC 精度和 AP 选择联合优化，实现频谱效率及系统能效的均衡，确定最优量化位数。仿真结果表明，所提出 ADC 精度和 AP 选择的能效均衡优化方法对频谱效率与能量效率能产生双重提升效果。另外，与基于大尺度衰落和 SINR 等指标的 AP 选择相比，所提出的 AP 选择策略在不同的用户分布密度、AP 数或天线数时，都能实现更优的系统能效均衡，尤其在用户密集区域，其效果更为明显。另外，本章还研究了一种基于混合精度移相器量化结构的混合预编码设计方案。

在该方案中，通过 Dinkelbach 方法将能量效率的分式表达式转换为范数最小化的形式，进而采用交替优化策略求解问题，通过解耦模拟预编码矩阵的恒模约束获取混合预编码矩阵，最后通过增量搜索算法求解混合量化移相器精度配比向量。仿真结果表明，通过对模拟预编码矩阵移相器精度的频谱效率和能量效率问题深入研究，在较好地保证系统频谱效率的前提下，通过选取最优精度配比矢量，获取最大的能量效率。相比于 CDM 和 Binary 算法，当多数据流传输时，所提出的算法具有更高的频谱效率，而且混合精度移相器量化结构更适用于大规模天线阵列。同时，对于非完美信道状态下传输，通过调整配比因子来弥补信道估计误差带来的性能损失。

第 4 章　高铁场景下 NOMA 辅助的去蜂窝网络优化设计

在理想的去蜂窝大规模 MIMO-NOMA 系统中，所有的 AP 同时服务所有的用户。而在高铁沿线，大部分轨旁 AP 距离正在运行的高铁较远，高路径损耗使通信性能增益几乎为零，这使得以用户为中心的去蜂窝网络的实施尤为重要。因此，本章主要聚焦 NOMA 辅助的去蜂窝大规模 MIMO-OFDM 系统在高铁沿线实际部署问题，建立以 TA 为中心的 NOMA 辅助的去蜂窝大规模 MIMO-OFDM 网络，并对下行信号传输处理过程提出相应的可扩展方案,为去蜂窝网络在高铁场景下的搭建提供一种可行的实施方案。

4.1 系统模型

考虑高铁场景下 NOMA 辅助的去蜂窝大规模 MIMO-OFDM 系统，该系统采用两级分层网络结构，包括 AP 到列车天线（Train Antenna，TA）和 TA 到列车内用户。由于高铁无线通信质量主要受 TA 和 AP 之间数据传输链路的影响，因此本章主要关注 TA 和 AP 之间的通信过程，而忽略了 TA 和列车用户之间的通信。m 个 AP 沿着轨道的一侧均匀分布，并通过无误差的前传链路连接到 CPU，每个 AP 都配备 N_{ap} 个发射天线。K_{tot} 个分布式 TA 位于高铁不同车厢的顶部，所有 TA 被分配到 L 个簇内，第 l 个簇有 K_l 个用户，其中 $K_{\text{tot}}=\sum_{l=1}^{L}K_l$ 。

图 4.1 展示了一个实际的高速铁路通信系统图。考虑到列车转弯时需要减速，较低的高铁移动速度对通信性能影响较小，因此本章主要考虑一段直线轨道。长度为 d_{hsr} 的高铁以速度 v 在轨道上移动，然后所有 TA 以速度 v 移动。d_{ve} 和 φ_{mlk} 分别是从轨道到 AP 的垂直距离和从第 l 个簇中第 k 个 TA 到第 m 个 AP 的到达角。在 AP 和 TA 之间建立部分连接，$\mathcal{M}_{lk}$ 是当前服务于第 l 个簇中第 k 个 TA 的 AP 子集。定义 AP 选择矩阵 $\boldsymbol{D}_{mlk}$：当 $m\in\mathcal{M}_{lk}$ 时，$\boldsymbol{D}_{mlk}=\boldsymbol{I}_N$；当 $m\notin\mathcal{M}_{lk}$ 时，$\boldsymbol{D}_{mlk}=\boldsymbol{0}_{N_{\text{ap}}}$。其中，当设置所有的 $\boldsymbol{D}_{mlk}=\boldsymbol{I}_{mlk},\forall m,l,k$ 时，所有 TA 由所有 AP 提供服务，即为理想的去蜂窝网络结构。

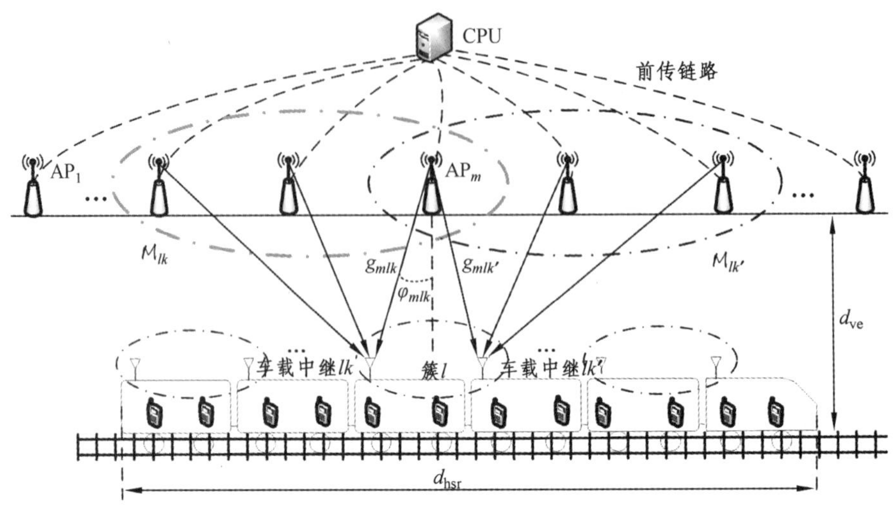

图 4.1 高铁场景下去蜂窝通信系统模型图

4.1.1 信道模型

假设高铁场景中的 NOMA 下行链路系统采用具有 N 个子载波和带宽为 B 的 OFDM 系统。第 m 个 AP 和第 l 个簇中第 k 个 TA 之间的信道增益向量 $\boldsymbol{g}_{mlk} \in \mathbb{C}^{N_{ap}\times 1}$ 建模为莱斯衰落信道，可以表示为 $\boldsymbol{g}_{mlk} = \bar{\boldsymbol{h}}_{mlk} + \boldsymbol{h}_{mlk}$，其中 $\bar{\boldsymbol{h}}_{mlk}$ 表示已知幅度和相移的视距分量，$\boldsymbol{h}_{mlk} \sim \mathcal{CN}(0, \boldsymbol{R}_{mlk})$ 是服从复高斯分布的非视距分量，并且 $\boldsymbol{R}_{mlk} \in \mathbb{C}^{N_{ap}\times N_{ap}}$ 表示空间相关矩阵，$\beta_{mlk} = \mathrm{tr}(\boldsymbol{R}_{mlk})/N_{ap}$ 是大规模衰落系数。

4.1.2 多普勒频移效应

当轨道上的高铁快速移动时，TA 和 AP 之间的相对高速运动产生多普勒频偏（Doppler frequency offset，DFO），这将严重恶化系统性能。DFO 会破坏系统子载波之间的正交性，并在相邻子载波之间造成干扰。假设 TA 在不同的子载波上发送不同的数据信号，考虑子载波间干扰，第 l 个簇中第 k 个 TA 处接收到的来自所有 AP 的信号可以在频域中表示为

$$\begin{aligned}\breve{x}_{lk}^{\mathrm{c}}[q] &= \sum_{m=1}^{M}\sum_{n=1}^{N}\boldsymbol{f}_{mlk}^{\mathrm{H}}[n-q]\boldsymbol{x}_m[n]+n_{lk}[q] \\ &= \underbrace{\sum_{m=1}^{M}\boldsymbol{f}_{mlk}^{\mathrm{H}}[0]\boldsymbol{x}_m[q]}_{\text{所需信号}}+\underbrace{\sum_{m=1}^{M}\sum_{n\neq q}^{N}\boldsymbol{f}_{mlk}^{\mathrm{H}}[n-q]\boldsymbol{x}_m[n]}_{\text{子载波间干扰}}+n_{lk}[q]\end{aligned} \tag{4.1}$$

其中 $\breve{x}_{lk}^{\mathrm{c}}[q]$，$\boldsymbol{f}_{mlk}[n-q]$，$\boldsymbol{x}_m[n]$ 和 $n_{lk}[q]$ 分别表示频域接收信号、传输信道、第 q 个子载波（$q=1,2,\cdots,N$）处来自第 m 个 AP 的发送信号和加性高斯白噪声。$\boldsymbol{f}_{mlk}[n-q]$ 可表示为

$$\boldsymbol{f}_{mlk}[n-q]=I_{mlk}[n-q]\bar{\boldsymbol{h}}_{mlk}+I_{\mathrm{D}}[n-q]\boldsymbol{h}_{mlk} \tag{4.2}$$

其中，$I_{mlk}[n-q]$ 和 $I_{\mathrm{D}}[n-q]$ 分别是第 q 个子载波和第 n 个子载波之间视距和非视距分量的载波间干扰系数，可以写成[180][181]

$$I_{mlk}[n-q]=\frac{\sin(\pi(n-q+\varepsilon_{mlk}))}{N\sin\left(\dfrac{\pi}{N}(n-q+\varepsilon_{mlk})\right)}\exp\left(\mathrm{j}\pi\left(1-\frac{1}{N}\right)(n-q+\varepsilon_{mlk})\right) \tag{4.3}$$

$$I_{\mathrm{D}}[n-q]=\begin{cases}1 & ,\ n=q \\ \dfrac{(-1)^{n-q}\omega}{\sqrt{2}(n-q)} & ,\ n\neq q\end{cases} \tag{4.4}$$

其中，$\varepsilon_{mlk}=f_{\mathrm{d}}\sin(\phi_{mlk})$ 是第 m 个发射 AP 和第 l 个簇中第 k 个接收 TA 之间的归一化多普勒频移效应，$f_{\mathrm{d}}=(vf_{\mathrm{c}}T_{\mathrm{s}})/c$ 是速度为 v 的 TA 的最大归一化多普勒频偏效应，T_{s} 表示采样时间，而 f_{c} 和 c 分别表示载波频率和光速。

4.1.3 上行信道估计

所有 K_{tot} 个 TA 在信道估计阶段发送长度为 τ_{p} 样本的导频序列，假设在同一簇中的 TA 之间共享相同的导频序列，而不同簇使用相互正交的导频。令 $\boldsymbol{\varphi}_l\in\mathbb{C}^{\tau_{\mathrm{p}}\times 1}$ 表示用于第 l 个簇中所有 TA 的导频序列，其中 $\|\boldsymbol{\varphi}_l\|^2=\tau_{\mathrm{p}}$ 和 $L\leqslant\tau_{\mathrm{p}}$。第 m 个 AP 接收的导频向量 $\boldsymbol{Y}_m=\sqrt{\tau_{\mathrm{p}}p_{\mathrm{p}}}\sum_{l=1}^{L}\sum_{k=1}^{K_l}\boldsymbol{f}_{mlk}\varphi_l^{\mathrm{H}}+\boldsymbol{N}_m^{\mathrm{p}}$，

$\boldsymbol{N}_m^{\mathrm{p}} \in \mathbb{C}^{N_{\mathrm{ap}} \times \tau_{\mathrm{p}}}$ 是接收端噪声，其元素相互独立且服从 $\mathcal{CN}(0,1)$ 分布。由于视距分量 $\bar{\boldsymbol{h}}_{mlk}$ 和协方差矩阵 $\boldsymbol{R}_{mlk}$ 在信道相干时间内缓慢变化，因此可以假设它们在 AP 端是已知的。为估计小尺度衰落系数，首先将 $\boldsymbol{Y}_m$ 乘以 φ_l

$$\boldsymbol{y}_{ml} = (\boldsymbol{Y}_m - \mathbb{E}\{\boldsymbol{Y}_m\})\varphi_l = \sqrt{\tau_{\mathrm{p}} p_{\mathrm{p}}} \sum_{k=1}^{K_l} \boldsymbol{h}_{mlk} + \boldsymbol{n}_m^{\mathrm{p}} \tag{4.5}$$

然后基于 MMSE 的估计信道，估计信道表示为

$$\hat{\boldsymbol{g}}_{mlk} = \bar{\boldsymbol{h}}_{mlk} + \hat{\boldsymbol{h}}_{mlk} = \bar{\boldsymbol{h}}_{mlk} + \sqrt{\tau_{\mathrm{p}} p_{\mathrm{p}}} \boldsymbol{R}_{mlk} \boldsymbol{\varPsi}_{ml} \boldsymbol{y}_{ml} \tag{4.6}$$

式中，$\boldsymbol{\varPsi}_{ml} = \left(\tau_{\mathrm{p}} p_{\mathrm{p}} \sum_{k=1}^{K_l} \boldsymbol{R}_{mlk} + \boldsymbol{I}_{N_a p} \right)^{-1}$。此外，设 $\tilde{\boldsymbol{g}}_{mlk} = \boldsymbol{g}_{mlk} - \hat{\boldsymbol{g}}_{mlk}$ 是信道估计误差。MMSE 估计值 $\hat{\boldsymbol{g}}_{mlk}$ 和估计误差 $\tilde{\boldsymbol{g}}_{mlk}$ 是不相关的随机向量，分别服从 $\mathcal{CN}(\bar{\boldsymbol{h}}_{mlk}, \boldsymbol{Q}_{mlk})$ 和 $\mathcal{CN}(0, \boldsymbol{C}_{mlk})$ 分布，其中 $\boldsymbol{Q}_{mlk} = \tau_{\mathrm{p}} p_{\mathrm{p}} \boldsymbol{R}_{mlk} \boldsymbol{\varPsi}_{ml} \boldsymbol{R}_{mlk}$，$\boldsymbol{C}_{mlk} = \boldsymbol{R}_{mlk} - \boldsymbol{Q}_{mlk}$。此外，为了简洁表示，定义 $\bar{\boldsymbol{Q}}_{mlkj} = \tau_{\mathrm{p}} p_{\mathrm{p}} \boldsymbol{R}_{mlk} \boldsymbol{\varPsi}_{ml} \boldsymbol{R}_{mlj}$。

当 AP 与 TA 之间只有部分连接时，只需要计算 TA 与服务 AP 子集 $\mathcal{M}_{lk}$ 之间的估计信道值即可。AP 处获得的估计信道增益可表示为 $\boldsymbol{D}_{mlk} \hat{\boldsymbol{g}}_{mlk} \sim \mathcal{CN}(\boldsymbol{D}_{mlk} \bar{\boldsymbol{h}}_{mlk}, \boldsymbol{D}_{mlk} \boldsymbol{Q}_{mlk} \boldsymbol{D}_{mlk})$，信道估计误差表示为 $\boldsymbol{D}_{mlk} \tilde{\boldsymbol{g}}_{mlk} = \boldsymbol{D}_{mlk} \boldsymbol{g}_{mlk} - \boldsymbol{D}_{mlk} \hat{\boldsymbol{g}}_{mlk} \sim \mathcal{CN}(\boldsymbol{0}, \boldsymbol{D}_{mlk} \boldsymbol{C}_{mlk} \boldsymbol{D}_{mlk})$。

4.2 性能分析

本节主要研究了 NOMA 辅助的以 TA 为中心的去蜂窝大规模 MIMO-OFDM 系统在高铁通信中的下行链路性能。我们主要考虑集中式和分布式两种不同的下行链路预编码实现形式，并计算得到系统的 SE 闭式表达式。

4.2.1 全集中式下行数据传输

在下行链路数据传输阶段，我们考虑完全集中式的下行链路去蜂窝系统，其中 CPU 基于上行链路训练阶段从所有 AP 处收集的估计 CSI 来执行

信号处理和预编码，并且 AP 仅充当将所有信号转发给 TA 的中继站。假设不同的 TA 在不同的子载波上接收不同的信号。然后，在子载波 q 上的第 l 个簇中第 k 个 TA 处接收的下行链路信号可以写为

$$\breve{x}_{lk}^{\mathrm{c}}[q]=\sum_{n=1}^{N}\sum_{m=1}^{M}\boldsymbol{f}_{mlk}^{\mathrm{H}}[n-q]\boldsymbol{x}_{m}^{\mathrm{c}}[n]+n_{lk}[q] \tag{4.7}$$

其中， $n_{lk}[q]\sim\mathcal{CN}(0,\sigma^2)$ 是高斯白噪声，第 m 个 AP 发送的信号表示为

$$\boldsymbol{x}_{m}^{\mathrm{c}}[n]=\sqrt{p_{\mathrm{d}}}\sum_{l=1}^{L}\sum_{k=1}^{K_l}\sqrt{\mu_{lk}}\boldsymbol{D}_{mlk}\boldsymbol{v}_{mlk}^{\mathrm{c}}[n]s_{lk}[q] \tag{4.8}$$

其中， $s_{lk}[q]$ 是第 l 簇中的第 k 个 TA 的发射信号，满足 $\mathrm{E}\{|s_{lk}[q]|^2\}=1$ 且 $\mathrm{E}\{s_{lk}[q]s_{lk}[n]\}=0,\forall q\neq n$ ； p_{d} 表示每个 AP 的最大归一化发射功率； μ_{lk} 表示功率分配系数，满足发射功率限制 $\sum_{i=1}^{L}\sum_{j=1}^{K_i}\mu_{lk}\mathrm{E}\{\|\boldsymbol{v}_{mij}^{\mathrm{c}}[q]\|^2\}\leqslant 1,\forall m$ 。有效发射预编码向量由下式表示：

$$\boldsymbol{D}_{mlk}\boldsymbol{v}_{mlk}^{\mathrm{c}}[n]=\begin{cases}\boldsymbol{v}_{mlk}^{\mathrm{c}}[n], & m\in\mathcal{M}_{lk}\\ \boldsymbol{0}_{N_{\mathrm{ap}}}, & m\notin\mathcal{M}_{lk}\end{cases} \tag{4.9}$$

注意， $\boldsymbol{D}_{mlk}=\boldsymbol{0}_{N_{\mathrm{ap}}}$ 意味着 $\boldsymbol{D}_{mlk}\boldsymbol{v}_{mlk}^{\mathrm{c}}[n]=\boldsymbol{0}_{N_{\mathrm{ap}}}$ ，因此只有 $\boldsymbol{D}_{mlk}\neq\boldsymbol{0}_{N_{\mathrm{ap}}}$ 的 AP 将在下行链路中向第 l 个簇中第 k 个 TA 发送信号。在接收端，第 l 个簇中的第 k 个 TA 处接收的信号可以表示为

$$\breve{x}_{lk}^{\mathrm{c}}[q]=\sqrt{p_{\mathrm{d}}}\sum_{i=1}^{L}\sum_{j=1}^{K_i}\sum_{n=1}^{N}\underbrace{\begin{bmatrix}\boldsymbol{f}_{1lk}[n-q]\\ \vdots\\ \boldsymbol{f}_{Mlk}[n-q]\end{bmatrix}^{\mathrm{H}}}_{\boldsymbol{f}_{lk}[n-q]}\boldsymbol{D}_{ij}\underbrace{\begin{bmatrix}\boldsymbol{v}_{1ij}[n]\\ \vdots\\ \boldsymbol{v}_{Mij}[n]\end{bmatrix}}_{\boldsymbol{v}_{ij}[n]}s_{ij}[n]+n_{lk}[q] \tag{4.10}$$

其中， $\boldsymbol{D}_{lk}=\mathrm{diag}(\boldsymbol{D}_{1lk},\cdots,\boldsymbol{D}_{Mlk})\in\mathrm{C}^{MN_{\mathrm{ap}}\times MN_{\mathrm{ap}}}$ 是块对角 AP 选择矩阵。值得注意的是，在以 TA 为中心的高铁通信系统中，当 $\boldsymbol{D}_{mlk}=\boldsymbol{0}_{N_{\mathrm{ap}}}$ 和 $\boldsymbol{D}_{mlj}=\boldsymbol{I}_{N_{\mathrm{ap}}},\forall j\neq k$

时，由第 m 个 AP 发送的叠加预编码数据信号不包括第 l 个簇中的第 k 个 TA 的数据信号，因此第 l 个簇中的第 k 个 TA 不能执行 SIC 以消除第 j 个 TA 的数据信号干扰。为了应用功率域 NOMA，假设第 l 个簇中的 TA 基于有效信道增益进行排序，如下所示[182][183]

$$\left|\sum_{m=1}^{M}\hat{\boldsymbol{g}}_{ml1}^{\mathrm{H}}\boldsymbol{v}_{ml1}^{\mathrm{c}}\right|^2 \geqslant \cdots \geqslant \left|\sum_{m=1}^{M}\hat{\boldsymbol{g}}_{mlK_l}^{\mathrm{H}}\boldsymbol{v}_{mlK_l}^{\mathrm{c}}\right|^2, \forall l \tag{4.11}$$

在 CPU 处，每个簇内的所有 TA 基于集中的 CSI 进行分类，并将 TA 排序和功率分配的结果发送到 AP，较低的发射功率被分配给具有较好信道条件的用户。因此，下行链路功率控制系数由下式给出：

$$\mu_{l1} \leqslant,\cdots,\leqslant \mu_{lk} \leqslant,\cdots,\leqslant \mu_{lK_l} \tag{4.12}$$

其中，第 l 簇中的第 k 个 TA 能够解码第 $j(\forall j>k)$ 个 TA 的信号，然后从检测结果中减去它们。由于 TA 不能实时获得瞬时 CSI，并且只能通过上行导频训练来对 CSI 进行估计，产生簇内导频污染和信道估计误差是不可避免的，因此完美 SIC 并不总是可行的。在执行不完美 SIC 之后，第 l 簇中的第 k 个 TA 处的接收信号表示为

$$\begin{aligned}\breve{x}_{lk}^{\mathrm{c}}[q] = {} & \sqrt{p_{\mathrm{d}}}\sum_{i=1}^{L}\sum_{j=1}^{K_i}\sqrt{\mu_{ij}}\sum_{n=1}^{N}\boldsymbol{f}_{lk}^{\mathrm{H}}[n-q]\boldsymbol{D}_{ij}\boldsymbol{v}_{ij}^{\mathrm{c}}[n]s_{ij}[n]- \\ & \sqrt{p_{\mathrm{d}}}\sum_{j=k+1}^{K_l}\sqrt{\mu_{lj}}\sum_{n=1}^{N}\mathbb{E}\left\{\boldsymbol{f}_{lk}^{\mathrm{H}}[n-q]\boldsymbol{D}_{lj}\boldsymbol{D}_{lk}\boldsymbol{v}_{lj}^{\mathrm{c}}[n]\right\}s_{lj}[n]+n_{lk}[q]\end{aligned} \tag{4.13}$$

其中，$\boldsymbol{D}_{lj}\boldsymbol{D}_{lk}$ 对角线上的单位矩阵表示同时为第 l 个簇中的第 k 个 TA 和第 j 个 TA 服务的 AP 集合。对于具有集中式处理的 NOMA 辅助的去蜂窝大规模 MIMO-OFDM 系统，CPU 可以基于统计 CSI 为第 l 个簇中的第 k 个 TA 设计任意形式的预编码向量 $\boldsymbol{v}_{lk}^{\mathrm{c}}[n]$。由于 CPU 计算预编码只需要 TA 的部分估计 CSI，因此信道估计矩阵 $\hat{\boldsymbol{g}}_{lk}=[\hat{\boldsymbol{g}}_{1lk}^{\mathrm{T}},\cdots,\hat{\boldsymbol{g}}_{Mlk}^{\mathrm{T}}]^{\mathrm{T}}$ 只需要计算一部分。设 $\hat{\boldsymbol{f}}_{lk}[n-q]=\boldsymbol{I}_{lk}[n-q]\bar{\boldsymbol{h}}_{lk}+I_{\mathrm{D}}[n-q]\hat{\boldsymbol{h}}_{lk}$，定义集中式预编码向量为

$$\boldsymbol{v}_{lk}^{\mathrm{c}}[q]=\frac{\overline{\boldsymbol{v}}_{lk}^{\mathrm{c}}[q]}{\sqrt{\mathbb{E}\left\{\left\|\overline{\boldsymbol{v}}_{lk}^{\mathrm{c}}[q]\right\|^2\right\}}}=\begin{bmatrix}\overline{\boldsymbol{v}}_{1lk}'[q]\\ \vdots \\ \overline{\boldsymbol{v}}_{Mlk}'[q]\end{bmatrix} \tag{4.14}$$

其中，$\overline{\boldsymbol{v}}_{lk}^{\mathrm{c}}[q]=\left(\sum_{i=1}^{L}\sum_{j=1}^{K_i}\boldsymbol{D}_{lk}\sum_{n=1}^{N}(\hat{\boldsymbol{f}}_{ij}[n-q]\hat{\boldsymbol{f}}_{ij}^{\mathrm{H}}[n-q]+I_{\mathrm{D}}^2[n-q]\boldsymbol{C}_{ij})\boldsymbol{D}_{lk}+\frac{1}{p_{\mathrm{p}}}\boldsymbol{I}_{N_{\mathrm{ap}}}\right)^{-1}\boldsymbol{D}_{lk}\hat{\boldsymbol{f}}_{lk}[0]$。

利用如上所示的归一化预编码，功率约束可以重写为

$$\sum_{l=1}^{L}\sum_{k=1}^{K}\mu_{lk}\mathbb{E}\left\{\left\|\overline{\boldsymbol{v}}_{mlk}'[q]\right\|^2\right\}\leqslant 1 \tag{4.15}$$

引理 4.1：采用集中式 MMSE 预编码，则第 l 个簇中第 k 个 TA 的可实现下行链路 SE 表示为 $SE_{lk}^{\mathrm{c}}[q]=\frac{\tau_{\mathrm{c}}-\tau_{\mathrm{p}}}{\tau_{\mathrm{c}}}\log_2(1+SINR_{lk}^{\mathrm{c}}[q])$，其中 $SINR_{lk}^{\mathrm{c}}[q]$ 计算为

$$SINR_{lk}^{\mathrm{c}}[q]=\frac{\mu_{lk}\tilde{a}_{lk}[q]}{\sum_{i=1}^{L}\sum_{j=1}^{K_i}\mu_{ij}\sum_{n=1}^{N}\tilde{b}_{lk}^{ij}[n-q]-\mu_{lk}\tilde{a}_{lk}[q]+\sum_{j=k+1}^{K_l}\mu_{lj}\sum_{n=1}^{N}\tilde{c}_{lkj}[n-q]+\frac{1}{p_{\mathrm{d}}}} \tag{4.16}$$

其中，$\tilde{a}_{lk}[q]=\frac{\left|\mathbb{E}\left\{\boldsymbol{f}_{lk}^{\mathrm{H}}[0]\boldsymbol{D}_{lk}\boldsymbol{w}_{lk}^{\mathrm{c}}[q]\right\}\right|^2}{\mathbb{E}\left\{\left\|\boldsymbol{w}_{lk}^{\mathrm{c}}[q]\right\|^2\right\}}$，$\tilde{b}_{lk}^{ij}[n-q]=\frac{\mathbb{E}\left\{\left|\boldsymbol{f}_{lk}^{\mathrm{H}}[n-q]\boldsymbol{D}_{ij}\boldsymbol{w}_{ij}^{\mathrm{c}}\right|[n]^2\right\}}{\mathbb{E}\left\{\left\|\boldsymbol{w}_{ij}^{\mathrm{c}}[n]\right\|^2\right\}}$，

$$\tilde{c}_{lkj}[n-q]=\frac{\left|\mathbb{E}\left\{\boldsymbol{f}_{lk}^{\mathrm{H}}[n-q]\left(\boldsymbol{I}_{MN_{\mathrm{ap}}}-\boldsymbol{D}_{lk}\right)\boldsymbol{D}_{lj}\boldsymbol{v}_{lj}^{\mathrm{c}}[n]\right\}\right|^2-\left|\mathbb{E}\left\{\boldsymbol{f}_{lk}^{\mathrm{H}}[n-q]\boldsymbol{D}_{lj}\boldsymbol{v}_{lj}^{\mathrm{c}}[n]\right\}\right|^2}{\mathbb{E}\left\{\left\|\boldsymbol{v}_{lj}^{\mathrm{c}}[n]\right\|^2\right\}}。$$

$(\boldsymbol{I}_{MN_{\mathrm{ap}}}-\boldsymbol{D}_{lk})\boldsymbol{D}_{lj}$ 表示第 l 个簇中不同时服务第 k 个 TA 和第 j 个 TA 的 AP 集合。

4.2.2 本地分布式下行数据传输

在下行链路中采用分布式处理方式，大部分信号处理过程都可以在每个 AP 的本地进行，CPU 只对下行数据信号 $s_{lk}[n](\forall l,k,n)$ 进行编码处理，并将其发送给服务 AP。第 l 个簇中第 k 个 TA 处接收到的信号表示为

$$x_{lk}[q]=\sqrt{p_{\mathrm{d}}}\sum_{i=1}^{L}\sum_{j=1}^{K_i}\sum_{n=1}^{N}\sum_{m=1}^{M}\sqrt{\eta_{mij}}\boldsymbol{f}_{mlk}^{\mathrm{H}}[n-q]\boldsymbol{D}_{mlk}\boldsymbol{v}_{mij}^{\mathrm{d}}[n]s_{ij}[n]+n_{lk}[q] \tag{4.17}$$

其中，η_{mij} 表示第 m 个 AP 处的下行发射功率。

对于具有分布式处理的 NOMA 辅助去蜂窝大规模 MIMO-OFDM 系统，由于 CPU 处没有信道估计 CSI 信息，因此簇内的 TA 排序只能在 AP 处进行。同时 AP 之间不共享信道估计 CSI 信息，第 l 个簇中的 TA 基于有效信道增益进行排序，如下所示[184]

$$\left|\hat{\boldsymbol{g}}_{ml1}^{\mathrm{H}}\boldsymbol{v}_{ml1}\right|^2\geqslant\cdots\geqslant\left|\hat{\boldsymbol{g}}_{mlk}^{\mathrm{H}}\boldsymbol{v}_{mlk}\right|^2\geqslant\cdots\geqslant\left|\hat{\boldsymbol{g}}_{mlK_l}^{\mathrm{H}}\boldsymbol{v}_{mlK_l}\right|^2,\forall m,l \tag{4.18}$$

类似于集中式处理方法，较低的发射功率被分配给具有较好信道条件的用户。因此，簇内 TA 的下行链路功率控制系数由下式给出：

$$\eta_{ml1}\leqslant,\cdots,\leqslant\eta_{mlk}\leqslant,\cdots,\leqslant\eta_{mlK_l} \tag{4.19}$$

本地分布式预编码向量可表示为

$$\boldsymbol{v}_{mlk}^{\mathrm{d}}[q]=\frac{\bar{\boldsymbol{v}}_{mlk}^{\mathrm{d}}[q]}{\sqrt{\mathbb{E}\left\{\left\|\bar{\boldsymbol{v}}_{mlk}^{\mathrm{d}}[q]\right\|^2\right\}}} \tag{4.20}$$

其中，$\bar{\boldsymbol{v}}_{mlk}^{\mathrm{d}}[q]=\left(\sum_{i=1}^{L}\sum_{j=1}^{K_i}\boldsymbol{D}_{mlk}\sum_{n=1}^{N}(\hat{\boldsymbol{f}}_{mij}[n-q]\hat{\boldsymbol{f}}_{mij}^{\mathrm{H}}[n-q]+I_{\mathrm{D}}^2[n-q]\boldsymbol{C}_{mij})\boldsymbol{D}_{mlk}+\frac{1}{p_{\mathrm{p}}}\boldsymbol{I}_{N_{\mathrm{ap}}}\right)^{-1}\boldsymbol{D}_{mlk}\times$ $\hat{\boldsymbol{f}}_{mlk}[0]$，$\hat{\boldsymbol{f}}_{mlk}[n-q]=I_{mlk}[n-q]\bar{\boldsymbol{h}}_{mlk}+I_{\mathrm{D}}[n-q]\hat{\boldsymbol{h}}_{mlk}$。

对于如上所示的归一化预编码，$0\leqslant\eta_{mlk}\leqslant1$ 是为满足发射功率约束而选择的功率分配系数，约束条件 $\sum_{l=1}^{L}\sum_{k=1}^{K_l}\eta_{mlk}\leqslant1,\forall m$。

引理 4.2：采用本地 MMSE 预编码，则第 l 个簇中的第 k 个 TA 的可实现下行链路 SE 计算为

$$SE_{lk}^{\mathrm{d}}[q]=\frac{\tau_{\mathrm{c}}-\tau_{\mathrm{p}}}{\tau_{\mathrm{c}}}\log_2(1+SINR_{lk}^{\mathrm{d}}[q])$$

其中，$SINR_{lk}^{\mathrm{d}}[q]$ 计算如下所示，$\breve{\boldsymbol{a}}_{lkj}[n-q]$、$\breve{\boldsymbol{B}}_{lk}^{ij}[n-q]$ 和 $\breve{\boldsymbol{c}}_{lkj}[n-q]$ 分别由式（4.22）、（4.23）和（4.24）给出。

$$
\mathrm{SINR}_{lk}^{\mathrm{d}}[q]=\frac{\left|\boldsymbol{\eta}_{lk}^{\mathrm{T}}\breve{\boldsymbol{a}}_{lkk}[0]\right|^2}{\left(\begin{array}{l}\sum_{i=1}^{L}\sum_{j=1}^{K_i}\sum_{n=1}^{N}\boldsymbol{\eta}_{ij}^{\mathrm{T}}\breve{\boldsymbol{B}}_{lk}^{ij}[n-q]\boldsymbol{\eta}_{ij}-\left|\boldsymbol{\eta}_{lk}^{\mathrm{T}}\breve{\boldsymbol{a}}_{lkk}[0]\right|^2\\+\sum_{j=k+1}^{K_l}\sum_{n=1}^{N}\left(\left|\boldsymbol{\eta}_{lj}^{\mathrm{T}}\breve{\boldsymbol{c}}_{lkj}[n-q]\right|^2-\left|\boldsymbol{\eta}_{lj}^{\mathrm{T}}\breve{\boldsymbol{a}}_{lkj}[n-q]\right|^2\right)+1/p_{\mathrm{d}}\end{array}\right)} \tag{4.21}
$$

$$
[\breve{\boldsymbol{a}}_{lkj}[n-q]]_m=\frac{\mathbb{E}\left\{\boldsymbol{f}_{mlk}^{\mathrm{H}}[n-q]\boldsymbol{D}_{mlj}\boldsymbol{v}_{mlj}^{\mathrm{d}}[n]\right\}}{\sqrt{\mathbb{E}\left\{\left\|\boldsymbol{v}_{mlj}^{\mathrm{d}}[q]\right\|^2\right\}}} \tag{4.22}
$$

$$
[\breve{\boldsymbol{B}}_{lk}^{ij}[n-q]]_{mr}=\frac{\mathbb{E}\left\{\boldsymbol{f}_{mlk}^{\mathrm{H}}[n-q]\boldsymbol{D}_{mij}\boldsymbol{v}_{mij}^{\mathrm{d}}[n](\boldsymbol{v}_{rij}^{\mathrm{d}})^{\mathrm{H}}[n]\boldsymbol{D}_{rij}\boldsymbol{f}_{rlk}[n-q]\right\}}{\sqrt{\mathbb{E}\left\{\left\|\boldsymbol{v}_{mij}^{\mathrm{d}}[n]\right\|^2\right\}}\sqrt{\mathbb{E}\left\{\left\|\boldsymbol{v}_{rij}^{\mathrm{d}}[n]\right\|^2\right\}}} \tag{4.23}
$$

$$
[\breve{\boldsymbol{c}}_{lkj}[n-q]]_m=\frac{\mathbb{E}\left\{\boldsymbol{f}_{mlk}^{\mathrm{H}}[n-q](\boldsymbol{I}_{N_{\mathrm{ap}}}-\boldsymbol{D}_{mlk})\boldsymbol{D}_{mlj}\boldsymbol{w}_{mlj}^{\mathrm{d}}[n]\right\}}{\sqrt{\mathbb{E}\left\{\left\|\boldsymbol{v}_{mlj}^{\mathrm{d}}[n]\right\|^2\right\}}} \tag{4.24}
$$

利用 MR 预编码 $\boldsymbol{v}_{mlk}^{\mathrm{d}}[q]=\frac{\hat{\boldsymbol{g}}_{mlk}}{\sqrt{\mathbb{E}\left\{\left\|\hat{\boldsymbol{g}}_{mlk}\right\|^2\right\}}}$，在执行 SIC 之后，第 l 个簇中第 k 个 TA 处的接收信号可以重写为如下所示：

$$
\begin{aligned}
\boldsymbol{x}_{lk}[q]=&\underbrace{\mathbb{E}\left\{\sum_{m=1}^{M}\xi_{mlk}^{lk}[0]\right\}s_{lk}[q]}_{\mathrm{DS}_{lk}[q]}+\underbrace{\sum_{m=1}^{M}(\xi_{mlk}^{lk}[0]-\mathbb{E}\{\xi_{mlk}^{lk}[0]\})s_{lk}[q]}_{\mathrm{BU}_{lk}[q]}+\\
&\sum_{n\neq q}^{N}\underbrace{\sum_{m=1}^{M}\xi_{mlk}^{lk}[n-q]s_{lk}[n]}_{\mathrm{SI}_{lk}[n-q]}+\sum_{j=1}^{k-1}\sum_{n=1}^{N}\underbrace{\sum_{m=1}^{M}\xi_{mlk}^{lj}[n-q]s_{lj}[n]}_{\mathrm{IS}_{lj}[n-q]}+\\
&\sum_{j=k+1}^{K_l}\sum_{n=1}^{N}\underbrace{\sum_{m=1}^{M}(\xi_{mlk}^{lj}[n-q]-\mathrm{tr}(\boldsymbol{D}_{mlk})/N_{\mathrm{ap}}\,\mathbb{E}\{\xi_{mlk}^{lj}[n-q]\})s_{lj}[n]}_{\mathrm{RS}_{lj}[n-q]}+\\
&\sum_{i\neq l}^{L}\sum_{j=1}^{K_i}\sum_{n=1}^{N}\underbrace{\sum_{m=1}^{M}\xi_{mlk}^{ij}[n-q]s_{ij}[n]}_{\mathrm{IC}_{ij}[n-q]}+n_{lk}[q]
\end{aligned} \tag{4.25}
$$

其中，$\xi_{mlk}^{ij}[n-q]=\sqrt{p_{\mathrm{d}}}\sqrt{\eta_{mij}}\boldsymbol{f}_{mlk}^{\mathrm{H}}[n-q]\dfrac{\boldsymbol{D}_{mij}\hat{\boldsymbol{g}}_{mij}}{\sqrt{\mathbb{E}\left\{\left\|\hat{\boldsymbol{g}}_{mij}\right\|^{2}\right\}}}$。此外，在式（4.25）中，$\mathrm{DS}_{lk}[q]$ 和 $\mathrm{BU}_{lk}[q]$ 分别表示第 l 个簇中第 k 个 TA 的有用信号和波束赋形不确定性度，$\mathrm{SI}_{lk}[n-q]$ 表示来自第 $n(n\neq q)$ 个子载波的干扰信号。此外，$\mathrm{IS}_{lj}[n-q]$ 是由执行 SIC 之后的第 l 个簇中的第 $j(j<k)$ 个 TA 引起的簇内干扰，$\mathrm{RS}_{lj}[n-q]$ 表示由不完美 SIC 引起的残余干扰。此外，$(\boldsymbol{I}_{N_{\mathrm{ap}}}-\boldsymbol{D}_{mlk})\boldsymbol{D}_{mlj}$ 表示由于不能执行 SIC 导致的第 l 个簇中的第 $j(j>k)$ 个 TA 引起的簇内干扰，$\mathrm{IC}_{ij}[n-q]$ 表示簇 $i(i\neq l)$ 中 TA 引起的簇间干扰。$\mathrm{DS}_{lk}[q]$、$\mathrm{BU}_{lk}[q]$、$\mathrm{SI}_{lk}[n-q]$、$\mathrm{IS}_{lj}[n-q]$、$\mathrm{RS}_{lj}[n-q]$ 和 $\mathrm{IC}_{ij}[n-q]$ 之间互不相关。第 l 个簇中的第 k 个 TA 的下行链路 SINR 的闭式表达式由定理 4.1 给出。

定理 4.1：采用 MR 预编码 $\boldsymbol{v}_{mlk}[q]=\hat{\boldsymbol{g}}_{mlk}\Big/\sqrt{\mathbb{E}\left\{\left\|\hat{\boldsymbol{g}}_{mlk}\right\|^{2}\right\}}$，$\mathrm{SINR}_{lk}[q]$ 的闭式表达式如下所示：

$$
\begin{aligned}
\mathrm{SINR}_{lk}[q]=&\left|\sum_{m=1}^{M}\sqrt{\eta_{mlk}}a_{mlkk}[0]\right|^{2}\Bigg/\Bigg(\sum_{i=1}^{L}\sum_{j=1}^{K_i}\sum_{n=1}^{N}\sum_{m=1}^{M}\eta_{mij}b_{mlk}^{ij}[n-q]+\\
&\sum_{n\neq q}^{N}\left|\sum_{m=1}^{M}\sqrt{\eta_{mlk}}a_{mlkk}[n-q]\right|^{2}+\sum_{j\neq k}^{K_l}\sum_{n=1}^{N}\left|\sum_{m=1}^{M}\sqrt{\eta_{mlj}}a_{mlkj}[n-q]\right|^{2}+\\
&\sum_{i\neq l}^{L}\sum_{j=1}^{K_i}\sum_{n=1}^{N}\left|\sum_{m=1}^{M}\sqrt{\eta_{mij}}\theta_{mlk}^{ij}[n-q]\right|^{2}+\frac{1}{p_{\mathrm{d}}}\Bigg)
\end{aligned}\tag{4.26}
$$

其中，$a_{mlkj}[n-q]=\begin{cases}\gamma_{mlj}(I_{mlk}[n-q]\bar{\boldsymbol{h}}_{mlk}^{\mathrm{H}}\boldsymbol{D}_{mlj}\bar{\boldsymbol{h}}_{mlj}+I_{\mathrm{D}}[n-q]\mathrm{tr}(\boldsymbol{D}_{mlj}\bar{\boldsymbol{Q}}_{mlkj})),\forall j\leqslant k\\ \gamma_{mlj}\Big(I_{mlk}[n-q]\bar{\boldsymbol{h}}_{mlk}^{\mathrm{H}}(\boldsymbol{I}_{N_{\mathrm{ap}}}-\boldsymbol{D}_{mlk})\boldsymbol{D}_{mlj}\bar{\boldsymbol{h}}_{mlj}+\\ I_{\mathrm{D}}[n-q]\mathrm{tr}((\boldsymbol{I}_{N_{\mathrm{ap}}}-\boldsymbol{D}_{mlk})\boldsymbol{D}_{mlj}\bar{\boldsymbol{Q}}_{mlkj})\Big),\forall j>k\end{cases}$，

$$
\begin{aligned}
b_{mlk}^{ij}[n-q]=\gamma_{mij}\Big(&I_{mlk}^{2}[n-q]\bar{\boldsymbol{h}}_{mlk}^{\mathrm{H}}\boldsymbol{D}_{mij}\boldsymbol{Q}_{mij}\bar{\boldsymbol{h}}_{mlk}+I_{\mathrm{D}}^{2}[n-q]\mathrm{tr}(\boldsymbol{R}_{mlk}\boldsymbol{D}_{mij}\boldsymbol{Q}_{mij})+\\
&I_{\mathrm{D}}^{2}[n-q]\bar{\boldsymbol{h}}_{mij}^{\mathrm{H}}\boldsymbol{D}_{mij}\boldsymbol{R}_{mlk}\bar{\boldsymbol{h}}_{mij}\Big),
\end{aligned}
$$

$$
\theta_{mlk}^{ij}[n-q]=\gamma_{mij}I_{mlk}[n-q]\bar{\boldsymbol{h}}_{mlk}^{\mathrm{H}}\boldsymbol{D}_{mij}\bar{\boldsymbol{h}}_{mij},\forall i,j
$$

证明：见附录。

基于（4.26），第 l 个簇中第 k 个 TA 的可实现下行链路 SE 表示为

$$\mathrm{SE}_{lk}[q]=\frac{\tau_{\mathrm{c}}-\tau_{\mathrm{p}}}{\tau_{\mathrm{c}}}\log_2(1+\mathrm{SINR}_{lk}[q]) \tag{4.27}$$

其中，τ_{c} 表示相干间隔长度。系统可实现的下行链路总 SE 可以表示为

$$\mathrm{SE}_{\mathrm{sum}}=\frac{\sum_{l=1}^{L}\sum_{k=1}^{K_l}\sum_{n=1}^{N}\mathrm{SE}_{lk}[n]}{N} \tag{4.28}$$

4.3 用户分簇和 AP 选择算法

4.3.1 用户分簇

在所考虑的高铁通信系统中，基于模糊 c 聚类提出了 TA 分簇算法，该算法通过利用所有 TA 的大规模衰落系数在 CPU 上实现，关键思想是为所有 L 个预定义簇找到 L 个聚类中心。首先，随机选择 L 个点作为初始中心。其次，计算每个点被分配给每个聚类中心的概率，然后根据该概率更新 L 个中心点；重复聚类中心的计算和更新过程，直到目标函数值小于给定精度。最后，将每个点分配给具有最大概率的聚类中心，分配给相同聚类中心的点形成 L 个簇。

对于车厢顶部的 TA，值得指出的是，由于在 TA 侧执行 SIC 的计算复杂度不能过大，分配给每个簇的 TA 数量必须受到限制。因此，每个簇的最大 TA 数量被限制为 ς，整体步骤可以总结为基于模糊 c 聚类的 TA 分组算法，具体步骤如下：

步骤 1：初始化 L，$\boldsymbol{\beta}_k=[\beta_{1k},\cdots,\beta_{Mk}]^{\mathrm{T}}$ 和每个簇内最大 TA 数量 ς，设置 $t=1$，精度 $\varepsilon>0$，设置第 l 个簇内用户集合 $\mathcal{C}_l=\varnothing$；

步骤 2：随机选择 L 个 $\boldsymbol{\beta}_k$ 作为初始聚类中心 $\boldsymbol{C}^{(1)}=[\boldsymbol{C}_0^{(1)},\cdots,\boldsymbol{C}_L^{(1)}]$；

步骤 3：计算 $u_{lk}^{(t)} = \dfrac{1}{\sum_{i=1}^{L}\left(\dfrac{\left\|\boldsymbol{\beta}_k - \boldsymbol{C}_l^{(t)}\right\|^2}{\left\|\boldsymbol{\beta}_k - \boldsymbol{C}_i^{(t)}\right\|^2}\right)}$，其中 u_{lk} 表示第 k 个 TA 分配到第 l 个簇概率；

步骤 4：更新 $\boldsymbol{C}_l^* = \boldsymbol{C}_l^{(t)}, u_{lk}^* = u_{lk}^{(t)}$；

步骤 5：当 $t \geqslant 2$，计算 $J^{(t)} = \sum_{l=1}^{L}\sum_{k=1}^{K_{\text{tot}}}(u_{lk}^*)^2\left\|\boldsymbol{\beta}_k - \boldsymbol{C}_l^*\right\|^2$；

步骤 6：若 $\left|J^{(t)} - J^{(t-1)}\right| \leqslant \varepsilon$，执行步骤 9；

步骤 7：更新 $t = t+1$；

步骤 8：计算 $\boldsymbol{C}_l^{(t)} = \dfrac{\sum_{k=1}^{K_{\text{tot}}}(u_{lk}^*)^2\boldsymbol{\beta}_k}{\sum_{j=1}^{K_{\text{tot}}}(u_{lk}^*)^2}$，返回执行步骤 3；

步骤 9：对于 $k = 1:K_{\text{tot}}$，令 $l' = \underset{\forall l=1,\ldots,L}{\arg\max}\, u_{lk}^* \left|\mathcal{C}_{l'}\right| < \varsigma$；

步骤 10：若 $\left|\mathcal{C}_{l'}\right| \leqslant \varsigma$，$\mathcal{C}_{l'} \leftarrow k$，否则 $u_{lk}^* = u_{lk}^* \setminus u_{l'k}^*$，执行 $l' = \underset{\forall l=1,\ldots,L}{\arg\max}\, u_{lk}^*$，直到满足 $\left|\mathcal{C}_{l'}\right| < \varsigma$；

步骤 11：输出 TA 分簇结果：$\mathcal{C} = \{\mathcal{C}_1, \cdots, \mathcal{C}_L\}$。

4.3.2 AP 选择算法

在传统的去蜂窝大规模 MIMO 系统中，特定区域内的所有 AP 同时为用户提供服务，这在高铁场景中是不难以实现的。由于轨道较长，大多数轨旁 AP 距离正在移动的高铁较远，并且此类 AP 不能为通信过程提供性能增益，因此需要为每个 TA 选择服务 AP 子集。

在本节中，提出了一种基于大规模衰落系数的 AP 选择方法，目的是选择为每个 TA 提供通信服务的最佳信道条件组成的 AP 集合。当为第 l 个簇中的 TA 选择服务 AP 子集时，采用两步策略。首先为每个簇选择服务 AP 的初始集合 $\mathcal{M}_l^{\text{cluster}}$，然后第 l 个簇中的每个 TA 选择 $\mathcal{M}_{lk}^{\text{TA}}$ 个 AP

作为服务 AP 子集。基于大尺度衰落系数的 AP 选择算法具体实现步骤如下所示：

步骤 1：初始化 $M, L, K, \beta_{mlk}, \mathcal{M}_{\text{sel}}^{\text{cluster}}, \mathcal{M}_{\text{sel}}^{\text{TA}}$，设置 $\boldsymbol{D}_{mlk} = 0_{mlk}, \forall m, l, k$；

步骤 2：计算 $\beta_{ml}^{\text{cluster}} = \sum_{k=1}^{K_l} \beta_{mlk}, \forall m, l$；

步骤 3：对于 $\forall l$，选择前 $\mathcal{M}_{\text{sel}}^{\text{cluster}}$ 个最大的 $\beta_{ml}^{\text{cluster}}$ 作为对应的 AP 簇 l 的初始服务 AP 集合，设为 $\mathcal{M}_l^{\text{cluster}}$；

步骤 4：对于 $k = 1 : K_{\text{tot}}$，从集合 $\mathcal{M}_l^{\text{cluster}}$ 中选择前 $\mathcal{M}_{\text{sel}}$ 个最大的 β_{mlk} 对应的 AP 服务 TA k，设为集合 $\mathcal{M}_{lk}$；

步骤 5：令 $\boldsymbol{D}_{mlk} = \boldsymbol{I}_{mlk}, \forall m \in \mathcal{M}_{lk}^{\text{TA}}$；

步骤 6：输出 $\boldsymbol{D}_{mlk}, \forall m, l, k$。

4.4 下行功率分配

在所考虑的高铁通信中，不同位置的不同 TA 受到由高速移动引起的多普勒频移和传输到其他 TA 的信号引起的干扰。因此，有必要为具有不同信道条件的 TA 分配合适的发射功率，以提高 NOMA 辅助的以 TA 为中心的去蜂窝大规模 MIMO-OFDM 系统的下行链路性能。

第 m 个 AP 分配给第 l 个簇中 TA 的功率由簇间功率控制系数 μ_l 或 η_{ml} 表示，其中 $0 \leqslant \mu_l \leqslant 1$ 和 $0 \leqslant \eta_{ml} \leqslant 1$。对于完全集中式处理，采用简单的等功率控制 $\mu_l = 1/L$。对于本地分布式处理，功率控制系数 η_{ml} 取决于大尺度衰落系数，表示为

$$\eta_{ml} = \begin{cases} \dfrac{\sum\limits_{k \in \mathcal{D}_m} \beta_{mlk}}{\sum\limits_{i=1}^{L} \sum\limits_{j \in \mathcal{D}_m} \beta_{mij}}, & \text{如果} k \in \mathcal{D}_m; \\ 0, & \text{其他} \end{cases} \tag{4.29}$$

所得到的功率分配结果满足每个 AP 的最大发射功率约束。通过实施

该方案，每个 AP 向具有良好信道条件的 TA 分配比具有较差信道条件的 TA 更多的发射功率。

4.5 仿真分析

在本节中，仿真结果将用于评估所提出的高铁通信系统性能。采用如下的仿真环境设置：M 个 AP 在铁轨一侧的 1 000 m 范围内均匀部署，K_{tot} 个 TA 则均匀部署在长度为 $d_{\text{hsr}}=200\ \text{m}$ 的高铁车厢顶部，每个 TA 之间的距离相等。本章采用文献[181]中的局部散射的空间相关莱斯衰落信道模型，其中定义了视距分量、空间相关性和大尺度衰落系数，莱斯因子可计算为 $\bar{K}=13-0.03d_{mlk}(\text{dB})$。对于 NOMA，导频序列长度设为 $\tau_{\text{p}}=L$；对于 OMA，导频序列长度设为 $\tau_{\text{p}}=K_{\text{tot}}$。噪声功率计算公式为 $\delta^2=B\times\kappa_{\text{B}}\times T_0\times NF$，其他主要仿真参数如表 4.1[185]所示。同时，如无特别说明，以下参数设置为 $M=40$，$L=5$，$K=2$，$N_{\text{ap}}=4$，$\mathcal{M}_l^{\text{cluster}}=15$，$\mathcal{M}_{lk}^{\text{TA}}=10$，$d_{\text{ve}}=50\ \text{m}$，$\tau_{\text{c}}=45$，$\varsigma=3$，$\text{ASD}=30°$ 和 $v=300\ \text{km/h}$。

表 4.1　主要仿真参数表

参数	值
载波频率（f_{c}）	1.8 GHz
系统带宽（B）	20 MHz
总载波数（M_{tot}）	1 028
导频传输功率（p_{p}）	100 mW
下行数据传输功率（p_{d}）	200 mW
相干时间（T_{c}）	375 μs
相干带宽（B_{c}）	120 kHz
OFDM 符号持续时间（T_{s}）	67 μs
子载波带宽	15 kHz
伯努利常量（κ_{B}）	1.381×10^{-23} J/K
噪声温度（T_0）	290 K
噪声值（N_{F}）	9 dB

图4.2展示了在全集中式和本地分布式预编码下，高铁场景下NOMA辅助去蜂窝大规模MIMO-OFDM的总SE随高铁位置变化趋势。此外，微小区系统和集中式大规模MIMO作为相应的比较基准。微小区系统下，每个TA仅由一个具有最大大尺度衰落系数β_{mlk}的AP提供通信服务。蜂窝小区系统下，所有的天线均集中位于位置0处的基站上。FP-MMSE表示可扩展的全集中式MMSE预编码方案，LP-MMSE和P-MR表示可扩展的本地分布式MMSE和MR预编码方案。从图中可以看出，采用集中式MMSE预编码的NOMA辅助去蜂窝大规模MIMO-OFDM实现了最高的SE的性能。原因是集中式处理中的所有AP都通过前传链路将本地CSI上传到CPU，因此CPU可以利用全局CSI计算最优MMSE预编码向量，有效减少干扰。但需要指出的是，随着高铁位置的变化，SE曲线上下波动。原因是大尺度衰落和小尺度衰落等信道参数随着位置的变化而实时变化。另外，采用MMSE预编码的蜂窝小区在靠近集中式基站的位置具有较高的总SE，而在远离BS的位置只获得了较低的SE。原因是蜂窝系统中的所有MN_{ap}根天线都配置在基站上，并经历相同的DFO，放大了TA所受到的载波间干扰，以及高路径损耗带来的信号衰减。

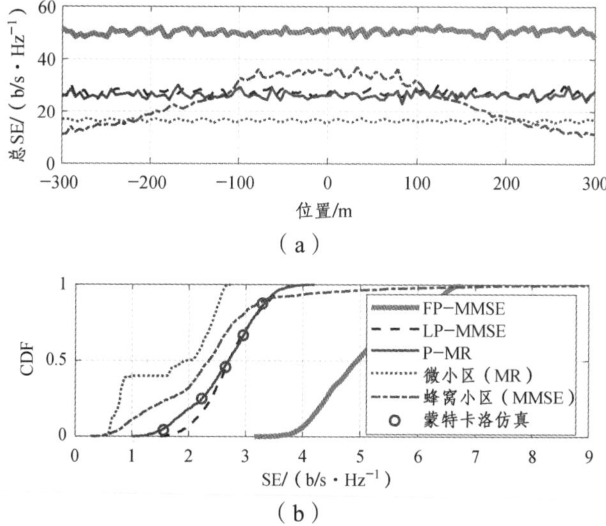

图4.2　系统总SE随着列车运行位置变化趋势

图 4.3 显示了可扩展的不同预编码方案下系统总 SE 随着列车行驶速度的变化趋势，其中，以不可扩展的传统预编码方案作为性能对比分析。从图中可以看出，系统总 SE 随着速度的增大而逐渐变小，这是由于速度的增大会带来更大的 DFO，从而引发更严重的载波间干扰降低系统性能。同时，基于全集中式 MMSE 预编码的系统获得了最大的 SE，而本地分布式 MMSE 预编码与 MR 预编码的总 SE 性能类似，因此，NOMA 辅助去蜂窝大规模 MIMO-OFDM 系统与集中 MMSE 预编码技术相结合，是为高铁通信提供最高总 SE 的最优部署方案。以可扩展的方案为例，随着速度由 100 km/h 增大到 500 km/h，P-MR 预编码方案下系统总 SE 性能损失了 7.6 b/s · Hz^{-1}，MR 方案下系统总 SE 损失了 9.3 b/s · Hz^{-1}，LP-mmSE 预编码方案下系统总 SE 性能仅损失了 2.4 b/s · Hz^{-1}。可以看出 LP-mmSE 方案更能抵抗 DFO 带来的载波间干扰的不利影响。同时，不可扩展方案更容易遭受 DFO 的强干扰，这是因为更多 AP 服务会带来更大的宏分集增益，但同时也会增大载波间干扰的影响，所以其受速度的影响变化更大。

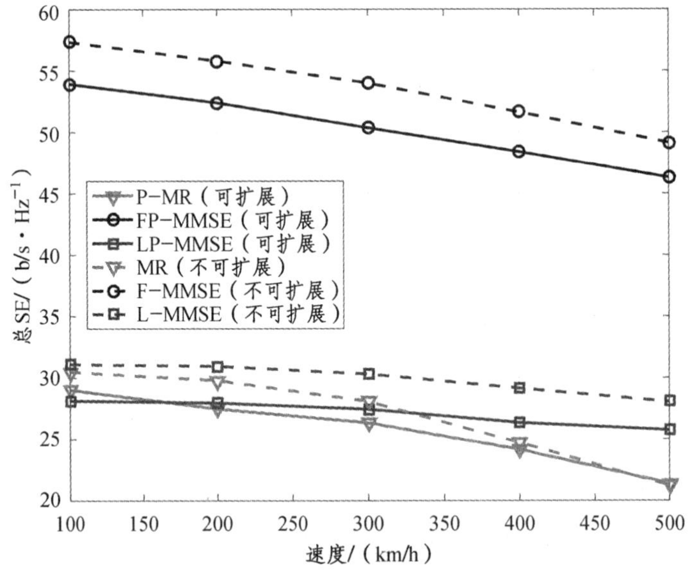

图 4.3　系统总 SE 随列车行驶速度变化趋势

图 4.4 展示了不同预编码方案下系统总 SE 随着每 TA 的服务 AP 数量变化趋势。可以看到，随着每个 TA 的服务 $\mathcal{M}_{sel}$ 的不断增大，不同预编码方案下的系统总 SE 均呈现上升趋势，且上升的速度越来越慢，直到趋于平稳。从中可以发现，去蜂窝系统中的 TA 的性能增益主要由少数具有更大的大尺度衰落的 AP 提供，而其他的 AP 接入通信网络所带来的性能增益极其有限，甚至会引入更多的 DFO，造成通信链路中产生更大的干扰，使系统性能不增反降。

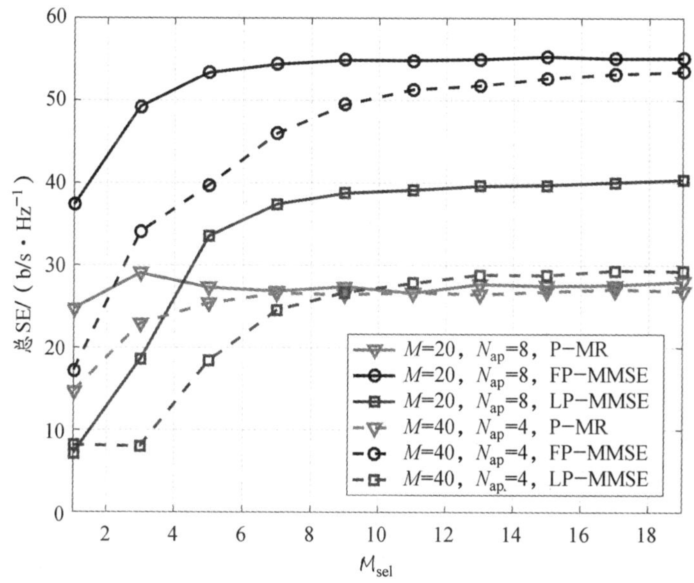

图 4.4 系统总 SE 随着每 TA 的服务 AP 数量变化趋势

图 4.5 比较了应用三种不同的 TA 配对方案下系统总 SE 随着列车行驶速度 v 增大的变化趋势，三种 TA 分簇方案包括：本章所提基于模糊 c 聚类的 TA 分簇算法、随机两两 TA 分簇和基于 Jaccard 系数[186]的 TA 分簇算法。从图中可以看出，无论在可扩展还是不可扩展模式下，本章所提 TA 分簇算法均获得了最高的系统总 SE。以 $v = 300$ km/h 为例，在可扩展模式下，与随机分簇相比，本章所提算法获得了 20%的总 SE 性能增益。而与基于

Jaccard 系数的 TA 分簇算法的总 SE 相比则提升了 31.6%，这验证了所提出的分簇算法具有更好的性能。原因是本章所提出的算法可以更好地将具有信道增益相似性更高的 TA 分到一个组内，这样同一个组内用户在选择 AP 服务子集时会有更多的重叠，因此会有更多的接收信号执行 SIC 以减少簇内 TA 信号干扰。

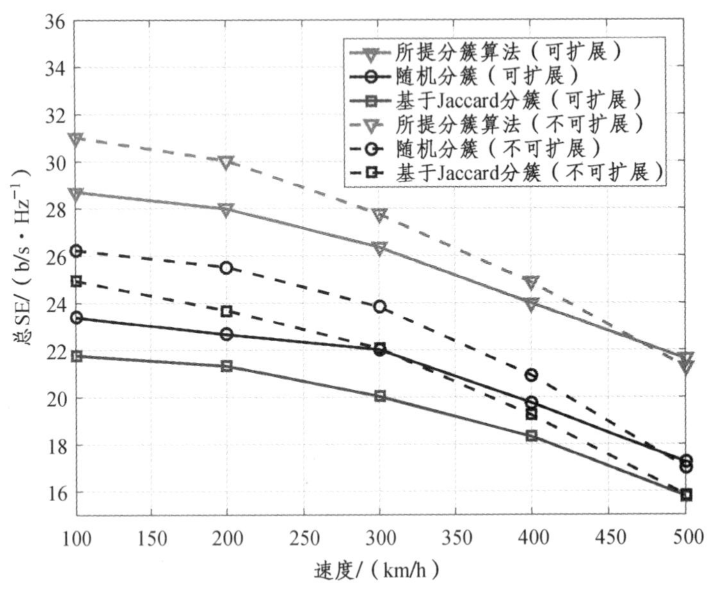

图 4.5 不同 TA 分簇方案下系统总 SE 随速度变化曲线

图 4.6 分析了不同的 AP 部署方式下系统总 SE 随速度变化的趋势，其中，AP 的数量 M，每个 AP 上安装的天线数量 N_{ap}，AP 与铁轨之间的垂直距离 d_{ve} 发生变化。可以看出，缩短 AP 与铁轨之间的垂直距离可以增加系统总 SE，因为这降低了路径损耗增益。然而，当 AP 的部署更靠近铁轨时，总 SE 随着速度的增大而更快的下降。例如，当 $M=40$，$N_{ap}=4$ 时，随着速度从 100 km/h 上升到 500 km/h，$d_{ve}=40$ m，$d_{ve}=60$ m 和 $d_{ve}=80$ m 三种情况下，系统的总 SE 分别损失 9.2 b/s · Hz^{-1}，6.9 b/s · Hz^{-1} 和 5.4 b/s · Hz^{-1}。原因是数据信号到达角会更快速地发生剧烈变化，因而会受到更大的 DFO

影响。此外，可以看出，部署更多数量的 AP，以及每个 AP 装备的天线数越多，系统的总 SE 就越大，这是因为天线数量越多，抗阴影衰落的能力和宏分集增益就越高。然而，部署更多的天线需要更大的前传容量，计算复杂度高，前传功耗高。

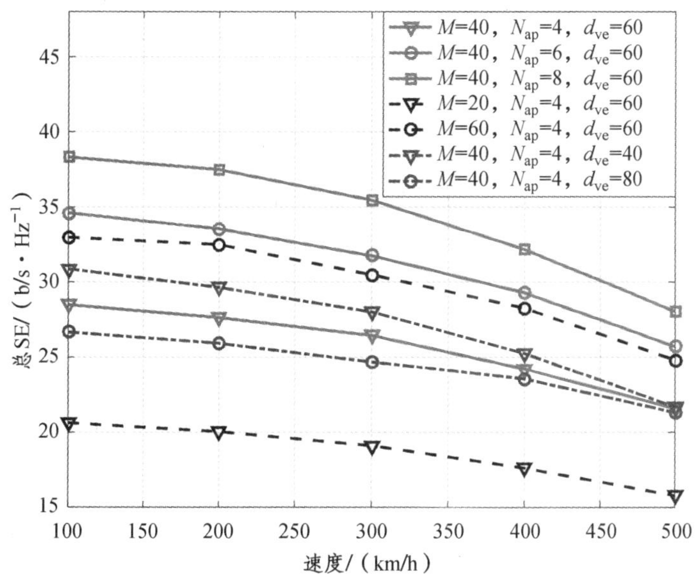

图 4.6　不同 AP 部署条件下系统总 SE 随着速度变化趋势

图 4.7 分析了不同 NOMA/OMA 接入方式下系统总 SE 随 TA 数量变化趋势。从图中可以看出，在非视距分量占据主体的瑞利信道中，在 TA 数量较少的情况下，OMA 获得了比 NOMA 更高的总 SE 性能，这是因为每个簇内导频污染和非完美的 SIC 限制了 NOMA 的性能。另外，对于视距分量占主体的莱斯信道，不管 TA 的数量为多少，NOMA 的总 SE 性能始终优于 OMA 系统。这是因为莱斯信道下系统的性能主要由视距分量决定，而在强视距环境下，视距分量是先验已知的，不受信道估计质量的影响。但同时，视距分量受 DFO 的影响更大，因而莱斯信道下不同速度间的总 SE 大小差距比瑞利信道下更大。此外，可以看出 NOMA 中同时服务的最

大 TA 数量是同一资源块中相应 OMA 的两倍。值得注意的是，NOMA 系统中最大服务的 TA 数量取决于每个簇内部 TA 的数量。

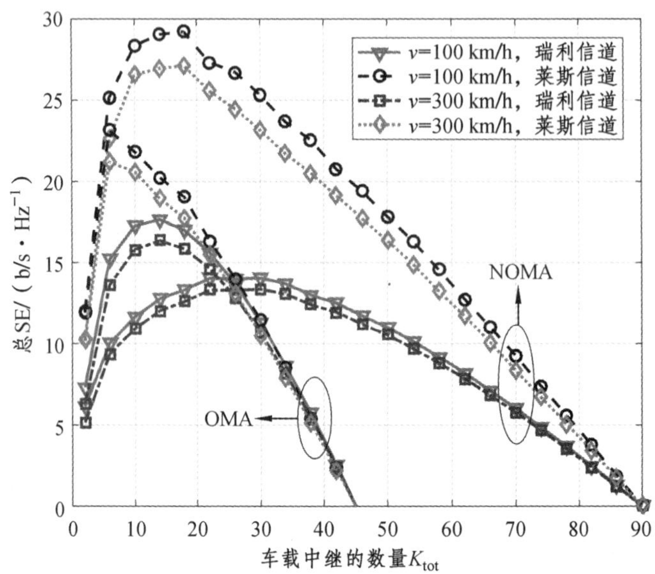

图 4.7 NOMA/OMA 接入下系统总 SE 随 TA 数量变化趋势

4.6 本章小结

在本章中，我们研究了 NOMA 辅助的去蜂窝大规模 MIMO-OFDM 系统在高铁沿线的可扩展性实际部署，其中每个 TA 仅由有限数量的 AP 提供通信服务，并以微小区系统和蜂窝系统性能作为比较。我们提出了可扩展算法，包括联合 AP 选择、用户分簇和启发式功率分配策略。此外，理想的上行信道估计、下行预编码均被转换为可扩展方案。考虑到 DFO 带来的载波间干扰和非完美 SIC 的影响，利用最大比预编码技术，推导出新的下行链路可实现 SE 的闭式表达式。仿真结果表明，DFO 效应会降低系统性能，但在高铁场景中，相较于微小区和蜂窝小区系统，NOMA 辅助的去蜂窝大规模 MIMO 系统受到的影响更小。同时可以观察到全集中式预编码可获得比本地分布式预编码更高的总 SE 性能。但是，全集中式处理对 CPU 的计算复杂度要求很高，并且容易受到前传容量的限制。我们发现强视距分量可以获得更高的总 SE，但比非视距分量占主导时更容易受到 DFO 的影响。此外，在可扩展方案中，每个 TA 仅需选取一定数量的 AP 即可达到理想状态下的系统总 SE，且会受到更小的 DFO 影响。所提出的基于模糊 c 聚类的 TA 分簇算法性能优于随机分簇和基于 Jaccard 分簇方案。最后，在强视距的莱斯信道条件下，NOMA 辅助的去蜂窝大规模 MIMO 系统通信性能显著优于传统的 OMA 系统，而依据不同时刻信道的相干时间长度和莱斯因子大小来进行 NOMA/OMA 两种工作模式的切换，可以实现更大的系统总 SE。

PART

第 5 章　基于波束成形辅助的越区切换策略优化设计

高速铁路场景中移动网络流量密度的高增长促使采用密集的蜂窝网络来提高频率利用率。然而，密集蜂窝网络的构建也会在列车通过各种小区时导致接收信号强度的更快变化，这可能容易引起频繁的切换，尤其是会导致乒乓切换的发生。乒乓切换也会增加更多的时间和信令开销，更严重的可能会导致信号中断，影响列车运行过程中的通信平稳性。因此，本章以波束成形技术为支撑，研究基于波束成形辅助的越区切换策略优化，以此缓解乒乓切换的发生，为铁路沿线提供稳定的数据传输速率。

5.1 系统模型

在高铁场景中，早在基于 4G 的 LTE-R 通信系统中就引入了大规模 MIMO 技术，在对 5G-R 的研究上，波束成形技术是重要的增强型技术之一。基于上章优化波束宽度以此优化波束切换进程，本章将波束成形技术应用到越区切换方案上，即在传统的切换方案上进行优化。

通常在异构网络中，微基站覆盖的重叠区域之间会发生频繁的越区切换，为具体阐述切换过程，本章只考虑两个小区之间的切换过程。考虑如图 5.1 所示的下行链路通信模型，假设两个小区使用相同的无线接入技术，并且两个基站在相同的移动服务控制器下切换，即基于 Xn 接口的切换，本章考虑基于 X2 接口的切换。为了方便起见，假设当前正在通信的小区为服务小区，相邻将要切换的小区为目标小区，为了克服信号穿过列车车体所造成的严重穿透损耗，假设所有的用户设备通过安装在每个车厢顶部接入点与基站进行通信。

当列车驶向两小区的重叠区域时，通常会发生接收信号转换，实现信号从服务小区到目标小区的切换。为了简化模型，只考虑当前一个车厢上的接入点在当前时刻的切换。

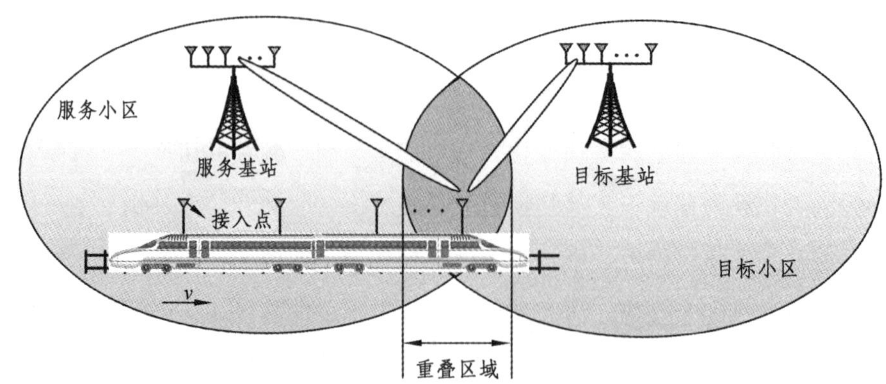

图 5.1 高铁场景下越区切换系统模型

考虑到图 5.1 的系统模型，在不做任何处理的情况下，列车接收到来自服务小区的信号为

$$\boldsymbol{y}_1 = \boldsymbol{H}_1\boldsymbol{s}+\boldsymbol{n} \tag{5.1}$$

其中，$\boldsymbol{H}$ 为信道增益，$\boldsymbol{n}$ 为噪声。

列车接收到的目标小区的信号为

$$\boldsymbol{y}_2 = \boldsymbol{H}_2\boldsymbol{s}+\boldsymbol{n} \tag{5.2}$$

在传统切换过程中，列车的接收信号强度由发送功率 P_{t}、阴影衰落 φ 和路径损耗 P_L 组成：

$$\begin{aligned} P_{\mathrm{rss1}} &= P_{\mathrm{t}} - P_{L1} - \varphi \\ P_{\mathrm{rss2}} &= P_{\mathrm{t}} - P_{L2} - \varphi \end{aligned} \tag{5.3}$$

其中，P_{rss1} 和 P_{rss2} 分别代表接收到来自服务基站和目标基站的接收信号强度；φ 服从均值为 0、方差为 σ^2 的高斯分布；路径损耗 P_L 与列车到基站的距离相关，表示为

$$\begin{aligned} P_L &= P_1 + P_2\lg(d_L) + P_3 \\ P_1 &= 69.5 + 33.9\lg(f) - 13.82\lg(d_L) \\ P_2 &= 44.9 - 6.55\lg(d_L) \\ P_3 &= -3.2\lg(11.75)^2 + 2(\lg(f))^2 \end{aligned} \tag{5.4}$$

传统切换过程中大多也采用 A3 判决条件，表示为

$$P_{\mathrm{rss2}} - P_{\mathrm{rss1}} > H_{\mathrm{rrs}} \tag{5.5}$$

在进行切换判决时，传统方案通常设定固定迟滞余量值 H_{rrs}，由于对列车的接收信号强度没有进行调控，并且高铁场景的信号衰减较大，列车在小区边缘的通信质量往往较差，判决条件通常得不到满足。

5.2 基于波束成形辅助的切换方案设计

5.2.1 波束成形调控接收信号强度原理

在大规模天线阵列应用前，单天线用户形成的辐射增益通常较为发散，基站发出的信号进行全方向传输，但用户的方位比较固定，造成不必要的浪费。因此，有学者试着研究信号的定向传输，当把具有线性或者平面分布的天线集中在一起，信号集中在特定的方向，既能减少与其他基站发送的信号之间的干扰，也能减少资源浪费。利用电磁波相干相涉的原理，干涉部分的信号有的相互抵消，有的相互加强，相互加强的地方信号叠加形成了一个特定波束，这就是波束成形技术。

波束成形技术可以将信号集中在一个方向，抑制信号的全方位发散，形成的波束宽度大小与天线数目有关，天线数目越多，形成的波束越窄。为了准确表示形成定向波束的方位角与弧度，学者们用一个复数矩阵 $\boldsymbol{F}$ 来具体表示信号在幅度与相位上的调控，这个复数矩阵也被称为预编码矩阵。因此，在现有的大部分研究中，对于波束成形技术的应用，对应在数学上就是对预编码矩阵的求解与优化。一般来讲，每根天线对应的预编码值可以表示为

$$\boldsymbol{F}_g = \frac{\boldsymbol{h}^*}{\sqrt{\sum_{N=1}^{N_{\mathrm{r}}} \|\boldsymbol{h}\|^2}} \tag{5.6}$$

其中，N_{r} 为接收天线数目，$\boldsymbol{h}$ 为信道增益。

而预编码矩阵发展至今，从最开始的数字预编码只能调整信号的幅度、模拟预编码只能调整信号的相位，到现在学者们已经将数字与模拟预编码进行加权，发展成混合预编码。在基站发出信号之前，提前对信号进行幅度与相位的调整，并且通过功率放大器放大，假定基站发送数据流 $\boldsymbol{s}=[s_1,s_2,\cdots,s_{N_t}]$，则经过波束成形技术调控后的信号为

$$y_{\mathrm{F}}=\boldsymbol{F}\boldsymbol{s} \tag{5.7}$$

当然信号也不能进行无限调控与放大，有着基站发送功率的限制，因此在对预编码矩阵进行求解优化时，预编码矩阵要遵循功率最大化的原则，预编码满足在一定功率下的约束：

$$0\leqslant\|\boldsymbol{F}\|\leqslant P_{\mathrm{t}} \tag{5.8}$$

波束成形通常有三种：模拟波束成形、数字波束成形和混合波束成形，现在最为常用的结构为混合波束成形[187]，混合波束成形也有两种结构，如图 5.2 所示。

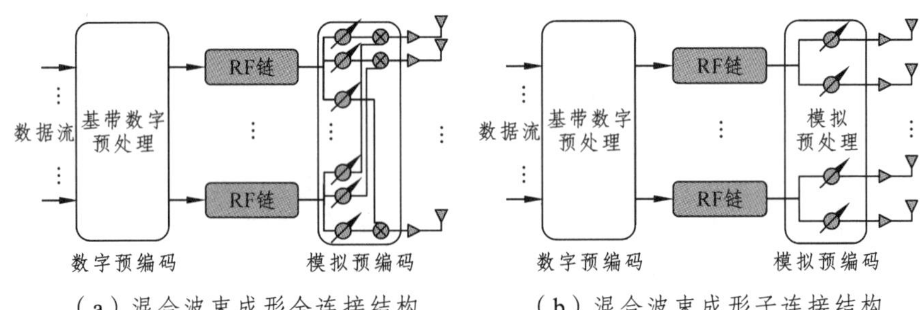

（a）混合波束成形全连接结构　（b）混合波束成形子连接结构

图 5.2　波束成形的两种典型结构

波束成形技术既可以用在基站发射端也可以用于用户接收端。发送端集中波束增益发送给用户，接收端在估计出信号的到达角后进行信号接收。但通常在发射端使用波束成形的技术较普遍。因此，基站发送信号前，可以引入波束成形技术对信号的幅度和相位进行调控，定向集中信号的辐射功率，提高用户的接收信号强度。

5.2.2 波束成形辅助的切换方案原理

列车处于小区重叠区域时，切换过程会收到来自相邻小区的用户以及列车上其他用户的干扰，并且小区边缘的信号质量恶化，乒乓切换严重。基于上一小节描述的波束成形技术原理，在小区重叠区域分别调整服务基站与目标基站发出信号的幅度跟相位，就可以实现对用户接收到的两小区的接收信号强度进行调控并应用到切换过程中，可以缓解乒乓切换的发生。

在图 5.1 中，假定每个基站以相同的频率发送信号，且每个基站配备 N_{tx} 根天线，每个车厢上接入点的天线数目为 K，考虑到一个接入点上每根天线的接收信号干扰，信号从基站发出前先进行预编码，第 k 个接入点接收的到的信号可以表示为

$$\boldsymbol{y}_k = \boldsymbol{H}_k^{\text{H}} \boldsymbol{F}_k \boldsymbol{s} + \sum_{j=1,\, j\neq k}^{K} \boldsymbol{H}_k^{\text{H}} \boldsymbol{F}_j \boldsymbol{s} + \boldsymbol{n}_k \tag{5.9}$$

其中，$\boldsymbol{F}_k \in \mathbb{C}^{N_{\text{tx}}\times 1}$ 为预编码矩阵；$\boldsymbol{s} = [s_1, s_2, \cdots, s_{N_{\text{s}}}]^{\text{T}}$ 为发送信号并且满足 $\text{E}\{\boldsymbol{s}\boldsymbol{s}^{\text{H}}\} = \dfrac{1}{N_{\text{s}}} \boldsymbol{I}_{N_{\text{s}}}$；$\boldsymbol{n}_k \sim \mathcal{CN}(0, \sigma_{\text{n}}^2 \boldsymbol{I})$ 为加性高斯白噪声；$\boldsymbol{H}_k \in \mathbb{C}^{K\times 1}$ 为基站到 AP 上的第 k 根接收天线的信道矩阵。

由于列车的高移动性，在高铁环境下获取信道状态信息非常困难。而且由于传输衰落严重，传输频率高，毫米波系统很难获得理想的 CSI。对于 CSI 获取，有许多成熟的信道估计方法来获取 CSI 连贯的时间。可以估计获得 CSI（最小二乘和均方误差），并且可以反馈（压缩感测）。然而，基于信道估计的开销瞬时 CSI 太大，瞬时 CSI 估计不适用于高铁通信系统。为了简化模型，我们采用以下统计公式表示信道状态信息，表示为

$$\boldsymbol{H}_k = \sqrt{\frac{1}{L}} \sum_{l=1}^{L} g_k \boldsymbol{\alpha}_{\text{r}}(\varphi_l^{\text{r}}, \lambda_k) \boldsymbol{\alpha}_{\text{t}}^{\text{H}}(\phi_l^{\text{t}}, \lambda_k) \tag{5.10}$$

其中，λ_k 为第 k 个子信道的波长；L 为传输路径；φ 和 ϕ 分别为离开角和到达角；$\boldsymbol{\alpha}_{\text{r}}$ 和 $\boldsymbol{\alpha}_{\text{t}}$ 分别为发送和接收阵列响应矢量；信道复合增益 g_k 可以表示为

$$g_k = \overline{g_k} \mathrm{e}^{2\pi i f_{d,\max}}, \quad \overline{g_k} \sim \mathcal{CN}(0, \gamma_k 10^{-0.1PL}) \tag{5.11}$$

其中，$f_{d,\max} = vf_c / c$ 为最大多普勒频移，v 为列车速度，f_c 为载波频率，c 为光速。

对于阵列响应矢量，天线的阵列分布一般来说分为两种，线性阵列和平面阵列，均匀线性阵列响应矢量可以表示为

$$\boldsymbol{\alpha}_{\mathrm{L}}(\phi, \lambda) = \sqrt{\frac{1}{N}} \left[1, \mathrm{e}^{\frac{2\pi i d}{\lambda}\sin(\phi)}, \cdots, \mathrm{e}^{\frac{2\pi i d(N-1)}{\lambda}\sin(\phi)} \right] \tag{5.12}$$

其中，N 表示发送或接收天线数目。

均匀平面阵列响应矢量可表示为

$$\boldsymbol{\alpha}_{\mathrm{P}}(\phi, \lambda) = \sqrt{\frac{1}{N}} \left[1, \mathrm{e}^{\frac{2\pi i d}{\lambda}(m\sin(\phi)\cos(\phi) + n\cos(\phi))}, \cdots, \mathrm{e}^{\frac{2\pi i d}{\lambda}((N-1)\sin(\phi)\cos(\phi) + (N-1)\cos(\phi))} \right] \tag{5.13}$$

考虑到来自车顶中继上不同天线之间的干扰，用户接收到来自服务小区的信干燥比为

$$\psi_{\mathrm{s}} = \frac{\sum\limits_{k=1}^{K} \left\| \boldsymbol{H}_{\mathrm{s}}^{\mathrm{H}} \boldsymbol{F}_{\mathrm{s}}^{k} \right\|_{\mathrm{F}}^{2}}{\sum_{j \neq k}^{K} \left\| \boldsymbol{H}_{\mathrm{s}}^{\mathrm{H}} \boldsymbol{F}_{\mathrm{s}}^{j} \right\|_{\mathrm{F}}^{2} + \sigma_{\mathrm{n}}^{2}} \tag{5.14}$$

用户接收到来自目标小区的信干噪比为

$$\psi_{\mathrm{t}} = \frac{\sum\limits_{k=1}^{K} \left\| \boldsymbol{H}_{\mathrm{t}}^{\mathrm{H}} \boldsymbol{F}_{\mathrm{t}}^{k} \right\|_{\mathrm{F}}^{2}}{\sum_{j \neq k}^{K} \left\| \boldsymbol{H}_{\mathrm{t}}^{\mathrm{H}} \boldsymbol{F}_{\mathrm{t}}^{j} \right\|_{\mathrm{F}}^{2} + \sigma_{\mathrm{n}}^{2}} \tag{5.15}$$

由于在切换执行和切换完成阶段都有其固定的延迟，而切换准备阶段在切换判决上有可优化的空间，因此本章只考虑切换准备阶段的操作。在进行切换前，经过测量小区的接收信号强度，再通过判决条件来判定是否同意切换。

因在切换判决中，A3 事件应用最广泛且性能最稳定，本章也采用传统的 A3 触发条件，当目标小区的接收信号强度比当前服务小区的接收信号强度高一个偏移时触发切换，则切换触发条件可以表示为

$$R_t - R_s \geqslant H_{ys} \tag{5.16}$$

其中，R_t 和 R_s 分别为目标小区和服务小区的接收信号强度，H_{ys} 为迟滞余量。

从式（5.16）可以看出，对于判决条件的优化分为两部分，一为目标小区与服务小区的接收信号强度优化，二是迟滞余量的优化。对于迟滞余量的优化，设置不同的迟滞余量值能提高切换成功率，但是在抑制乒乓切换上效果甚微。而波束成形技术恰好能集中信号的能量对列车接收到的来自服务小区和目标小区的信号进行调整，也能从根本上抑制乒乓效应。因此本章的重点放在列车的接收信号强度优化上。

对于一般的切换方案，参考信号接收功率通常被用作确定切换触发的主要测量度量。由于干扰信号的影响，无法在特定环境中测量参考信号接收功率。当然也可以使用信噪比、信干噪比作为切换条件的信号质量指标，在本章中，把信号频谱效率作为体现信号强度的指标，因此，本章使用频谱效率来表示接收信号强度，服务小区接收信号强度的表达式为

$$R_s = \log_2\left(1 + \frac{\sum_{k=1}^{K}\left\|\boldsymbol{H}_s^{\mathrm{H}}\boldsymbol{F}_s^k\right\|_{\mathrm{F}}^2}{\sum_{j\neq k}^{K}\left\|\boldsymbol{H}_s^{\mathrm{H}}\boldsymbol{F}_s^j\right\|_{\mathrm{F}}^2 + \sigma_n^2}\right) \tag{5.17}$$

类似地，目标小区的接收信号强度为

$$R_t = \log_2\left(1 + \frac{\sum_{k=1}^{K}\left\|\boldsymbol{H}_t^{\mathrm{H}}\boldsymbol{F}_t^k\right\|_{\mathrm{F}}^2}{\sum_{j\neq k}^{K}\left\|\boldsymbol{H}_t^{\mathrm{H}}\boldsymbol{F}_t^j\right\|_{\mathrm{F}}^2 + \sigma_n^2}\right) \tag{5.18}$$

当满足切换触发条件后，用户可以向基站发送切换请求，触发切换。因此，切换触发概率可以表示为满足切换条件的概率：

$$P_{\text{trigger}} = P(R_{\text{t}} - R_{\text{s}} \geqslant H_{\text{ys}}) \tag{5.19}$$

与传统的基于迟滞余量控制乒乓切换方法不同，本章主要集中在控制两个小区的重叠区域中的接收信号强度。在用户设备测量目标小区的接收信号强度之前，可以调整预编码向量以增加两个小区的接收信号强度的差异并继续切换触发时间。这可以在保持信号稳定的同时减少切换请求的数量，从而有效缓解乒乓切换的发生。因此，为了减少切换触发概率，我们从根本上调整信号接收强度，建立最大化目标小区和服务小区的接收信号强度差异的优化问题：

$$\begin{aligned}
&\mathcal{P}1: \max_{\boldsymbol{F}_{\text{t}}^k, \boldsymbol{F}_{\text{s}}^k} R_{\text{t}} - R_{\text{s}} \\
&\text{s.t.} \ \left\| \boldsymbol{F}_{\text{t}}^k \right\|_{\text{F}}^2 \leqslant P \\
&\qquad \left\| \boldsymbol{F}_{\text{s}}^k \right\|_{\text{F}}^2 \leqslant P_{\text{t}}
\end{aligned} \tag{5.20}$$

其中，$\boldsymbol{F}_{\text{t}}^k$ 和 $\boldsymbol{F}_{\text{s}}^k$ 分别代表目标基站和服务基站到接入点上的第 k 根天线的预编码向量，且预编码服从功率约束。

由于 $\mathcal{P}1$ 中含有非凸目标函数以及非凸约束，难以直接求得最优解。对此，可以通过凹凸优化过程和二阶锥规划对 $\mathcal{P}1$ 进行近似凸转化。首先，引入辅助变量 β_1 和 β_2， $\mathcal{P}1$ 可以转化为

$$\begin{aligned}
&\mathcal{P}2: \max_{\boldsymbol{F}_{\text{t}}^k, \boldsymbol{F}_{\text{s}}^k} \log_2(\beta_1 \beta_2) \\
&\text{s.t.} \ 1 + \psi_{\text{t}} \geqslant \beta_2 \\
&\qquad 1 + \psi_{\text{s}} \leqslant 1/\beta_1, \\
&\qquad \left\| \boldsymbol{F}_{\text{t}}^k \right\|_{\text{F}}^2 \leqslant P_{\text{t}}, \\
&\qquad \left\| \boldsymbol{F}_{\text{s}}^k \right\|_{\text{F}}^2 \leqslant P_{\text{t}}
\end{aligned} \tag{5.21}$$

其中，ψ_{t} 和 ψ_{s} 分别为目标基站和服务基站的信干噪比。

$\mathcal{P}2$ 中的优化目标为 β_1 和 β_2 的递减函数，其几何均值 $\sqrt{\beta_1 \beta_2}$ 为 β_1 和 β_2 的凸函数，引入辅助变量 β，由几何均值不等式可以得到 $\beta_1 \beta_2 \geqslant \beta^2$。同时对 $\mathcal{P}2$ 中的信干噪比进行展开，可以转化成：

$$
\begin{aligned}
&\sum_{k=1}^{K}\left\|\boldsymbol{H}_{\mathrm{s}}^{\mathrm{H}}\boldsymbol{F}_{\mathrm{s}}^{k}\right\|_{\mathrm{F}}^{2}+\sigma_{\mathrm{n}}^{2}\leqslant\frac{\sum_{j\neq k}^{K}\left\|\boldsymbol{H}_{\mathrm{s}}^{\mathrm{H}}\boldsymbol{F}_{\mathrm{s}}^{j}\right\|_{\mathrm{F}}^{2}+\sigma_{\mathrm{n}}^{2}}{\beta_{1}}\\
&\sum_{j\neq k}^{K}\left\|\boldsymbol{H}_{\mathrm{t}}^{\mathrm{H}}\boldsymbol{F}_{\mathrm{t}}^{j}\right\|_{\mathrm{F}}^{2}+\sigma_{\mathrm{n}}^{2}\leqslant\frac{\left\|\boldsymbol{H}_{\mathrm{t}}^{\mathrm{H}}\boldsymbol{F}_{\mathrm{t}}^{k}\right\|_{\mathrm{F}}^{2}}{\beta_{2}-1}
\end{aligned}
\tag{5.22}
$$

因此，把化简后的约束 $\beta_1\beta_2\geqslant\beta^2$ 和式（5.22）代入式（5.21）中，$\mathcal{P}2$ 可以进一步转化为

$$
\begin{aligned}
\mathcal{P}3:&\max_{\boldsymbol{F}_{\mathrm{t}}^{k},\boldsymbol{F}_{\mathrm{s}}^{k},\beta_1,\beta_2}\beta\\
\text{s.t. }&\beta_1\beta_2\geqslant\beta^2,\\
&\sum_{k=1}^{K}\left\|\boldsymbol{H}_{\mathrm{s}}^{\mathrm{H}}\boldsymbol{F}_{\mathrm{s}}^{k}\right\|_{\mathrm{F}}^{2}+\sigma_{\mathrm{n}}^{2}\leqslant\mathrm{T}_1(\boldsymbol{F}_{\mathrm{s}}^{j},\beta_1)\\
&\sum_{j\neq k}^{K}\left\|\boldsymbol{H}_{\mathrm{t}}^{\mathrm{H}}\boldsymbol{F}_{\mathrm{t}}^{j}\right\|_{\mathrm{F}}^{2}+\sigma_{\mathrm{n}}^{2}\leqslant\mathrm{T}_2(\boldsymbol{F}_{\mathrm{t}}^{k},\beta_2),\\
&\left\|\boldsymbol{F}_{\mathrm{t}}^{k}\right\|_{\mathrm{F}}^{2}\leqslant P_{\mathrm{t}},\\
&\left\|\boldsymbol{F}_{\mathrm{s}}^{k}\right\|_{\mathrm{F}}^{2}\leqslant P_{\mathrm{t}}
\end{aligned}
\tag{5.23}
$$

其中，$\boldsymbol{H}_{\mathrm{s}}^{k}$ 和 $\boldsymbol{H}_{\mathrm{t}}^{k}$ 分别是从服务基站和目标基站到 AP 上的第 k 根天线的信道矢量。为了简化公式，定义 T_1 和 T_2 为缩放函数，具体为

$$
\begin{aligned}
&T_1(\boldsymbol{F}_{\mathrm{s}}^{j},\beta_1)=\frac{\sum_{j\neq k}^{K}\left\|\boldsymbol{H}_{\mathrm{s}}^{\mathrm{H}}\boldsymbol{F}_{\mathrm{s}}^{j}\right\|_{\mathrm{F}}^{2}+\sigma_{\mathrm{n}}^{2}}{\beta_1}\\
&T_2(\boldsymbol{F}_{\mathrm{t}}^{k},\beta_2)=\frac{\left\|\boldsymbol{H}_{\mathrm{t}}^{\mathrm{H}}\boldsymbol{F}_{\mathrm{t}}^{k}\right\|_{\mathrm{F}}^{2}}{\beta_2-1}
\end{aligned}
\tag{5.24}
$$

通过一元二阶锥规划

$$
x^2\leqslant yz\Rightarrow\left\|[2x,y-z]^{\mathrm{H}}\right\|\leqslant y+z
\tag{5.25}
$$

约束 $\beta_1\beta_2\geqslant\beta^2$ 可以转化为凸约束：

$$
\left\|[2\beta,\beta_1-\beta_2]^{\mathrm{H}}\right\|\leqslant\beta_1+\beta_2
\tag{5.26}
$$

类似地，对于 $\mathcal{P}3$ 中的第二个约束和第三个约束，为了化为凸约束，需进行近似转化，对 $T_1(\boldsymbol{F}_{\mathrm{s}}^{j},\beta_1)$ 在点 $\overline{\boldsymbol{F}_{\mathrm{s}}^{j}}$，$\overline{\beta_1}$ 以及对 $T_2(\boldsymbol{F}_{\mathrm{t}}^{k},\beta_2)$ 在 $\overline{\boldsymbol{F}_{\mathrm{t}}^{k}}$ 和 $\overline{\beta_2}$ 进

行泰勒展开，化简得到：

$$T_1'(\boldsymbol{F}_s^j,\beta_1,\overline{\boldsymbol{F}_s^j},\overline{\beta_1})=\frac{2\sum_{j\neq k}^{K}\left(\overline{\boldsymbol{F}_s^j}^{\mathrm{H}}\boldsymbol{H}_s^{\mathrm{H}}\boldsymbol{H}_s\boldsymbol{F}_s^j\right)}{\overline{\beta_1}}+\frac{(\sigma_n^2(2\overline{\beta_1}-\beta_1))}{\overline{\beta_1}^2}-\frac{\left(\sum_{j\neq k}^{K}\left\|\boldsymbol{H}_s^{\mathrm{H}}\overline{\boldsymbol{F}_s^j}\right\|_{\mathrm{F}}^2\beta_1\right)}{\overline{\beta_1}^2} \tag{5.27}$$

$$T_2'(\boldsymbol{F}_t^k,\beta_2,\overline{\boldsymbol{F}_t^k},\overline{\beta_2})=\frac{2\overline{\boldsymbol{F}_t^k}^{\mathrm{H}}\boldsymbol{H}_t^{\mathrm{H}}\boldsymbol{H}_t\boldsymbol{F}_t^k}{(\overline{\beta_2}-1)}-\frac{(\overline{\beta_2}-1)^2\left\|\boldsymbol{H}_t^{\mathrm{H}}\overline{\boldsymbol{F}_t^k}\right\|_{\mathrm{F}}^2}{(\beta_2-1)}$$

对于约束一，可以以一元二阶锥规划将其展开，对于约束二和约束三，将二阶锥规划可以从一元扩展到多元：

$$\sum_{j=1}^{J}x_j^2\leqslant yz\Rightarrow\left\|[2x_1,\cdots,2x_J,y-z]^{\mathrm{H}}\right\|\leqslant y+z \tag{5.28}$$

类比公式（5.28），将 $\mathcal{P}3$ 中的第二个和第三个约束可以通过多元二阶锥规划转化为凸约束：

$$\begin{aligned}&\sum_{k=1}^{K}\left\|\boldsymbol{H}_s^{\mathrm{H}}\boldsymbol{F}_s^k\right\|_{\mathrm{F}}^2+\sigma_n^2\leqslant T_1'(\boldsymbol{F}_s^j,\beta_1,\overline{\boldsymbol{F}_s^j},\overline{\beta_1})\Rightarrow\\&\left\|[2\boldsymbol{H}_s\boldsymbol{F}_s^1,\cdots2\boldsymbol{H}_s\boldsymbol{F}_s^K,2\sigma_n,T_1'-1]^{\mathrm{H}}\right\|\leqslant T_1'+1,\\&\sum_{j\neq k}^{K}\left\|\boldsymbol{H}_t^{\mathrm{H}}\boldsymbol{F}_t^j\right\|_{\mathrm{F}}^2+\sigma_n^2\leqslant T_2'(\boldsymbol{F}_t^k,\beta_2,\overline{\boldsymbol{F}_t^k},\overline{\beta_2})\Rightarrow\\&\left\|[\cdots2\boldsymbol{H}_t^{\mathrm{H}}\boldsymbol{F}_t^{j\neq k},\cdots2\boldsymbol{H}_t^{\mathrm{H}}\boldsymbol{F}_t^K,2\sigma_n,T_2'-1]^{\mathrm{H}}\right\|\leqslant T_2'+1\end{aligned} \tag{5.29}$$

由此 $\mathcal{P}3$ 可以转化为

$$\begin{aligned}\mathcal{P}4:\ &\max_{\boldsymbol{F}_t^k,\boldsymbol{F}_s^k,\beta_1,\beta_2}\beta\\ \text{s.t.}\ &\left\|[2\beta,\beta_1-\beta_2]^{\mathrm{H}}\right\|\leqslant\beta_1+\beta_2,\\&\left\|[2\boldsymbol{H}_s\boldsymbol{F}_s^1,\cdots2\boldsymbol{H}_s\boldsymbol{F}_s^K,2\sigma_n,T_1'-1]^{\mathrm{H}}\right\|\leqslant T_1'+1,\\&\left\|[2\boldsymbol{H}_t^{\mathrm{H}}\boldsymbol{F}_t^1,\cdots2\boldsymbol{H}_t^{\mathrm{H}}\boldsymbol{F}_t^{j\neq k},\cdots2\boldsymbol{H}_t^{\mathrm{H}}\boldsymbol{F}_t^K,2\sigma_n,T_2'-1]^{\mathrm{H}}\right\|\leqslant T_2'+1,\\&\left\|\boldsymbol{F}_t^k\right\|_{\mathrm{F}}^2\leqslant P_t,\\&\left\|\boldsymbol{F}_s^k\right\|_{\mathrm{F}}^2\leqslant P_t\end{aligned} \tag{5.30}$$

综上所述，$\mathcal{P}1$ 中所有的目标函数与约束都转化为了凸的，从而可以通过 CVX 工具箱直接求解优化。

但是，优化问题 $\mathcal{P}1$ 通过转化和缩放到 $\mathcal{P}4$ 后，根据 $\mathcal{P}4$ 所求得的解为近似解，并不是全局最优解，当且仅当 $\overline{\boldsymbol{F}_{\mathrm{t}}^{k}}=\boldsymbol{F}_{\mathrm{t}}^{k},\overline{\boldsymbol{F}_{\mathrm{s}}^{k}}=\boldsymbol{F}_{\mathrm{s}}^{k},\overline{\beta_1}=\beta_1,\overline{\beta_2}=\beta_2$ 时，$\mathcal{P}4$ 的解为 $\mathcal{P}1$ 解的子集，要想得到最优解，还需迭代算法得出。$\overline{\boldsymbol{F}_{\mathrm{t}}^{k}}$，$\overline{\boldsymbol{F}_{\mathrm{s}}^{k}}$，$\overline{\beta_1}$ 和 $\overline{\beta_2}$ 由算法 5.1 求得，具体的算法步骤如下：

步骤 1：输入服务基站与目标基站到 AP 间的信道矩阵 $\boldsymbol{H}_{\mathrm{s}}$ 和 $\boldsymbol{H}_{\mathrm{t}}$，迭代次数为 N_{it}；

步骤 2：初始化 $\overline{\boldsymbol{F}_{\mathrm{t}}^{k}}$，$\overline{\boldsymbol{F}_{\mathrm{s}}^{k}}$，$\overline{\beta_1}$，$\overline{\beta_2}$，$r=1$；

步骤 3：通过 CVX 工具箱求解 $\mathcal{P}4$，得到 $\overline{\boldsymbol{F}_{\mathrm{t}}^{k}},\overline{\boldsymbol{F}_{\mathrm{s}}^{k}},\overline{\beta_1},\overline{\beta_2}$；

步骤 4：令 $\overline{\boldsymbol{F}_{\mathrm{t}}^{k}}=\boldsymbol{F}_{\mathrm{t}}^{k}$，$\overline{\boldsymbol{F}_{\mathrm{s}}^{k}}=\boldsymbol{F}_{\mathrm{s}}^{k}$，$\overline{\beta_1}=\beta_1$，$\overline{\beta_2}=\beta_2$，更新 $\overline{\boldsymbol{F}_{\mathrm{t}}^{k}},\overline{\boldsymbol{F}_{\mathrm{s}}^{k}},\overline{\beta_1},\overline{\beta_2}$ 的值；

步骤 5：更新 $r=r+1$；

步骤 6：如果 $r>N_{\mathrm{it}}$，输出 $\boldsymbol{F}_{\mathrm{t}}^{k}$ 和 $\overline{\boldsymbol{F}_{\mathrm{s}}^{k}}$ 的值，否则跳转到步骤 3。

对于算法 5.1 中的复杂度计算，根据二阶锥的复杂度，算法 5.1 中总的变量数为

$$n=2KN_{\mathrm{tx}}+2 \tag{5.31}$$

其中，K 为每个接入点上的天线数目，N_{tx} 为发送天线数目。每次迭代的复杂度为

$$\mathcal{O}(n[2+\sum\nolimits_{j=1}^{K}(N_{\mathrm{tx}}^4+4N_{\mathrm{tx}}+3)^2+\sum\nolimits_{j=1}^{K}N_{\mathrm{tx}}^2(N_{\mathrm{tx}}+1)^2+2\sum\nolimits_{j=1}^{K}(N_{\mathrm{tx}}^2+1)^2]+n^3) \tag{5.32}$$

根据达到最优解所需的迭代次数

$$m=\sqrt{2(1+4K)} \tag{5.33}$$

总复杂度计算如下：

$$\mathcal{O}(mnK((N_{\mathrm{tx}}^4+4N_{\mathrm{tx}}+3)^2+N_{\mathrm{tx}}^2(N_{\mathrm{tx}}+1)^2+(N_{\mathrm{tx}}^2+1)^2)+2mn+mn^3) \tag{5.34}$$

从式（5.34）可以看出，所提出的算法的复杂度较高，这对高速环境下的信号交互是致命的。但是在高铁环境下，列车的运行轨迹与轨旁基站的位置是固定的，同时列车的速度也相对固定。这意味着尽管所提出的算法在切换准备阶段具有高复杂性，但是在根据所提出算法在当前两小区的重叠位置执行切换之后，可以预先获得当前位置处的后续切换算法的参数，下一次列车再经过同样位置的切换，就可以直接调用储存的切换参数，以此方式可以缩短执行切换的时间，并且可以提高切换效率。

由此，通过对服务基站与目标基站的接收信号的调控，可以使两小区的接收信号强度的差值保持在一个较高的水平，减少切换次数。虽然通过调整 A3 条件中迟滞余量的值也可以缓解乒乓切换，但是需要高的迟滞余量。迟滞余量越高，切换判决条件越严格。在两小区的重叠区域，信号质量通常较差，高迟滞余量将阻止用户发送切换请求，可能导致信号连接中断，本章提出的从发送端控制接收信号强度可以从根本上缓解乒乓切换的发生，具体的切换流程如图 5.3 所示。

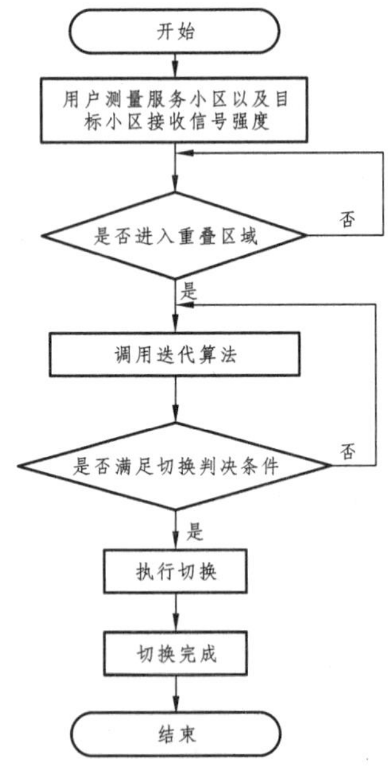

图 5.3　基于接收信号强度的切换流程图

因此，在用户测量小区的通信质量之前，使用波束成形技术来调整基站发送信号的辐射功率，设计服务基站和目标基站的预编码向量来确保 A3 判决条件。基于接收信号强度的切换流程如下：

（1）列车在服务小区的覆盖范围区域发送和接收上行链路和下行链路数据，并向目标基站移动，用户向服务基站发送一个测量报告，包括服务小区和目标小区的接收信号强度信息。服务基站根据测量报告和小区负载、终端移动性限制和无线能力，选定切换的目标基站。

（2）当列车进入重叠区域后，服务基站与目标基站通过本章提出的算法对信号进行预调控，使服务小区与目标小区的信号始终满足 A3 条件。然后用户通过 X2 接口向目标基站发送切换请求消息，包括切换准备信息和目标小区资源信息。

（3）目标小区执行切换，服务小区释放连接，切换完成。

值得注意的是，本章的主要目的是缓解乒乓切换，但是现有的指标大都为切换失败率以及信号中断概率，并没有能明确表达乒乓效应程度的指标。为了准确表示乒乓切换程度，从乒乓效应的定义上定义乒乓触发概率，只要列车发送的切换请求次数较少，列车的切换次数就少。

因此，在式（5.16）的触发条件的基础上，受迟滞余量的启发，定义一个与迟滞余量类似的变量 ξ，用来限制列车发送切换请求的次数，所以乒乓切换触发概率可以定义为

$$P_{\mathrm{pph}}=\mathbb{P}\{|R_{\mathrm{t}}-R_{\mathrm{s}}|<\xi\} \tag{5.35}$$

乒乓切换触发概率是指为当列车在重叠区域时，服务基站与目标基站的差值过小导致发生乒乓效应的概率。

当切换执行后，还有切换失败的发生，切换失败率定义为满足切换条件后但目标小区的接收信号强度小于切换阈值，可以表示为

$$P_{\mathrm{hof}}=\mathbb{P}\{R_{\mathrm{t}}<R_{\mathrm{tth}}\,\big|\,|R_{\mathrm{t}}-R_{\mathrm{s}}|<H\} \tag{5.36}$$

5.3 仿真分析

在本节中，对所提出的基于接收信号强度的越区切换设计进行仿真验证，分别考虑了基站天线数目，列车与基站间的距离，乒乓切换触发概率，切换成功率等变量对切换性能的影响，因所采用的信道建模为信道简化公式，因此所有的仿真都经过 10 000 次独立信道实验，具体的参数设置如表 5.1 所示。

表 5.1 基于波束成形辅助的越区切换优化方案仿真参数表

参数名称	符号	数值
发送天线数目	N_{tx}	64
AP 天线数目	K	4
基站覆盖半径	R	1.5 km
重叠区域长度	d	0.5 km
载波频率	f_c	30 GHz

图 5.4 展示了当发送功率时 $P_t = 30$ dB 列车在重叠区域的切换过程，根据切换过程，在图中划分了三个区域分别对应切换的三个阶段。将重叠区域中点前 150 m 定为切换触发点，重叠区域中点定位切换操作点。在列车进入重叠区域后测量接收信号强度，然后在切换触发点做出切换判决。最后，当列车经过重叠区域的中点时，列车开始切换操作。在传统的切换方案中，当列车通过重叠区域的中点区域时，列车从两个小区接收的信号强度差太小，这将导致信号连接发生反复横跳，产生乒乓效应。然而，对于本章提出的方案，列车从两个小区接收的信号强度之间的差异始终保持在较大的偏移。这样不管是切换判决阶段还是切换执行阶段，列车在重叠区域始终能满足切换条件，提高切换成功概率，减少乒乓切换的发生。

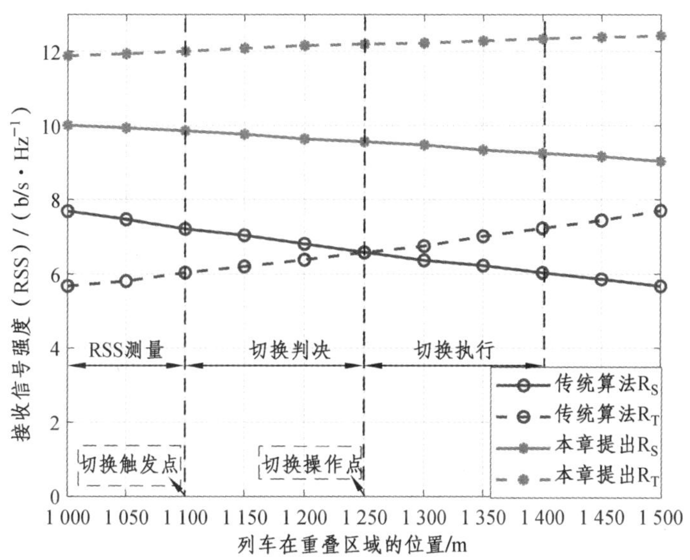

图 5.4 不同算法的接收信号强度对比

图 5.5 体现了基站发送天线数目对接收信号强度的影响。通常来讲，最能影响越区切换性能的指标为信号接收信号强度，而基站的发送天线数跟传输数据流的数目对接收信号强度有较大的影响。当数据流数目较多时，传输信号的接收信号强度越大。同时，由图中可以看出，当基站装配的天线数目越多时，列车的接收信号强度越高，这是因为多天线组成的大规模天线阵列提高了天线增益，从而影响信号强度。因此，要想提高接收信号强度，也可以根据实际条件增加基站的天线数目，但这种方法对切换性能影响较小，并不能精准调控切换过程。

图 5.6 体现了不同的发射功率对不同算法的接收信号强度的影响，从图中可以看出，与传统的切换算法相比，本章所提的算法应用波束成形技术来提高信号的辐射的增益，实现信号的强制向性，所以传统算法跟所提算法在不同功率下的接收信号强度差值较大。同时由图 5.6 可以看出当 P_t 较高时，传统方案与本章所提出的方案的差距逐渐变小。因为当 P_t 较小时，小区的覆盖面积小，两个小区中的用户通信质量较差。然而当 P_t 增加时，小区的覆盖面积也增加。此时，波束成形技术对小区边缘用户信号强度的

影响相应减小。由图可以看出，虽然单纯地提高发送功率也能提高信号的接收信号强度，但是对切换性能并没有针对性地提高，就算在本章所提出的算法的基础上提高发射功率，也会增加能耗，浪费资源。

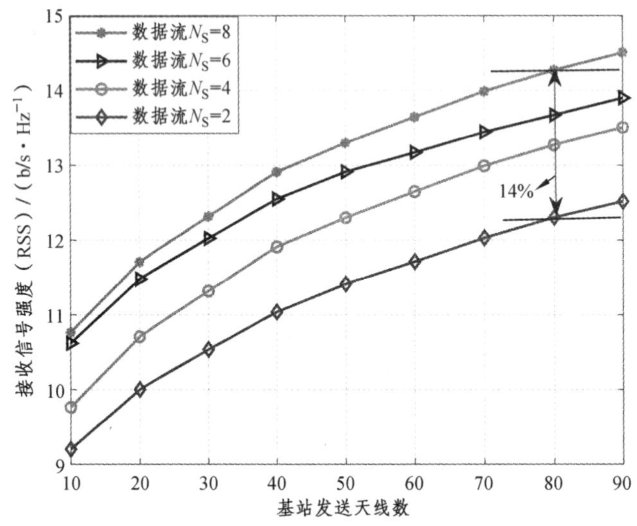

图 5.5　发送天线数目和数据流对接收信号强度的影响

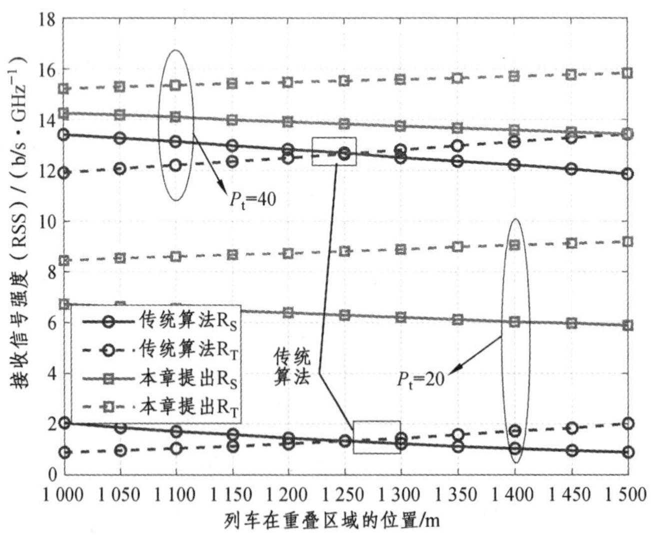

图 5.6　不同功率对不同算法的接收信号强度的影响

图 5.7 讨论了三组不同的ξ下传统算法与本章所提算法的乒乓切换触发率。可以看出，传统的切换方案在两个小区的重叠区域中具有更高的乒乓切换发生率。这是因为列车在小区边缘接收到的两个小区的信号质量差，差异太小，信号连接容易出现重复的水平跳跃。对于不同的ξ值，传统方法的乒乓切换率有很大的差异，因为传统的切换过程并没有对信号进行调控，列车在小区边缘的通信质量较差，ξ对乒乓切换触发概率的影响也比本章所提出的方案大。然而，对于本章所提出的算法，在保证信号连接的同时，切换请求次数也降到最低，直接影响了切换次数，ξ的影响也降到最低。因此乒乓切换的发生率较低，这反映了更好的越区切换性能。

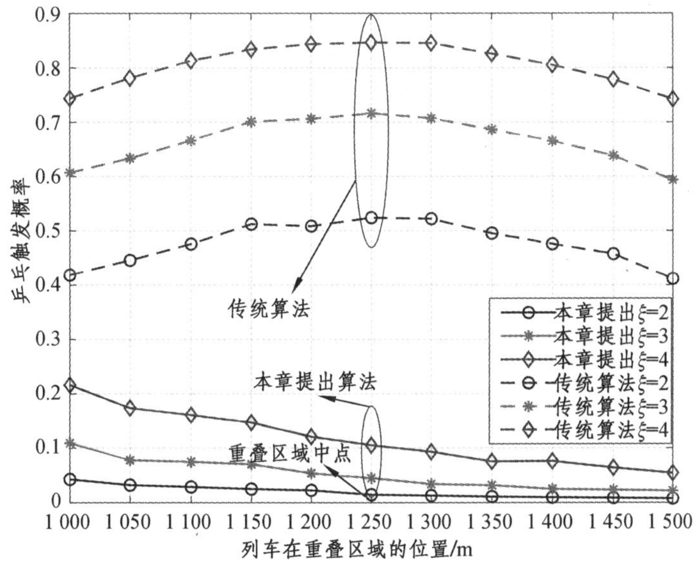

图 5.7　乒乓切换触发概率

图 5.8 体现了不同目标小区的接收信号强度阈值下的不同算法的切换成功率。由于本章所提出的算法的高增益导致的高目标小区的接收信号强度，传统算法与本章所提算法的目标小区切换阈值设置有所不同，图 5.8 对传统算法和本章所提算法分别讨论三组不同的R_{TH}值。R_{TH}值的设置也是直接影响到了切换失败概率。从图中可以看出，列车在发送切换请求后，

在切换执行的过程中，R_{TH} 的值越高，对信号的连接要求越高，对切换的要求也越高。但所提的算法的切换成功率还是优于传统方案。因为本章所提算法对波束成形矢量进行调控，实现了接收信号强度的精准覆盖以及集中增益，使得信号接收强度有较大的提高，因此就算 R_{TH} 提高，本章所提出算法也能实现较好的切换性能。

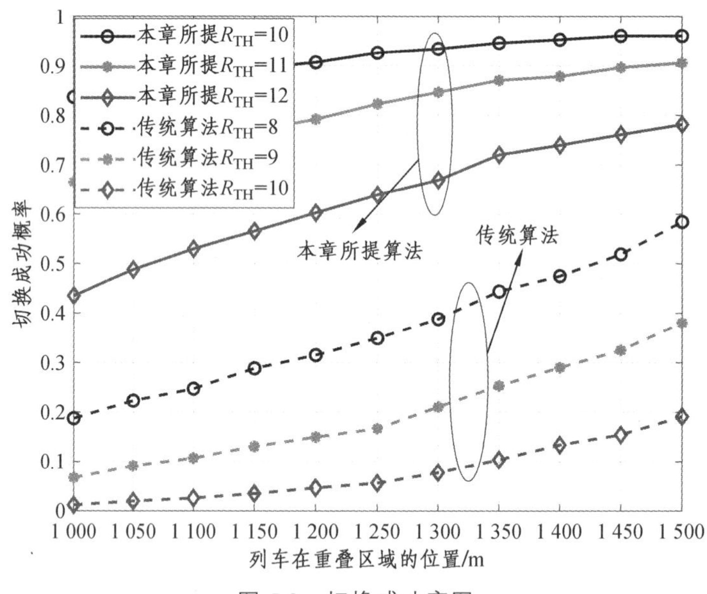

图 5.8　切换成功率图

5.4　本章小结

本节针对高速铁路场景中由于列车在两个小区重叠区域的乒乓切换效应而导致信号中断问题，提出了一种基于波束成形辅助的越区切换策略优化方案，通过联合优化两个小区的预编码矩阵来优化切换判决。此外，还分析了所提出的方案对列车乒乓切换触发率和切换成功率的影响。仿真结果表明，本章所提出的切换方案不仅可以提高系统的接收信号强度，而且可以有效缓解乒乓切换的发生和提高切换成功率，保证列车运行过程中通信的稳定性和可靠性。

PART

第 6 章　高铁车地间 RIS 辅助抗阻塞预编码通信设计

在列车高速移动过程中，信号传输容易受轨旁的障碍物遮挡，使信号传输中断，影响用户服务质量。利用具有信道重构特性的 RIS 对信道进行重构，使信号通过 RIS 反射到接收端，从而避免障碍物遮挡引起的通信中断问题。但如何同时优化 RIS 的反射相移矩阵与预编码矩阵是一个主要的挑战。因此，本章利用块坐标下降法，对两者进行联合优化求解，使 RIS 辅助低能耗预编码系统在解决障碍物遮挡引起的信号中断问题上有一定的成效。

6.1 RIS 辅助预编码系统

6.1.1 系统信号收发模型

考虑一个毫米波大规模 MIMO 下行链路 HSR 通信系统，如图 6.1 所示，包含 M 节车厢的列车通过具有随机分布障碍物的小区，每个车厢有一个移动中继（Mobile Relay，MR）。而 RIS 被部署在轨旁架空线杆处，为基站端信号进行收集与转发。基站配备 N_t 个天线，通过 N_{RF} 个 RF 链将 N_s 个数据传输到 M 个 MR 接收器。并且为了充分利用信道增益，考虑 $N_s \leqslant N_{RF} \leqslant N_t$。

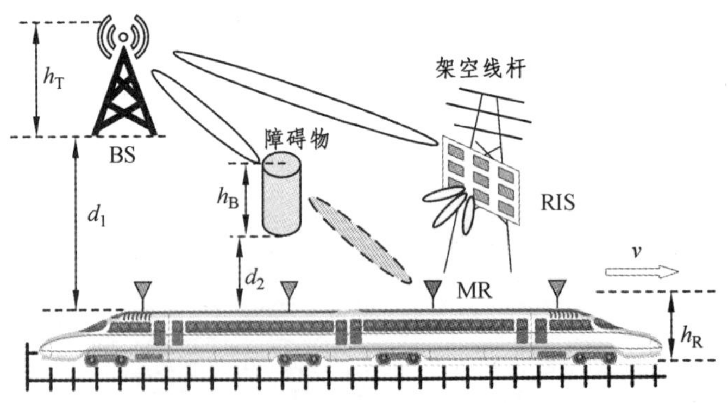

图 6.1 RIS 辅助抗阻塞预编码模型

在基站端的基带信号处理中，信息矢量 $\boldsymbol{s}=[s_1,s_2,\ldots,s_{N_s}]^{\mathrm{T}}$，$[\bullet]^{\mathrm{T}}$ 表示矩阵的转置操作。信息矢量 $\boldsymbol{s}$ 首先由基带数字预编码器 $\boldsymbol{F}_{\mathrm{BB}}\in\mathbb{C}^{N_{\mathrm{RF}}\times N_s}$ 进行幅值和相位的调整，然后再通过 RF 链路对信号进行放大，最后经过模拟预编码器 $\boldsymbol{F}_{\mathrm{RF}}\in\mathbb{C}^{N_t\times N_{\mathrm{RF}}}$ 将预编码信号上变频到发射机天线。通过使用模拟移相器来实现信号传输的同时，通过移相器的自身恒模约束降低硬件成本和功耗。此外，为了提高系统的整体吞吐率，考虑在基站侧采用每个 RF 链路连接所有移相器的全连接结构。由于高速铁路运行轨迹固定，很容易获取到历史经验信道，故本章考虑采用统计 CSI 的方式对信道进行估计。

因此，基站侧的传输信号 $\boldsymbol{x}(t)\in\mathbb{C}^{N_s}$ 在 t 时刻可以表示为

$$\boldsymbol{x}(t)=\sqrt{P}\boldsymbol{F}_{\mathrm{RF}}(t)\boldsymbol{F}_{\mathrm{BB}}(t)\boldsymbol{s}(t) \tag{6.1}$$

其中，P 为基站端发送功率，数据预编码矩阵 $\boldsymbol{F}_{\mathrm{BB}}=[\boldsymbol{f}_{\mathrm{BB}}^{1},\cdots,\boldsymbol{f}_{\mathrm{BB}}^{N_s},]$；信息矢量满足 $\mathbb{E}\{\boldsymbol{s}\boldsymbol{s}^{\mathrm{H}}\}=\boldsymbol{I}_{N_s}$；预编码矩阵满足 $\|\boldsymbol{F}_{\mathrm{RF}}\boldsymbol{F}_{\mathrm{BB}}\|_{\mathrm{F}}^{2}\leqslant p$，$\mathbb{E}\{\bullet\}$ 和 $\|\bullet\|_{\mathrm{F}}$ 分别表示矩阵期望和 F-范数运算。由于空间和功耗的限制，考虑在车载中继接收端仅存在一个 RF 链路连接 N_r 根接收天线。则第 m 节 MR 在 t 时刻接收的信号 $\tilde{\boldsymbol{s}}_m(t)$ 表示为

$$\begin{aligned}\tilde{\boldsymbol{s}}_m(t)=&\sqrt{p_m}\boldsymbol{H}_m(t)\boldsymbol{F}_{\mathrm{RF}}(t)\boldsymbol{f}_{\mathrm{BB}}^{m}(t)\boldsymbol{s}_m(t)+\\&\sum_{k\neq m}^{M}\sqrt{p_k}\boldsymbol{H}_m(t)\boldsymbol{F}_{\mathrm{RF}}(t)\boldsymbol{f}_{\mathrm{BB}}^{k}(t)\boldsymbol{s}_k(t)+\boldsymbol{n}_m(t)\end{aligned} \tag{6.2}$$

其中，$\boldsymbol{n}_m$ 为第 m 节 MR 信道 $\boldsymbol{H}_m$ 的加性高斯白噪声，并满足 $\boldsymbol{n}_m\sim\mathrm{CN}(0,\sigma_m^2\boldsymbol{I}_{N_s})$。

6.1.2 高铁 RIS 辅助信道模型

为了更好地描述高速移动环境下的车地间通信，本章采用 3GPP 基于随机几何毫米波信道模型，并考虑空间一致性和非平稳性[188]。由于列车的高速移动使瞬时 CSI 难以直接获取，因此考虑基于统计 CSI 的方法对信道

进行估计。由于基站与可重构表面的位置已经固定，因此考虑信道由一个 LoS 分量与 N_{Ref} 个反射分量组成。在第 t 个时刻的信号增益表示为

$$g(t)=g_{\text{LoS}}(t)+g_{\text{Ref}}(t)=\alpha_0 \mathrm{e}^{-\mathrm{j}2\pi f_{\mathrm{d}}\tau_{\text{LoS}}}+\sum_{p=1}^{N_{\text{Ref}}}\alpha_p R(t)\mathrm{e}^{\mathrm{j}\phi_p} \tag{6.3}$$

其中，α_0 为 Los 分量的小尺度衰落系数，$\alpha_p, p\in\{0,1,\cdots,N_{\text{Ref}}\}$ 为小尺度衰落并且满足 $\mathbb{E}\{|\alpha_0|^2\}=\mathbb{E}\{|\alpha_p|^2\}=1$ 的幅值约束；f_{d} 表示多普勒频移；τ_{LoS} 表示 LoS 路径的传输时延并且有 $\tau_{\text{LoS}}=d_{\text{T,R}}/c$；$R(t)$ 表示链路衰减函数；ϕ_p 为反射路径对应的相位偏移。特殊地，由于基站与 RIS 的位置固定，因此信道传输矩阵 $\boldsymbol{H}_{\mathrm{t}}$ 可以表示为

$$\boldsymbol{H}_{\mathrm{t}}=\sqrt{\frac{N_{\mathrm{t}}N_{\mathrm{r}}}{L}}\sum_{l=1}^{L}g_l(t)\boldsymbol{a}_{\mathrm{r}}(\varphi_l^r,\phi_l^r)\boldsymbol{a}_{\mathrm{t}}^{\mathrm{H}}(\varphi_l^t,\phi_l^t) \tag{6.4}$$

其中，L 表示有效反射路径；$\boldsymbol{a}_{\mathrm{t}}$ 和 $\boldsymbol{a}_{\mathrm{r}}$ 分别为发送和接收阵列响应矢量，分别由离开和到达的水平角和垂直角组成。其中，发送阵列响应矢量 $\boldsymbol{a}_{\mathrm{t}}$ 为

$$\boldsymbol{a}_{\mathrm{t}}(\varphi^r,\phi^r)=\frac{1}{\sqrt{N_{\mathrm{t}}}}\left[1,\mathrm{e}^{\mathrm{j}\frac{2\pi}{\lambda_0}d_{\mathrm{a}}\Gamma(m,n)},\cdots,\mathrm{e}^{\mathrm{j}\frac{2\pi}{\lambda_0}d_{\mathrm{a}}\Gamma(W_1,W_2)}\right] \tag{6.5}$$

其中，$\Gamma(m,n)=m\sin\varphi\sin\phi+n\cos\varphi$，$m<W_1, n<W_2$，$d_{\mathrm{a}}$ 表示基站天线间距离并且 $d_{\mathrm{a}}=\lambda_0/2$，$\lambda_0$ 为信号传输波长。

针对基站到车载中继的信道，考虑具有视距分量与非视距分量的莱斯信道，具体表示为

$$\boldsymbol{H}_{\mathrm{d}}=\sqrt{\frac{\kappa_{\mathrm{d}}}{\kappa_{\mathrm{d}}+1}}\overline{\boldsymbol{H}}_{\mathrm{d}}^{\text{los}}+\sqrt{\frac{1}{\kappa_{\mathrm{d}}+1}}\overline{\boldsymbol{H}}_{\mathrm{d}}^{\text{nlos}} \tag{6.6}$$

其中，$\overline{\boldsymbol{H}}_{\mathrm{d}}^{\text{los}}$ 和 $\overline{\boldsymbol{H}}_{\mathrm{d}}^{\text{nlos}}$ 分别为基站到车载中继信道的视距和非视距分量，κ_{d} 为基站到车载中继的莱斯因子。考虑基站采用均匀线性阵列，具体的 $\overline{\boldsymbol{H}}_{\mathrm{d}}^{\text{los}}$ 可以表示为

$$\overline{\boldsymbol{H}}_{\mathrm{d}}^{\text{los}}=\boldsymbol{a}_{\mathrm{d}}(\varphi_l^r)\boldsymbol{a}_{\mathrm{d}}^{\mathrm{H}}(\varphi_l^t) \tag{6.7}$$

其中，φ_l^r 和 φ_l^t 分别是基站的离开角与车载中继的到达角，$\boldsymbol{a}_{\mathrm{d}}$ 为阵列响应矢量。同理，RIS 到车载中继信道 $\boldsymbol{H}_{\mathrm{r}}$ 表述与 $\boldsymbol{H}_{\mathrm{d}}$ 相同，具体表示为

$$\boldsymbol{H}_{\mathrm{r}}=\sqrt{\frac{\kappa_{\mathrm{r}}}{\kappa_{\mathrm{r}}+1}}\overline{\boldsymbol{H}}_{\mathrm{r}}^{\mathrm{los}}+\sqrt{\frac{1}{\kappa_{\mathrm{r}}+1}}\overline{\boldsymbol{H}}_{\mathrm{r}}^{\mathrm{nlos}} \tag{6.8}$$

其中，κ_{r} 为基站到车载中继的莱斯因子。

根据文献[189]，尽管考虑多个时隙的信道，但每个时隙之间可以独立分析。因此，对于第 m 节 MR 仅考虑在 t 时刻的等效信道矩阵 $\boldsymbol{H}_m$，表示为

$$\boldsymbol{H}_m(t)=\boldsymbol{H}_{\mathrm{d}}^m(t)+\boldsymbol{H}_{\mathrm{r}}^m(t)\Theta(t)\boldsymbol{H}_{\mathrm{t}}^m(t) \tag{6.9}$$

其中，$\boldsymbol{H}_{\mathrm{d}}^m\in\mathbb{C}^{N_{\mathrm{r}}\times N_{\mathrm{t}}}$，$\boldsymbol{H}_{\mathrm{r}}^m\in\mathbb{C}^{N_{\mathrm{r}}\times N}$ 和 $\boldsymbol{H}_{\mathrm{t}}^m\in\mathbb{C}^{N\times N_{\mathrm{t}}}$，而 $\Theta\in\mathbb{C}^{N\times N}$ 为 RIS 反射相位矩阵，其中，N 为反射单元个数。

因此，根据（6.2）式子，第 m 个 MR 在 t 时刻的接收 SINR 可以表示为

$$\gamma_m=\frac{p_m\left\|\boldsymbol{H}_m\boldsymbol{f}_m\right\|_{\mathrm{F}}^2}{\sum_{k\neq m}^{M}p_k\left\|\boldsymbol{H}_m\boldsymbol{f}_k\right\|_{\mathrm{F}}^2+\sigma_m^2} \tag{6.10}$$

其中，$\boldsymbol{f}_m=\boldsymbol{F}_{\mathrm{RF}}\boldsymbol{f}_{\mathrm{BB}}^k$；$\sigma_m^2$ 为第 m 个 MR 的噪声功率。然后，第 m 个 MR 在时间 t 的单位带宽下的速率可以表示为

$$R_m=\log_2(1+\gamma_m) \tag{6.11}$$

6.1.3 阻塞概率模型

由于轨旁存在较多的障碍物，这对信号传输与接收造成严重的影响。考虑将障碍物视为圆柱体，并且高度遵守标准正态分布。当圆柱体的高度和半径达到一定值时，可以有效地阻塞信道传输。因此，采用阻塞概率来描述信号传输的阻塞程度。如图 6.2 所示，h_{T} 和 h_{R} 分别为基站和车载中继的垂直高度，h_{B} 表示障碍物的高度，并且满足 $h_{\mathrm{B}}\sim\mathcal{CN}(\mu_{\mathrm{h}},\sigma_{\mathrm{h}}^2)$。令 x 表示障碍物与基站的距离，则由位置 x 改变所造成的通信连接的阻塞概率可以表示为

$$z(x)=\mathbb{P}\{h_{\mathrm{B}}>h_{m}(x)\}, x\in(0,r) \tag{6.12}$$

其中，$h_m(x)=-\dfrac{h_{\mathrm{T}}-h_{\mathrm{R}}}{d_0}x+h_{\mathrm{T}}$ 为 Tx-Rx 线与横坐标 x 的距离。因此，概率函数在 $z(x)$可以表示为

$$z(x)=\frac{1}{2}\left[1-\mathrm{erf}\left(\frac{h_{\mathrm{B}}(x)-\mu_{\mathrm{h}}}{\sqrt{2}\sigma_{\mathrm{h}}}\right)\right] \tag{6.13}$$

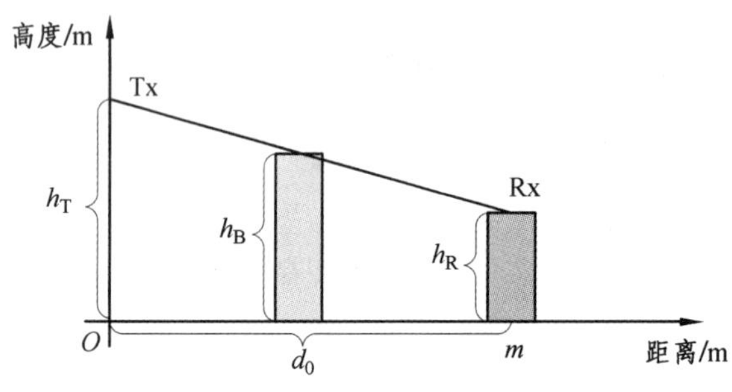

图 6.2　阻塞模型正视图

为了更好地研究障碍物的密度和距离对阻塞概率的影响，考虑障碍物为强度为 λ_{I} 的均匀泊松分布，并沿着投影线线性增加，即 $\lambda(x)=\lambda_I z(x)$。障碍物的俯视图如图 6.3 所示，其中，中间阴影圆形部分表示直径为 D 的障碍物且 $D\sim \mathrm{U}(d_{\min},d_{\max})$。扇形 ARxB 表示障碍物所造成的阻塞区域。由于基站端和车载中继的距离远远大于障碍物的直径距离，考虑采用弦 AB 的长度表示扇形 ARxB。根据几何性质，随机阻塞投影的长度 C 可以表示为 $C=rD/L$。其中，L 和 r 分别表示基站距离障碍物和车载中继的距离。

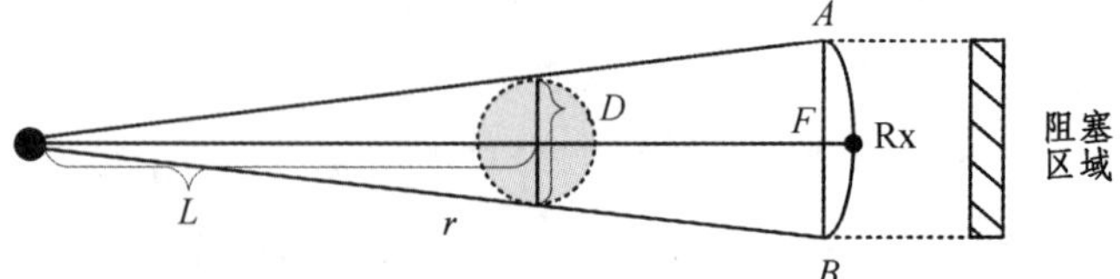

图 6.3　障碍阻塞模型俯视图

在扇形 $A\mathrm{R}x B$ 中的阻塞点的均值 μ_{B} 可以表示

$$\mu_{\mathrm{B}}=\frac{1}{l_{\mathrm{arc}}}\int_{0}^{r}\lambda(x)x\frac{l_{\mathrm{arc}}}{r}\mathrm{d}x=\frac{\lambda_{l}}{r}\int_{0}^{r}z(x)x\mathrm{d}x \tag{6.14}$$

其中，$z(x)$ 为概率函数。尽管由于上式概率函数的存在不能直接获得一个量化的结果，但它可以满足一定需求的精度。

由于障碍物的密度随着 r 的增加而增长，所以概率会随着 x 从 0 到 r 而增加。因此，需要对概率密度函数进行归一化处理。令 $\rho=\int_{0}^{r}z(x)\mathrm{d}x$，$x\in(0,1)$，并且将阻塞长度单位化为

$$f_{L}(x)=\frac{z(x)}{\rho},\ x\in(0,r) \tag{6.15}$$

因此，为了获取阻塞区间的阻塞概率密度函数，求解基站与障碍物间距离 L 的概率密度函数，又因为障碍物直径的分布已知，且两者独立，因此，根据公式 $C=rD/L$ 可得阻塞区间的概率密度函数为

$$f_{C}(y)=\begin{cases}\displaystyle\int_{\frac{rd_{\min}}{y}}^{r}xf_{rD}(yx)f_{L}(x),\ d_{\min}<y<d_{\max}\\ \displaystyle\int_{\frac{rd_{\min}}{y}}^{\frac{rd_{\max}}{y}}xf_{rD}(yx)f_{L}(x),\ y>d_{\max}\end{cases} \tag{6.16}$$

其中，$f_{rD}(x)$ 为公式(6.16)的分子的概率密度函数且 $f_{rD}(x)=1/\left[r(d_{\max}-d_{\min})\right]$，$x\in(rd_{\min},rd_{\max})$。

考虑车载中继接收端天线阵列长度为 l，为了不失一般性，由于考虑采用毫米波通信，天线间距离小，阵列体积小。因此，需要明确考虑车载中继接收器的长度，来精确确定障碍物所造成的阻塞弧的长度的概率。

障碍物在圆弧上的阻塞投影如图 6.4 所示。每个障碍物的宽度均为独立的随机变量并满足分布函数 $F_{C}(x)=\int_{-\infty}^{x}f_{C}(x)\mathrm{d}x$，期望 $\mathbb{E}[C]=\int_{-\infty}^{\infty}xf_{C}(x)\mathrm{d}x$。显而易见，障碍物的投影区域的左边和右边服从强度为 μ_{B} 的标准随机泊松

分布。整个投影过程未阻塞与阻塞部分交替，从而构成一个新的泊松过程。令 $\omega_j,\eta_j\ (j=0,1,\cdots)$ 分别表示阻塞与阻塞投影的区域长度，并且泊松点 $\xi_j=\omega_j+\eta_j$ 表示第 j 个阻塞过程。整个阻塞过程的密度可以表示为

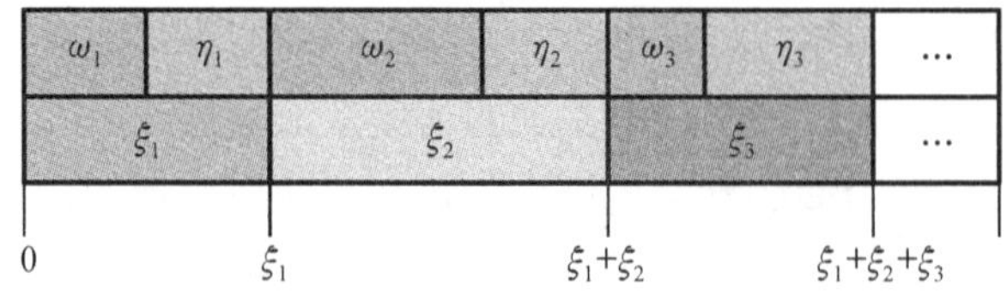

图 6.4 障碍物在圆弧上的阻塞投影示意图

$$f(x)=\mu_{\mathrm{B}}F_C(x)\mathrm{e}^{\left(-\mu_{\mathrm{B}}\int_0^l[1-F_C(y)]\mathrm{d}y\right)} \tag{6.17}$$

令 f_ξ 表示阻塞点 $\xi_j\ (j=0,1,\cdots)$ 的概率密度函数。函数 $f_\xi(x)$ 和 $f(x)$ 的关系可以表示为

$$f(x)=f_\xi(x)+\int_0^l f_\xi(x-y)f(y)\mathrm{d}y \tag{6.18}$$

当车载中继天线阵列 l 足够大时，上式可以得到 $f(x)=1/\mathbb{E}[\xi]$。同时，未阻塞部分 ω_j 服从参数为 μ_{B} 的指数分布，分布函数为 $F_\omega(x)=1-\mathrm{e}^{-\mu_{\mathrm{B}}x}$，均值为 $\mathbb{E}[\omega]=1/\mu_{\mathrm{B}}$。因此，从被阻塞部分的末端（被认为是任意点）到下一个被阻塞间隔的起点的距离呈指数分布。令 $F_\eta(x)$ 和 $F_\xi(x)$ 分别表示阻塞区域长度与未阻塞区域长度的分布函数，并且其对应的期望分别用 $\mathbb{E}[\eta]$ 和 $\mathbb{E}[\xi]$ 表示。通过拉普拉斯变换可以得到，对于阻塞区域 ξ，$F_\xi^*(s)=F_\eta^*(s)F_\omega^*(s)=\mu_{\mathrm{B}}\dfrac{F_\eta^*(s)}{\mu_{\mathrm{B}}+s}$，化简可以得到阻塞区间的分布函数为

$$F_\eta(x)=F_\xi(x)+\frac{f_\xi(x)}{\mu} \tag{6.19}$$

同时，对于式（6.19），可以得到 $f(x)=\mu_{\mathrm{B}}\mathrm{e}^{-\mu_{\mathrm{B}}\mathbb{E}[\eta]}$，其中 $\mathbb{E}[\eta]$ 表示阻塞区域长度的均值，因此化简可得 $\mathbb{E}[\xi]=\mathrm{e}^{-\mu_{\mathrm{B}}\mathbb{E}[\eta]}/\mu_{\mathrm{B}}$。

因此，阻塞区域长度的均值可以表示为

$$\mathbb{E}[\eta]=\int_0^\infty[1-F_\eta(x)]\mathrm{d}x=\int_0^\infty\left[1-F_\xi(x)-\frac{f_\xi(x)}{\mu_\mathrm{B}}\right]\mathrm{d}x=\mathbb{E}[\xi]-\frac{1}{\mu_\mathrm{B}} \tag{6.20}$$

对于阻塞投影区域里面任何随机点，其阻塞概率或者未阻塞概率可以表示为 $\mathbb{E}[\omega]/\mathbb{E}[\xi]$ 或 $\mathbb{E}[\eta]/\mathbb{E}[\xi]$。如果一个点在阻塞部分，则从该点到阻塞区间右端的区间长度的分布函数为

$$\widetilde{F}_\eta(x)=\frac{1}{\mathbb{E}[\eta]}\int_0^l[1-F_\eta(y)]\mathrm{d}y \tag{6.21}$$

当知道一个点的阻塞概率，可以得到长度 l 的 Rx 的总阻塞概率。令 $P(l)$ 是区间（0，l）没有被完全阻塞的条件概率，这意味着包含 Rx 左侧的阻塞区间将在 l 之前结束。给定长度 l 的区间的总阻塞概率，假设该区间的左侧被阻塞，通过式（6.20）和式（6.21）可以得到如下：

$$\begin{aligned}1-\widetilde{F}_\eta(x)&=\frac{1}{\mathbb{E}[\eta]}\int_l^\infty[1-F_\eta(y)]\mathrm{d}y\\&=\frac{\mu_\mathrm{B}}{\mathrm{e}^{-\mu_\mathrm{B}\mathbb{E}[W]}-1}\int_l^\infty\left[1-F_\xi(y)-\frac{f_\xi(y)}{\mu_\mathrm{B}}\right]\mathrm{d}y\end{aligned} \tag{6.22}$$

综上，总的阻塞概率为

$$\begin{aligned}P_\mathrm{B}&=1-P(l)\\&=\mu_\mathrm{B}\mathrm{e}^{-\mu_\mathrm{B}\mathbb{E}[C]}\int_l^\infty\left[1-F_\xi(y)-\frac{f_\xi(y)}{\mu_\mathrm{B}}\right]\mathrm{d}y\overset{(\mathrm{a})}{=}\mu_\mathrm{B}\mathrm{e}^{-\mu_\mathrm{B}\mathbb{E}[C]}(1+\mu_\mathrm{B}l)\end{aligned} \tag{6.23}$$

其中等式（a）成立的条件为车载中继接收器的长度小于障碍物的直径。

综上所述，为解决高铁场景中的信号传输阻塞问题，本章研究一种当信息流被障碍物阻塞时的抗阻塞混合预编码方法，以最大化系统的总频谱效率。

根据阻塞模型所求得的阻塞概率进行判断，当阻塞概率超过一定阈值

时，定义为高阻塞情况。又由于波束成形技术不能完美地直接解决信号阻塞问题，故考虑利用 RIS 的可重构特性进行信道重构，实现信号衍射。同时，信号与高指向性波束一起传输到 RIS 反射表面上。因此，本章提出了 RIS 反射相位矩阵优化与混合预编码矩阵联合优化问题，以最大化系统的总和率。

因此，构建系统优化函数 f_{A} 并表示为

$$
\begin{aligned}
P(\mathrm{A}):& \max_{\boldsymbol{F}_{\mathrm{RF}},\boldsymbol{F}_{\mathrm{BB}},\Theta} f_{\mathrm{A}}(\boldsymbol{F}_{\mathrm{RF}},\boldsymbol{F}_{\mathrm{BB}},\Theta)=\sum_{m=1}^{M}R_m \\
\text{s.t.}\quad & \boldsymbol{F}_{\mathrm{RF}}(x,y)\in F,\ \forall(x,y) \\
& \left\|\boldsymbol{F}_{\mathrm{RF}}\boldsymbol{F}_{\mathrm{BB}}\right\|_{\mathrm{F}}^2\leqslant P_{\mathrm{t}} \\
& \left|\theta_n\right|=1,\forall n=1,\cdots,N \\
& P_B>\varsigma_{\mathrm{h}}
\end{aligned}
\tag{6.24}
$$

其中，$\Theta=\mathrm{diag}[\theta_1,\cdots,\theta_N]$，$P_{\mathrm{t}}$ 为基站传输功率，ς_{h} 为高阻塞概率阈值。

由于优化变量 $\boldsymbol{F}_{\mathrm{RF}}$、$\boldsymbol{F}_{\mathrm{BB}}$ 和 Θ 在非凸目标函数中深度耦合，目标函数很难直接通过优化工具解决。此外，随着反射元素 N 的增加，系统的计算复杂度将呈几何级数增加，故本章拟采用块坐标下降的方法对优化表达式进行转换求解。

6.2 基于 BCD 的分式规划高铁抗阻塞通信设计

仔细观察频谱效率表达式可以发现，系统的总频谱效率形式可以概括为

$$
\begin{aligned}
& \max_x \sum_{m=1}^{M}\log\left(1+\frac{A_m(x)}{B_m(x)}\right), \\
& \text{s.t.}\quad x\in\mathcal{X}
\end{aligned}
\tag{6.25}
$$

其中，$A_m(x)$为非负函数，$B_m(x)$为正函数。根据拉格朗日对偶转化，可以将表达式转换为 $\frac{A_m(x)}{B_m(x)}=2\mathrm{Re}\{\beta_m\sqrt{A_m(x)}\}-\beta_m^2B_m(x)$，当且仅当 $\beta_m=\frac{A_m(x)}{B_m(x)}$ 时，等号成立。因此，上述公式（6.25）可以表示为

$$\max_{x}\sum_{m=1}^{M}\log\left(1+\frac{A_m(x)}{B_m(x)}\right)=\max_{x}\sum_{m=1}^{M}\left\{\log(1+\alpha_m)-\boldsymbol{\alpha}_m+\frac{(1+\alpha_m)A_m(x)}{B_m(x)+A_m(x)}\right\} \tag{6.26}$$

其中，$\boldsymbol{\alpha}=(\alpha_1,\cdots,\alpha_m,\cdots,\alpha_M)$，$m=1,2,\cdots,M$。

将优化问题代入上述公式后，优化函数 f_{A1} 可以表示为

$$\begin{aligned}\mathcal{P}(\mathrm{A1}):\max_{\boldsymbol{\alpha},\boldsymbol{\beta},\boldsymbol{F},\Theta} f_{\mathrm{A1}}(\boldsymbol{\alpha},\boldsymbol{\beta},\boldsymbol{F},\Theta)=\sum_{m=1}^{M}\Big\{\log(1+\alpha_m)-\alpha_m+\\ 2\mathrm{Re}\{\boldsymbol{\beta}_m\sqrt{(1+\alpha_m)}\boldsymbol{H}_m\boldsymbol{f}_m\}-\beta_m^2\sum\nolimits_{k=1}^{M}\left\|\boldsymbol{H}_m\boldsymbol{f}_k\right\|_{\mathrm{F}}^2+\sigma_m^2\Big\}\end{aligned} \tag{6.27}$$

其中，$\boldsymbol{f}_k=\boldsymbol{F}_{\mathrm{RF}}\boldsymbol{f}_{\mathrm{BB}}^k$。采用 BCD 迭代方法，分别对辅助变量 $\boldsymbol{\alpha}$ 和 $\boldsymbol{\beta}$，预编码矩阵 $\boldsymbol{F}$ 以及反射相位矩阵 Θ 进行求解。其中，辅助变量具体为 $\boldsymbol{\beta}_m=\dfrac{\sqrt{p_m(1+\alpha_m)}\boldsymbol{H}_m\boldsymbol{f}_m}{\sum\nolimits_{k\neq m}^{M}p_k\left\|\boldsymbol{H}_m\boldsymbol{f}_m\right\|_{\mathrm{F}}^2+\sigma_m^2}$，$\boldsymbol{\alpha}_m=(\boldsymbol{T}^2+\boldsymbol{T}\sqrt{\boldsymbol{T}^2+4})/2$，式中，$\boldsymbol{T}=\sqrt{p_m}\boldsymbol{H}_m\boldsymbol{f}_m$。

6.2.1 预编码矩阵设计

根据 BCD 方法，固定辅助变量 $\overline{\boldsymbol{\alpha}}$ 和 $\overline{\boldsymbol{\beta}}$，在已知反射相角 $\overline{\Theta}$ 的情况下，对目标函数 f_{A1} 进行转变可得

$$\begin{aligned}f_{\mathrm{A2}}(\overline{\boldsymbol{\alpha}},\overline{\boldsymbol{\beta}},\boldsymbol{F},\overline{\Theta})=\sum_{m=1}^{M}\Big\{\log(1+\alpha_m)-\alpha_m+2\mathrm{Re}\left\{\beta_m\sqrt{p_m(1+\alpha_m)}\boldsymbol{H}_m\boldsymbol{f}_m\right\}-\\ \beta_m^2\sum\nolimits_{k\neq m}^{M}p_m\left\|\boldsymbol{H}_m\boldsymbol{f}_k\right\|_{\mathrm{F}}^2+\sigma_m^2-\lambda(\left\|\boldsymbol{f}_m\right\|-P_{\mathrm{t}})\Big\}\end{aligned} \tag{6.28}$$

通过对目标函数求预编码矩阵的偏导数，并令其偏导 $\dfrac{\partial f_{\mathrm{A2}}}{\partial \boldsymbol{f}_m}=0$，可以得到最优预编码矩阵为

$$\boldsymbol{f}_m=\overline{\beta}_m\sqrt{p_m(1+\overline{\alpha}_m)}(\lambda\boldsymbol{I}_{N_{\mathrm{t}}}+\Gamma)^{-1}\boldsymbol{H}_m^{\mathrm{H}} \tag{6.29}$$

其中，$\Gamma=\sum\nolimits_{k=1}^{M}p_m\overline{\beta}_k^2\boldsymbol{H}_k^{\mathrm{H}}\boldsymbol{H}_k$；$\lambda$ 为拉格朗日乘子。然后，对求导后的预编码矩阵进行近似，可以表示为

$$\boldsymbol{f}_m = \arg\min \left\langle \nabla \boldsymbol{f}, \boldsymbol{f}_m^{(n)} - \boldsymbol{f}_m^{(n-1)} \right\rangle + \frac{L}{2} \left\| \boldsymbol{f}_m^{(n)} - \boldsymbol{f}_m^{(n-1)} \right\|^2 \tag{6.30}$$

其中，$L = 2\overline{\beta}_m^2 \sum_{k \neq m}^{M} \left\| \overline{\boldsymbol{H}}_m \boldsymbol{f}_k \right\|_{\mathrm{F}}^2$ 为 Lipschitz 常数。$\boldsymbol{f}_m^{(n)}$ 与 $\boldsymbol{f}_m^{(n-1)}$ 为第 n 次迭代与第 $n-1$ 次迭代的预编码矩阵。$\nabla \boldsymbol{f}$ 表示为预编码矩阵的梯度，具体表示为

$$\nabla \boldsymbol{f} = \frac{\partial f_{\mathrm{A2}}}{\partial \boldsymbol{f}} \bigg|_{f = f_m} = 2\overline{\beta}_m \sqrt{p_m (1 + \overline{\alpha}_m)} \boldsymbol{H}_k^{\mathrm{H}} - 2\sum_{k=1}^{M} p_k \overline{\beta}_k^2 \boldsymbol{H}_k^{\mathrm{H}} \boldsymbol{H}_k \boldsymbol{f}_k \tag{6.31}$$

然后，通过迭代方式 $\boldsymbol{f}_m^{(n)} = (L\widehat{\boldsymbol{f}}_m^{(n)} - \nabla \boldsymbol{f})$ 对预编码矩阵进行更新，其中 $\widehat{\boldsymbol{f}}_m^{(n)} = \boldsymbol{f}_m^{(n)} - \xi(\boldsymbol{f}_m^{(n)} - \boldsymbol{f}_m^{(n-1)})$，外推权重 $\xi = \min\left(\frac{d-1}{d}, \varsigma\sqrt{\overline{L}/L}\right)$，$d$ 初始化为 1 且通过 $d = \frac{1}{2}\left(1 + \sqrt{1 + 4\overline{d}^2}\right)$ 对 d 进行迭代。

通过上述方法，获取最优预编码矩阵 $\boldsymbol{F}_{\mathrm{opt}}^* = [\boldsymbol{f}_1^{(n)}, \boldsymbol{f}_2^{(n)}, \cdots, \boldsymbol{f}_M^{(n)}]$。为了获取最优混合预编码矩阵，考虑以下优化函数

$$\begin{aligned} &\min \left\| \boldsymbol{F}_{\mathrm{opt}}^* - \boldsymbol{F}_{\mathrm{RF}} \boldsymbol{F}_{\mathrm{BB}} \right\|_{\mathrm{F}}^2, \\ &\text{s.t. } |\boldsymbol{F}_{\mathrm{RF}}(i,j)| = 1, \forall i, j \\ &\quad \left\| \boldsymbol{F}_{\mathrm{RF}} \boldsymbol{F}_{\mathrm{BB}} \right\|_{\mathrm{F}}^2 \leqslant P_{\mathrm{t}} \end{aligned} \tag{6.32}$$

定义辅助酉矩阵 $\boldsymbol{\Phi} \in \mathbb{C}^{N^{RF} \times N^{RF}}$ 来松弛式（6.32）中的约束，式（6.32）可转变为

$$\begin{aligned} &\min_{\boldsymbol{F}_{\mathrm{RF}}, \boldsymbol{F}_{\mathrm{BB}}} \left\| \boldsymbol{F}_{\mathrm{opt}}^* - \boldsymbol{F}_{\mathrm{A}} \boldsymbol{\Phi} \boldsymbol{\Phi}^{\mathrm{H}} \boldsymbol{F}_{\mathrm{D}} \right\|_{\mathrm{F}}^2, \\ &\text{s.t. } \left\| \boldsymbol{F}_{\mathrm{A}} \boldsymbol{\Phi} \boldsymbol{\Phi}^{\mathrm{H}} \boldsymbol{F}_{\mathrm{D}} \right\|_{\mathrm{F}}^2 \leqslant P_{\mathrm{t}} \end{aligned} \tag{6.33}$$

其中，$\boldsymbol{F}_{\mathrm{RF}} = \boldsymbol{F}_{\mathrm{A}} \boldsymbol{\Phi}$，$\boldsymbol{F}_{\mathrm{BB}} = \boldsymbol{\Phi}^{\mathrm{H}} \boldsymbol{F}_{\mathrm{D}}$，定义 $\boldsymbol{F}_{\mathrm{A}}$ 和 $\boldsymbol{F}_{\mathrm{D}}$ 矩阵分别为不考虑恒模约束情况下的模拟和数字预编码矩阵。如果 $\boldsymbol{F}_{\mathrm{A}} \boldsymbol{\Phi}$ 满足恒模特性，那么可以直接替代模拟预编码矩阵 $\boldsymbol{F}_{\mathrm{RF}}$，从而松弛式（6.33）中的恒模约束。因此优化目标变为

$$\min_{F_A,\Phi}\left\|F_{RF}-F_A\Phi\right\|_F^2,\quad \text{s.t.}\quad F_{RF}(i,j)\in \mathrm{F} \tag{6.34}$$

由于 F_A 不受恒模条件约束，需要通过酉矩阵 Φ 来保证乘积 $F_A\Phi$ 满足模拟预编码恒模约束。因此给定 F_A，将优化函数定义为

$$f(\Phi)=\mathrm{tr}(F_{RF}^{H}F_{RF})-2\,\mathrm{Re}(\mathrm{tr}(F_{RF}^{H}F_A\Phi))+\mathrm{tr}(F_A^{H}\Phi^{H}\Phi F_A) \tag{6.35}$$

根据酉矩阵性质 $\Phi^{H}\Phi=I$，所以式（6.35）中只有第二项与辅助变量 Φ 有关。因此，优化函数 $f(\Phi)$ 可以转换为

$$\max_{\Phi} f(\Phi)=\mathrm{Re}(\mathrm{tr}(F_{RF}^{H}F_A\Phi)),\quad \text{s.t.}\quad \Phi^{H}\Phi=I \tag{6.36}$$

利用 Hold 不等式的方法来处理问题（6.36），将目标函数进行放缩，再通过 Schatten 范数对 $F_{RF}^{H}F_A$ 进行奇异值分解，即 $F_{RF}^{H}F_A=U_ASV_A^{H}$。当 $V_A^{H}\Phi U_A=I$ 时，式（6.36）取得最大值，即

$$\Phi=V_AU_A^{H} \tag{6.37}$$

6.2.2 基于 SCA 的 RIS 反射相移矩阵优化

在采用分式规划将目标函数转为差值形式后，优化目标函数可以转换为

$$\max_{\Theta} f_{A2}(\bar{\alpha},\bar{\beta},\bar{F},\Theta)=\max_{\theta} f_{A2}(\theta)=2\,\mathrm{Re}\{\theta^{H}v\}-\theta^{H}U\theta,\quad \text{s.t.}\ \left|\theta_n\right|=1,\forall n=1,\cdots,N \tag{6.38}$$

其中，辅助变量 $U=\sum_{m=1}^{M}\beta_m^2\sum_{k=1}^{M}\bar{a}_{m,k}^{H}\bar{a}_{m,k}$；$\bar{a}_{m,k}=\mathrm{diag}(h_k^{r})h_k^{t}F_m$；$v=\sum_{m=1}^{M}\left(\beta_m\sqrt{1+\alpha_m}\,\bar{a}_{m,m}-\beta_m^2\sum_{k=1}^{M}\bar{a}_{m,k}^{H}b_{m,k}\right)$；$b_{m,k}=h_k^{d}F_m$；$\theta=\mathrm{vec}(\Theta)$。然后通过将 θ_n 转换为 $\theta_n=\mathrm{e}^{\mathrm{j}\vartheta_n}$，可以将上述优化目标进一步转化为

$$\vartheta=\arg\min f_{A2}(\vartheta)=\mathrm{e}^{\mathrm{j}\vartheta}U(\mathrm{e}^{\mathrm{j}\vartheta})^{H}-2\,\mathrm{Re}\{\mathrm{e}^{\mathrm{j}\vartheta}v\} \tag{6.39}$$

其中，$\vartheta=[\vartheta_1,\cdots,\vartheta_N]^{\mathrm{T}}$。显然，由于上式存在非凸约束 ϑ 与优化目标导致整体为非凸问题，因此，采用缩放函数对上述问题进行缩放并转化为凸形式。

首先，定义缩放函数 $f_{\mathrm{A2}}(\vartheta,\overline{\vartheta})$，其中 $\overline{\vartheta}$ 为 ϑ 的近似点。因此，缩放函数的输出 ϑ 表示为

$$\vartheta=\arg\min_{\vartheta} f_{\mathrm{A2}}(\vartheta,\overline{\vartheta}) \tag{6.40}$$

同时，由于上述式子为连续单调，且缩放函数同时满足以下两个条件：（1）$f_{\mathrm{A2}}(\vartheta,\overline{\vartheta})=f_{\mathrm{A2}}(\overline{\vartheta})$；（2）$f_{\mathrm{A2}}(\vartheta,\overline{\vartheta})\geqslant f_{\mathrm{A2}}(\vartheta)$。因此，通过二阶泰勒展开式对缩放函数进行近似放缩

$$f_{\mathrm{A2}}(\vartheta,\overline{\vartheta})=f_{\mathrm{A2}}(\overline{\vartheta})+\nabla f_{\mathrm{A2}}(\overline{\vartheta})^H+\frac{\kappa}{2}\left\|\vartheta-\overline{\vartheta}\right\|_2^2 \tag{6.41}$$

其中，κ 为 Lipschitz 常数，∇f_{A2} 为函数 f_{A2} 的 Lipschitz 梯度运算。由此通过最小化上述式子，反射相移角度可以表示为

$$\vartheta=\overline{\vartheta}-\frac{\nabla f_{\mathrm{A2}}(\overline{\vartheta})}{\kappa} \tag{6.42}$$

综上所述，通过引入辅助变量的 BCD 交替迭代方法，整体步骤可以总结为基于 BCD 的 RIS 辅助抗阻塞算法，步骤如下：

算法 6.1：基于 BCD 的 RIS 辅助抗阻塞算法。

步骤 1：初始化预编码矩阵，反射相位矩阵；

步骤 2：初始化 $n=0$，并设置辅助变量 $\alpha^{(n)}$，$\beta^{(n)}$；

步骤 3：根据公式（4-28）求解，得到 $\boldsymbol{F}_{\mathrm{opt}}^{*}$；

步骤 4：根据 $\boldsymbol{F}_{\mathrm{opt}}^{*}$，求解得到混合预编码矩阵；

步骤 5：更新 $\alpha^{(n)}$，$\beta^{(n)}$；

步骤 6：更新矩阵 $\boldsymbol{U}$，$\boldsymbol{v}$；

步骤 7：根据 $\boldsymbol{U}$，$\boldsymbol{v}$ 更新 $\Theta^{(n)}$；

步骤 8：更新 $n=n+1$；

步骤 9：当 $\left|f_{\mathrm{A}}^{(n)}-f_{\mathrm{A}}^{(n-1)}\right|\leqslant\varepsilon$，输出预编码与反射矩阵。

推论 6.1：根据式（6.14）和式（6.23）可以发现，当障碍物的密度和分布强度 μ_{B} 较小时，阻塞概率是一个很小的值。也就是说 LoS 路径不被阻塞的概率很高。另外，在 HSR 通信系统中，主要是通过 LoS 路径通信。因此，当阻塞概率较小时，可选择类似关闭 RIS 的操作，通过波束成形设计来实现抗阻塞预编码设计。

综上，低阻塞概率场景下的优化问题表示为

$$\mathcal{P}(\mathrm{B}):\max_{\boldsymbol{F}_{\mathrm{RF}},\boldsymbol{F}_{\mathrm{BB}}} f_{\mathrm{B}}(\boldsymbol{F}_{\mathrm{RF}},\boldsymbol{F}_{\mathrm{BB}})=\sum_{m=1}^{M}R_m,$$
$$\text{s.t.}\begin{cases}|\boldsymbol{F}_{\mathrm{RF}}(i,j)|=1,\forall i,j,\\ \|\boldsymbol{F}_{\mathrm{RF}}\boldsymbol{F}_{\mathrm{BB}}\|_{\mathrm{F}}^{2}\leqslant P_{\mathrm{t}},\\ P_{\mathrm{B}}<\zeta_l\end{cases}\tag{6.43}$$

其中，ζ_l 为低阻塞概率阈值。观察低阻塞概率优化目标可以发现，与高阻塞情况相比，低阻塞优化目标仅仅是没有考虑可重构表面的恒模约束与对应的反射矩阵优化变量。因此，根据上面的 BCD 迭代对高阻塞优化问题的求解方法，可以利用解决高阻塞的算法对低阻塞概率优化问题进行求解。

6.2.3 复杂度分析

抗阻塞算法主要由三部分组成。首先是最外层的 BCD 方法，其中梯度求解方法的复杂度为 $\mathcal{O}(N_t^3M)$，辅助变量 α，β 的求解复杂度均为 $\mathcal{O}(N_t^2M)$。利用 I_{A} 和 I_{o} 分别表示算法的 Armijo 搜索复杂度以及外层迭代次数。计算辅助矩阵 $\boldsymbol{U}$ 和 $\boldsymbol{v}$ 的复杂度为 $\mathcal{O}(N^2N_t^4)$。最终，抗阻塞算法的整体复杂度为 $\mathcal{O}(I_{\mathrm{A}}(I_{\mathrm{o}}(2N_{\mathrm{t}}^2M+N_{\mathrm{t}}^3M+2N_{\mathrm{rf}}N_{\mathrm{t}}^2+N^2N_{\mathrm{t}}^4)))$。此外，对于推论 6.1 中的低阻塞概率情况，整体的求解复杂度为 $\mathcal{O}(I_{\mathrm{o}}(2N_{\mathrm{t}}^2M+N_{\mathrm{t}}^3M+2N_{\mathrm{rf}}N_{\mathrm{t}}^2))$。为了更好地对比所提的算法的复杂度，考虑两个对比算法来进行对比，具体如表 6.1 所示。

表 6.1　算法复杂度对比表

算法名称	复杂度
所提抗阻塞算法	$\mathcal{O}(I_A(I_o(2N_t^2M+N_t^3M+2N_{rf}N_t^2+N^2N_t^4)))$
两级算法	$\mathcal{O}(N^{4.5}(N_t^2+MN_t))$
交替优化算法	$\mathcal{O}(4N_t^2M+3N_tN^2+N^3)$

6.3　仿真分析

在本节中，对所提出的 RIS 辅助抗阻塞预编码设计的系统性能进行分析，并且同时考虑高阻塞情况与低阻塞情况。此外，为了将所提出的抗阻塞 RIS 辅助预编码方法与其他方法进行比较，对系统的合速率进行了深入分析。考虑信号的载波频率为 28 GHz，且基站端采用 QPSK（四相移相键控）调制方式对数据进编码。此外，考虑到只有一列火车通过单个小区，列车速度、BS 传输功率和 MR 的数量都应被研究。仿真具体主要参数如表 6.2 所示。

引入两个对比样例来评估所提出的算法的性能：

（1）随机相位：随机生成反射相位矩阵，仅仅考虑利用抗阻塞算法对混合预编码矩阵进行设计求解。

（2）性能上界：满足 KKT 条件的最优解。考虑在抗阻塞算法运行足够多次（例如 200 次）中最值，该最值可视为接近信道容量最大值。

表 6.2　仿真参数表

参数名称	符号	数值	参数名称	符号	数值
基站高度	h_T	10 m	障碍物最大直径	d_{max}	0.8 m
车载中继高度	h_R	2.5 m	基站覆盖半径	r	250 m
障碍物高度	h_B	4 m	载波频率	f_c	28 GHz
迭代终止精度	ε	0.001	反射面单元个数	N_{ray}	25
障碍物最小直径	d_{min}	0.2 m	信道反射路径数	N	4

图 6.5 显示了在相同基站天线阵列参数下 $P_t = \{10,20\}$ dBm 处迭代次数的影响。使用 Armijo 线性搜索方法来减少迭代次数。可以观察到，随着迭代次数的增加，所提出算法曲线的性能收敛到一个固定值。此外，通过比较图 6.5 中的两组仿真结果可以得出，随着 BS 中总发射机功率的增加，所提出的 RIS 辅助抗阻塞波束成形算法变得更加优越。此外，由于高阻塞算法需要优化 RIS 的反射相位矩阵，导致低阻塞算法覆盖速度低于高阻塞算法。

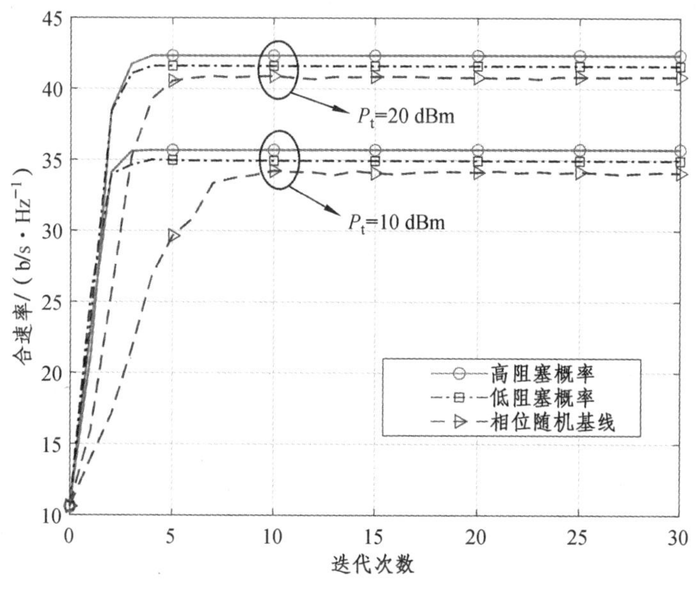

图 6.5 迭代次数对比图

图 6.6 显示了在 BS 增加的高度下，障碍物的平均高度与对比 $\mu_h = \{3,4\}$ 的影响。基站的高度是研究阻塞概率的关键指标。如图 6.6 所示，可以观察到阻塞概率随着障碍物的密度和平均高度的增加而降低。当障碍物的密度逐渐增加时，根据式（6.14）和式（6.23），LoS 路径被阻塞的概率也会增加。此外，本章还比较了两组不同障碍物平均高度的曲线，当阻塞物的平均高度 μ_h 从 3 变为 4 时，系统的阻塞概率下降 20%～30%。

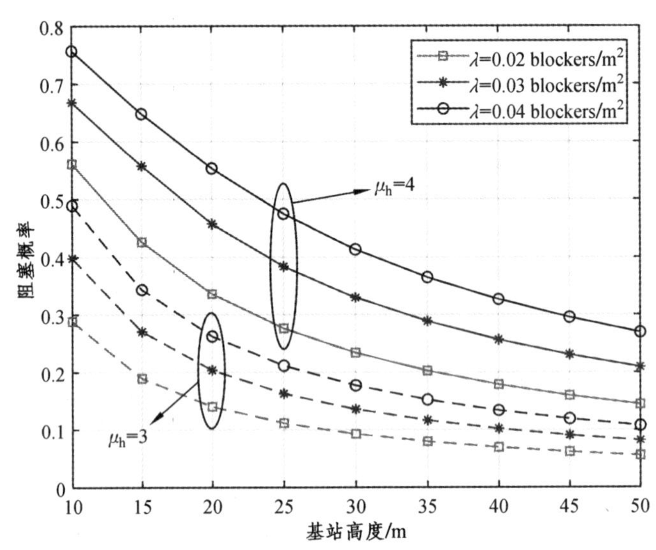

图 6.6 阻塞概率随着基站高度变化情况

如图 6.7 所示，阻塞概率随着 BS 和 MR 之间的距离而变化。由于载波频率为 28 GHz，波长约为 0.01 m，考虑选择两种尺寸的接收器，分别是长度为 4 和 16 的天线阵列。可以看出，BS 和 MR 之间的距离越长，阻塞概率越高。此外，由于三角形投影的特性，较小的阻塞强度 λ_I 可以在相同的阻塞密度下获得更大的增益并降低阻塞概率。同时，接收器长度变化的影响是不可忽略的。在强度为 0.02 blockers/m^2 时阻塞概率降低 10%，在 0.04 blockers/m^2 时阻塞概率降低 20%。而且，随着 BS 与 MR 距离的增加，阻塞概率逐渐趋于稳定，但未达到最大值 1。

所提出的抗阻塞算法与现有算法之间合速率比较如图 6.8 所示，其中比较算法有常规交替优化算法、两级算法和随机相位算法。由于没有反射相位优化，基线随机相位的总和率性能最差。然后，将提出的算法与两级算法和交替优化算法进行比较，可以看出，当速度为 200 km/h 且间隙为 10 b/s · Hz^{-1} 时，总速率具有更好的性能。这意味着所提出的抗阻塞预编码方案对于 HSR 场景中的总速率更好。此外，将所提出的方法与速度变化时的上限进行比较，表明由于多普勒频移和接收机的匹配滤波器导致频谱失真，当列车速度增加时总速率降低。

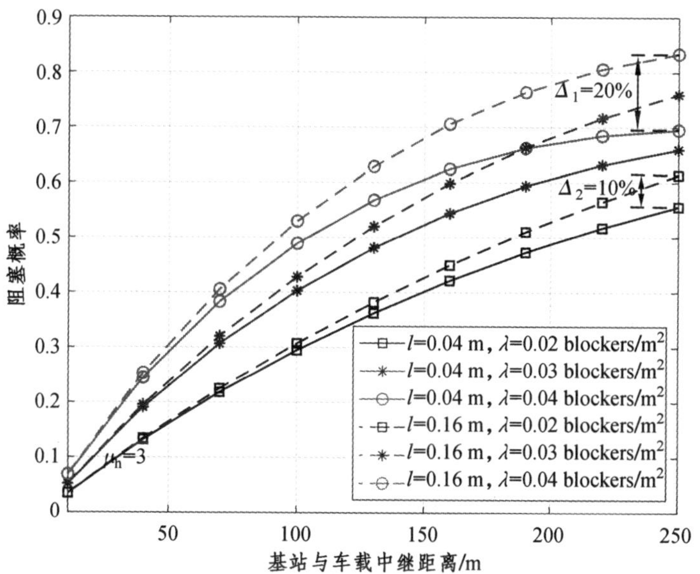

图 6.7 阻塞概率随着 BS 和 MR 之间的距离变化图

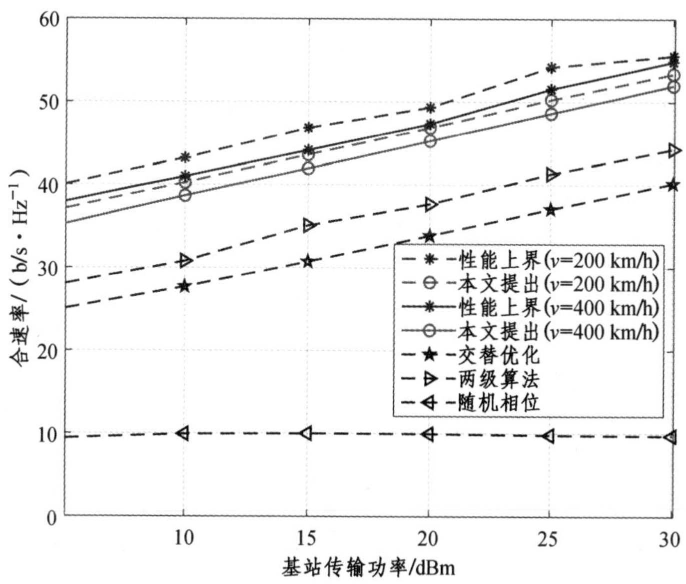

图 6.8 系统合速率随基站传输功率变化图

图 6.9 用不同的算法显示了列车位置对总速率性能的影响。考虑到 RIS 放置在距离基站发送端 142 m 的地方，并且有一个街区区域放置在 [145,155] m 处。如图 6.9 所示，系统的合速率随着列车与基站发送端之间距离的增加而降低。然后，将所提方法与无 RIS 辅助方案相比，后者在阻塞区的总和率下降了 35%，并且由于使用了 RIS 来重建信道，所提方法在合速率上有一定的提升。此外，与参考的两级算法相比，所提出的算法在总速率性能上优于两级算法约 5%。

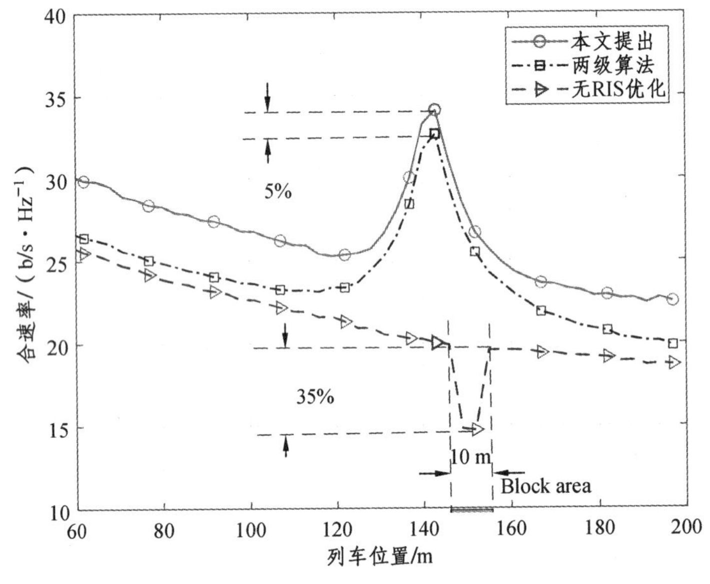

图 6.9　系统合速率随列车位置变化图

图 6.10 显示了速度对合速率性能的影响。在 HSR 场景中，BS 传输的信号会带来路径损耗，并且增加了多普勒频移对 SNR 损耗的影响，这与低速通信中的结果几乎没有什么不同。而且，随着列车速度的增大，不同算法对速度的影响程度也不同。其中，随机相位基线有接近 69.7%的合速率

损失，交替优化算法有 23%的合速率损失，而提出的算法有 13.4%的合速率损失。其中，与随机相位基线和交替优化算法的总速率损失分别为 71%和 23%相比，所提出的算法只有 13%的合速率损失。也就是说，所提出的算法减缓了高速运动造成的合速率损失。

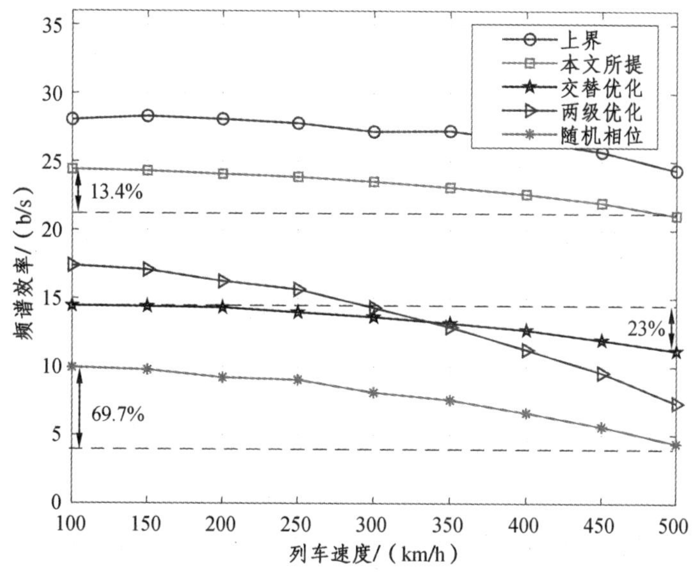

图 6.10　系统合速率随着列车速度变化图

所提出的抗阻塞、现有的两级算法、交替优化算法和 SNR 为 10 dBm 时的随机相位之间的比较如图 6.11 所示。可以看出，随着阻塞概率的增加，中断概率继续增加，并趋于稳定在高铁场景。并且更高的发射功率 P_t 值带来更多的增益和 LoS 分量，这导致中断概率的性能降低。另外，所提出算法可以通过比较不同发射功率下的中断概率得到，增大发射功率可以有效降低通信系统的中断概率。

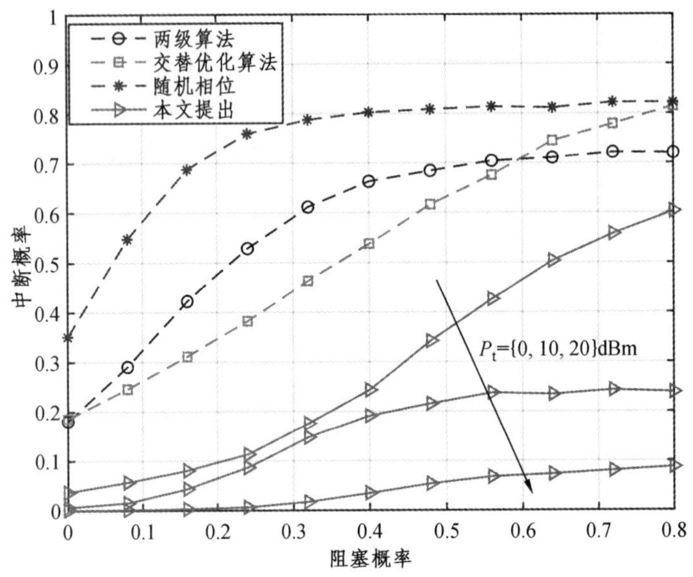

图 6.11　中断概率随阻塞概率变化图

6.4　本章小节

本节在 HSR 场景中研究了 RIS 辅助的抗阻塞混合预编码设计。采用阻塞概率模型将和速率最大化问题分为高阻塞问题和低阻塞问题。针对合速率最大化的非凸问题，提出了 BCD 方法来获得 RIS 的混合预编码和反射角矩阵，并且使用 Armijo 搜索来降低算法的迭代复杂度。仿真结果表明，与传统方法相比，该算法具有更快的收敛速度。此外，研究发现基站的高度对解决信号阻塞有一定的缓解作用。因此，适当增加基站高度可以有效避免信号中断问题。此外，当列车速度较高时，所提出的算法可以获得更好的性能。同时提出的防阻塞系统可以解决使用 RIS 重构信道时由遮挡引起的通信阻塞问题。

PART

第 7 章　高铁场景下基于天线与单元选择的 RIS-RSM 传输方案

在高铁无线通信中，信道的快速变化和大容量接入受限对链路性能构成重大影响。同时，高速移动所引起的多普勒频移也会引起载波间干扰。在本章中，我们基于空时相关的高铁莱斯（Rician）信道，提出一种 RIS 辅助的 RSM 方案。通过利用 SM 的特性和 RIS 的相移调整来减小高移动场景下的性能损失。考虑到信道空时相关性和多普勒频移的影响，分析了不同参数对平均误码率性能和系统遍历容量上限的影响。最后，为了进一步提升系统容量性能，提出一种天线与 RIS 单元的选择算法，该算法通过交替选择的方式对最优的接收天线和 RIS 单元进行选择激活，以此保证高速率传输。

7.1 高铁 RIS-RSM 传输系统模型

7.1.1 RIS-RSM 系统模型

考虑一个 RIS 辅助 SM-MIMO 的高铁通信系统模型，如图 7.1 所示。轨旁基站（Base Station，BS）配备了一个由 N_T 根发射天线（Transmit Antenna，TA）组成的均匀线性天线阵列来进行通信。RIS 由 N 个无源反射元件组成，能够调整 RIS 的相移角以实现所需的信号反射，列车顶部的中继系统配有 N_R 根接收天线（Receive Antenna，RA），以接收来自 BS 的视距部分信号和经过 RIS 的反射信号。

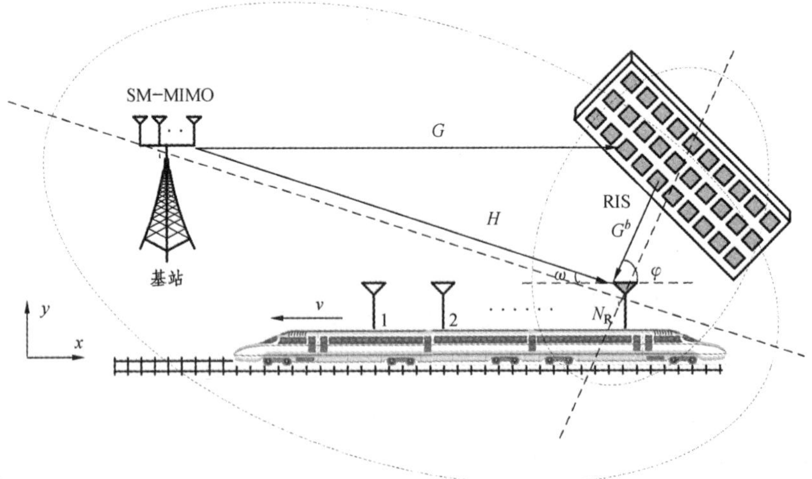

图 7.1 高铁 RIS 辅助的 RSM 通信系统框图

整个通信系统信道响应由三部分组成：BS 到 RIS、RIS 到 RA 和 BS 到 RA，分别表示为 $\boldsymbol{G}\in\mathbb{C}^{N\times N_{\mathrm{T}}}$、$\boldsymbol{G}^{b}\in\mathbb{C}^{N_{\mathrm{R}}\times N}$ 和 $\boldsymbol{H}\in\mathbb{C}^{N_{\mathrm{R}}\times N_{\mathrm{T}}}$。三段信道的无线衰减特性可以表示为 $[\boldsymbol{G}]_{n,u}=\alpha_{n,u}\mathrm{e}^{-\mathrm{j}\phi_{n,u}}$、$[\boldsymbol{G}^{b}]_{q,n}=\beta_{q,n}\mathrm{e}^{-\mathrm{j}\varphi_{q,n}}$ 和 $[\boldsymbol{H}]_{q,u}=\gamma_{q,u}\mathrm{e}^{-\mathrm{j}\omega_{q,u}}$ 的独立分布，其中 $u\in 1,2,\cdots,N_{\mathrm{T}},n\in 1,2,\cdots,N,q\in 1,2,\cdots,N_{\mathrm{R}}$，$[\boldsymbol{G}]_{n,u}$ 表示信道矩阵 $\boldsymbol{G}$ 的第 (u,n) 个元素，类似地，$[\boldsymbol{G}^{b}]_{q,n}$ 和 $[\boldsymbol{H}]_{q,u}$ 具有相同的表示含义。

一般来讲，为了简化分析，假设我们知道所有信道的完美 CSI。值得注意的是，为了在高铁通信中获得完美的 CSI，信道估计可以通过基于统计 CSI 估计[190]和更复杂的基于深度学习 RIS 估计方法[191]进行。基于最佳系统模型的共同假设[130][131]，并且对于所有设置，假设 RA 和 RIS 能够获取所有信号的入射角度，即 $\phi_{n,u}$、$\varphi_{q,n}$ 和 $\omega_{q,u}$。

在 RSM 中，输入比特流被分为两部分，即空间比特信息和调制比特信息，空间比特信息用于激活唯一的 RA 索引 q，并映射至具有归一化功率的 M 阶 QAM/PSK 调制符号 $\boldsymbol{s}_{k}$，即 $\mathbb{E}[|\boldsymbol{s}_{k}|^{2}]=1$，其中 k 表示调制索引且 $k\in 1,2,\cdots,M$。从接收天线模式集中选择一个模式后，RA 中的一根天线被激活用来接收 M 阶的振幅和相位调制符号，激活的天线序号被用来携带空间比特信息。因此，一个 RSM 符号可以传递 $\log_{2}N_{\mathrm{R}}+\log_{2}M$ 比特信息，第 q 根天线所对应 RSM 映射器的输出符号 $\boldsymbol{s}_{q}$ 可以表示为

$$\boldsymbol{s}_{q}=[0,\cdots,\underbrace{\boldsymbol{s}_{k}}_{q\text{-th}},\cdots,0]^{\mathrm{T}} \tag{7.1}$$

因此，在列车顶部接收端第 q 个 RA 的接收信号可以表示为

$$\begin{aligned}\boldsymbol{y}_{q}&=\sqrt{P_{\mathrm{s}}}(\boldsymbol{G}^{b}\mathrm{diag}(\Theta)\boldsymbol{G}+\boldsymbol{H})\boldsymbol{s}_{q}+\breve{\boldsymbol{n}}\\&=\sqrt{P_{\mathrm{s}}}(\boldsymbol{g}_{q}^{b}\mathrm{diag}(\Theta)\boldsymbol{G}+\boldsymbol{h}_{q})\boldsymbol{s}_{k}+\breve{\boldsymbol{n}}\end{aligned} \tag{7.2}$$

其中，$\sqrt{P_{\mathrm{s}}}$ 表示传输功率；$\boldsymbol{g}_{q}^{b}$ 和 $\boldsymbol{h}_{q}$ 分别表示信道矩阵 $\boldsymbol{G}^{b}$ 和 $\boldsymbol{H}$ 的第 q 行；$\breve{\boldsymbol{n}}$ 表示噪声项，具有独立同分布的复高斯分量，其均值为零方差为 N_{0}。$\mathrm{diag}(\Theta)$ 表示对角相移矩阵，其中 $\Theta=[\vartheta_{1}\mathrm{e}^{\mathrm{j}\theta_{1}},\vartheta_{2}\mathrm{e}^{\mathrm{j}\theta_{2}},\cdots,\vartheta_{N}\mathrm{e}^{\mathrm{j}\theta_{N}}]$，$\vartheta_{n}\in[0,1]$ 和 $\theta_{n}\in[0,2\pi)$ 分别表示第 n 个反射单元的幅度与相移角度。

7.1.2 混合高铁通信传输系统模型

由于高铁场景运行环境的丰富性，不同场景下的高铁信道模型可以等价简化为具有不同 Rician 因子的空-时相关 Rician 衰减信道模型[192]。考虑到不同的 Rician 因子，$\boldsymbol{H}$ 的信道矩阵可以表示为

$$\boldsymbol{H}=\sqrt{\frac{K}{1+K}}\hat{\boldsymbol{H}}+\sqrt{\frac{1}{1+K}}\bar{\boldsymbol{H}} \tag{7.3}$$

其中，$\hat{\boldsymbol{H}}$ 和 $\bar{\boldsymbol{H}}$ 分别表示信道 $\boldsymbol{H}$ 的固定分量部分和可变分量部分。采用 Kronecker 模型来描述信道的空间相关性[193]，则可变分量部分 $\bar{\boldsymbol{H}}$ 可以被表示为

$$\bar{\boldsymbol{H}}=\boldsymbol{R}_{N_{\mathrm{R}}}^{1/2}\breve{\boldsymbol{H}} \tag{7.4}$$

其中，$\breve{\boldsymbol{H}}$ 表示瑞利信道分量；$\boldsymbol{R}_{N_{\mathrm{R}}}\in\mathbb{C}^{N_{\mathrm{R}}\times N_{\mathrm{R}}}$ 表示接收端的相关系数矩阵，定义 $\boldsymbol{R}_{N_{\mathrm{R}}}$ 中的任意元素 $\sigma_{q,\hat{q}}^{\mathrm{r}}=[\boldsymbol{R}_{N_{\mathrm{R}}}]_{q,\hat{q}}=\mathrm{J}_0(2\pi|q-\hat{q}|\varDelta_q)$，其中 $q,\hat{q}\in1,\cdots,N_{\mathrm{R}}$，r 表示接收端，$\varDelta_q$ 表示归一化天线之间的距离，$\mathrm{J}_0(\bullet)$ 表示零阶 Bessel 函数。

时间相关性模型可以通过 Jake 模型来描述[194]，可以表示为

$$\beta(\tau)=\mathbb{E}[\breve{\boldsymbol{H}}\breve{\boldsymbol{H}}^{\mathrm{H}}(\tau)]=\mathrm{J}_0(2\pi f_{\mathrm{D}}\tau) \tag{7.5}$$

其中，τ 表示时间间隔；$f_{\mathrm{D}}=f_{\mathrm{c}}V/c$ 为最大多普勒频移，f_{c} 表示载波频率，V 表示列车的移动速度，c 表示光速。为了简化之后的分析，忽略时间间隔 τ 对计算的影响。

类似于信道矩阵 $\boldsymbol{H}$ 的分析，对于信道矩阵 $\boldsymbol{G}^b$ 和 $\boldsymbol{G}$ 具有相同的推导分析。采用文献中的最佳检测方案——ML 检测器在接收端对接收天线索引 $\hat{m}$ $(m,\hat{m}\in1,2,\cdots,N_{\mathrm{R}})$ 和调制符号 $\hat{k}$ $(k,\hat{k}\in1,2,\cdots,M)$ 进行检测，可以表示为

$$[\hat{m},\hat{k}]=\underset{m,k}{\arg\min}\left(\left\|\boldsymbol{y}-(\boldsymbol{g}_m^b\mathrm{diag}(\varTheta)\boldsymbol{G}+\boldsymbol{h}_m)\boldsymbol{s}_k\right\|_F^2\right) \tag{7.6}$$

7.2 高铁 RIS-RSM 传输系统性能分析

在本节中，基于多段 Rician 信道的 RIS 辅助 RSM 系统，提供了一种用于高铁通信的误码率性能和遍历容量上限性能的分析推导方式。采用 MGF 函数和中心极限定理（Central Limit Theorem，CLT）对误码率（Bit Error Ratio，BER）的闭式表达式进行推导分析。同时，根据 Jensen 不等式原理推导出遍历容量上限的闭式解。

7.2.1 高铁 RIS-RSM 传输系统误码率分析

基于文献[130]的 MGF 检测推导方式，在本章 RIS-RSM 方案的 ML 检测器考虑了所有接收天线的接收信号，其平均误码率 P_b 具有以下约束：

$$P_b \leqslant \frac{1}{MN_{\mathrm{R}}}\sum_{m}\sum_{\hat{m}}\sum_{k}\sum_{\hat{k}}\frac{\overline{P}(m,s_k\to\hat{m},s_{\hat{k}})d(m,s_k\to\hat{m},s_{\hat{k}})}{\log_2(MN_{\mathrm{R}})} \tag{7.7}$$

其中，$d(m,s_k\to\hat{m},s_{\hat{k}})$表示天线索引符号和调制符号对$(m,s_k)$、$(\hat{m},s_{\hat{k}})$之间的错误比特数；$\overline{P}(m,s_k\to\hat{m},s_{\hat{k}})$表示天线符号 m 和传输 APM 符号 s_k 联合检测的成对误差概率。

由于精准的理论误码率难以获得，因此考虑采用 PEP 的概率方式来推导具有联合约束的误码率表达式，从式（7.7）可得，基于信道矩阵系数，PEP 可以被表示为

$$\overline{P}(m,s_k\to\hat{m},s_{\hat{k}})=P\left(\sum_{q=1}^{N_{\mathrm{R}}}\left|\boldsymbol{y}_q-B_q s_k\right|^2>\sum_{q=1}^{N_{\mathrm{R}}}\left|\boldsymbol{y}_q-\hat{B}_q s_{\hat{k}}\right|^2\right) \tag{7.8}$$

上式中，具有等价代换 $B_q=\sum_{n=1}^{N}(g_{q,n}^{b}\mathrm{e}^{\mathrm{j}\theta_{n,m}}g_{n,u}+h_{q,u})$ 和 $\hat{B}_q=\sum_{n=1}^{N}(g_{q,n}^{b}\mathrm{e}^{\mathrm{j}\theta_{n,\hat{m}}}g_{n,u}+h_{q,u})$，通过转换，式（7.8）可以转化为

$$
\begin{aligned}
&\overline{P}(m,s_k \to \hat{m},s_{\hat{k}}) \\
&= P\left(\sum_{q=1}^{N_{\mathrm{R}}} -|B_q s_k - \hat{B}_q s_{\hat{k}}|^2 - 2\mathcal{R}\{\boldsymbol{y}_q^{\,*}(B_q s_k - \hat{B}_q s_{\hat{k}})\} > 0\right) \\
&= P(B>0)
\end{aligned} \tag{7.9}
$$

其中，信道增益矩阵 B 具有分布 $B \sim N(E_B, D_B^2)$，其均值 $E_B = -\sum_{q=1}^{N_{\mathrm{R}}} P_{\mathrm{s}} \beta \sigma_{q,\hat{q}}^{\mathrm{r}} |B_q s_k - \hat{B}_q s_{\hat{k}}|^2$，方差 $D_B^2 = \sum_{q=1}^{N_{\mathrm{R}}} 2(1+K)N_0 |B_q s_k - \hat{B}_q s_{\hat{k}}|^2$，类似于经典 SM 的系统的推导方式，其接收端的 PEP 可以表示为

$$
\overline{P}(m,s_k \to \hat{m},s_{\hat{k}}) = Q\left(\sqrt{\frac{\sum_{q=1}^{N_{\mathrm{R}}} P_{\mathrm{s}} \beta \sigma_{q,\hat{q}}^{\mathrm{r}} |B_q s_k - \hat{B}_q s_{\hat{k}}|^2}{2(1+K)N_0}}\right) \tag{7.10}
$$

在 Q 函数替代形式的基础上，将式（7.10）变量进行替换，定义 $\varGamma = \sum_{q=1}^{N_{\mathrm{R}}} |B_q s_k - \hat{B}_q s_{\hat{k}}|^2$ 和 $\rho = 2N_0 / P_{\mathrm{s}} \beta \sigma_{q,\hat{q}}^{\mathrm{r}}$，式（7.10）可以被改写为

$$
\begin{aligned}
&\overline{P}(m,s_k \to \hat{m},s_{\hat{k}}) \\
&= \int_0^{\infty} Q\left(\sqrt{\frac{\varGamma}{\rho}}\right) f_{\varGamma}(\varGamma)\mathrm{d}\varGamma \\
&= \int_0^{\infty} \frac{1}{\pi} \int_0^{\frac{\pi}{2}} \exp\left(\frac{-\varGamma}{2\sin^2 \eta \rho}\right) f_{\varGamma}(\varGamma)\,\mathrm{d}\varGamma \\
&= \frac{1}{\pi} \int_0^{\frac{\pi}{2}} M_{\varGamma}\left(\frac{-\varGamma}{2\sin^2 \eta \rho}\right) \mathrm{d}\eta
\end{aligned} \tag{7.11}
$$

其中，$M_{\varGamma}(x) = \mathrm{E}_{\varGamma}[\mathrm{e}^{x\varGamma}]$ 表示 $\varGamma$ 的 MGF 函数，x 是独立变量。基于对接收天线符号 m 的正确或错误检测，MGF 函数可以通过相关高斯随机变量的一般二次形式得出，考虑两种条件下 $(m \neq \hat{m})$ 和 $(m = \hat{m})$ 的 MGF 函数表达式：

（1）条件一 $(m \neq \hat{m})$：对于 $\varGamma$ 的 MGF 函数，将其分为三种情况进行讨论：$(q = m)$、$(q = \hat{m})$ 和 $(q \neq m, q \neq \hat{m})$，分别用 $\varGamma_1$、$\varGamma_2$ 和 $\varGamma_3$ 来表示，并且具有 $\varGamma = \varGamma_1 + \varGamma_2 + \varGamma_3$，其每一部分分别表示为

$$\begin{cases}\Gamma_1=\left|B_m s_k-\hat{B}_m s_{\hat{k}}\right|^2=\left|\sum_{n=1}^{N}\alpha_{n,u}\beta_{n,m}(s_k-\mathrm{e}^{-\mathrm{j}\bar{\vartheta}_n}s_{\hat{k}})+\gamma_{m,u}\mathrm{e}^{-\mathrm{j}\omega_{m,u}}(s_k-s_{\hat{k}})\right|^2\\ \quad=(\gamma_1)_{\mathcal{R}}^2+(\gamma_1)_{\mathcal{S}}^2\\ \Gamma_2=\left|B_m s_k-\hat{B}_m s_{\hat{k}}\right|^2=\left|\sum_{n=1}^{N}\alpha_{n,u}\beta_{n,m}(\mathrm{e}^{\mathrm{j}\bar{\vartheta}_n}s_k-s_{\hat{k}})+\gamma_{m,u}\mathrm{e}^{-\mathrm{j}\omega_{m,u}}(s_k-s_{\hat{k}})\right|^2\\ \quad=(\gamma_2)_{\mathcal{R}}^2+(\gamma_2)_{\mathcal{S}}^2\\ \Gamma_3=\sum_{q=1(q\neq m,q\neq\hat{m})}^{N_R}\left|B_q s_k-\hat{B}_q s_{\hat{k}}\right|^2=\sum_{q=1(q\neq m,q\neq\hat{m})}^{N_R}\left|\begin{array}{l}\sum_{n=1}^{N}\alpha_{n,u}\beta_{n,q}(\mathrm{e}^{\mathrm{j}\vartheta_{n,m}}s_k-\mathrm{e}^{\mathrm{j}\vartheta_{n,\hat{m}}}s_{\hat{k}})\\ \quad+\gamma_{m,u}\mathrm{e}^{-\mathrm{j}\omega_{m,u}}(s_k-s_{\hat{k}})\end{array}\right|^2\end{cases} \tag{7.12}$$

其中，对于上式中变量转换具有 $\vartheta_{n,m}=\phi_{n,u}+\varphi_{n,m}$，$\bar{\vartheta}_n=\vartheta_{n,m}-\vartheta_{n,\hat{m}}$，其中 $\vartheta_{n,m}$ 和 $\vartheta_{n,\hat{m}}$ 是相互独立同分布在 $(0,2\pi)$ 上的变量。$(X)_{\mathcal{R}}$ 和 $(X)_{\mathcal{S}}$ 分别表示复杂变量 X 的实部和虚部部分。根据 CLT 定理，随着 N 的增加，γ_1 和 γ_2 服从复杂的高斯分布。考虑到 γ_1 和 γ_2 分量之间的相关性，经过计算，$\boldsymbol{g}=[(\gamma_1)_{\mathcal{R}}(\gamma_1)_{\mathcal{S}}(\gamma_2)_{\mathcal{R}}(\gamma_2)_{\mathcal{S}}]^{\mathrm{T}}$，令 $\Gamma_1+\Gamma_2=\boldsymbol{g}^{\mathrm{T}}\boldsymbol{A}\boldsymbol{g}$，$\Gamma_1+\Gamma_2$ 的 MGF 函数表示为

$$\begin{aligned}M_{\Gamma_1+\Gamma_2}(x)&=(\det(\boldsymbol{I}-2x\boldsymbol{AC}))^{-\frac{1}{2}}\times\\ &\exp\left(-\frac{1}{2}\boldsymbol{m}^{\mathrm{T}}[\boldsymbol{I}-(\boldsymbol{I}-2x\boldsymbol{AC})^{-1}]\boldsymbol{C}^{-1}\boldsymbol{m}\right)\end{aligned} \tag{7.13}$$

其中，$\boldsymbol{I}$ 表示单位矩阵；$\boldsymbol{A}=\boldsymbol{I}_4$ 表示 4×4 的单位矩阵；$\boldsymbol{m}$ 和 $\boldsymbol{C}$ 分别表示向量 $\boldsymbol{g}$ 的均值与方差，其表达式可以被表示为

$$\begin{aligned}&\boldsymbol{m}=N\sqrt{PL_2PL_3}\frac{\pi L_{1/2}^2(-K)}{4(1+K)}[(s_k)_{\mathcal{R}},(s_k)_{\mathcal{S}},-(s_{\hat{k}})_{\mathcal{R}},-(s_{\hat{k}})_{\mathcal{S}}]^{\mathrm{T}}\\ &\boldsymbol{C}=\begin{bmatrix}\upsilon_1^2 & \upsilon_{1,2}^2 & \upsilon_{1,3}^2 & \upsilon_{1,4}^2\\ \upsilon_{1,2}^2 & \upsilon_2^2 & \upsilon_{2,3}^2 & \upsilon_{2,4}^2\\ \upsilon_{1,3}^2 & \upsilon_{2,3}^2 & \upsilon_3^2 & \upsilon_{3,4}^2\\ \upsilon_{1,4}^2 & \upsilon_{2,4}^2 & \upsilon_{3,4}^2 & \upsilon_4^2\end{bmatrix}\end{aligned} \tag{7.14}$$

其中，$PL_a = 1/\sqrt{d_a^2}\,(a = 1,2,3)$ 表示路径损耗指数，d_1、d_2 和 d_3 分别表示信道 $\boldsymbol{H}$、$\boldsymbol{G}$ 和 $\boldsymbol{G}^b$ 的直线距离，$L_{1/2}(\cdot)$ 表示度为 1/2 的 Laguerre 函数[195]，对于矩阵 $\boldsymbol{C}$ 的每一个元素

$$\begin{cases} \upsilon_1^2 = \xi(1-\varpi)(s_k)_{\mathcal{R}}^2 + \dfrac{N\left|s_{\hat{k}}\right|^2}{2} + \dfrac{\left|s_k\right|^2 + \left|s_{\hat{k}}\right|^2}{2}, \\ \upsilon_2^2 = \xi(1-\varpi)(s_k)_{\mathcal{S}}^2 + \dfrac{N\left|s_{\hat{k}}\right|^2}{2} + \dfrac{\left|s_k\right|^2 + \left|s_{\hat{k}}\right|^2}{2} \\ \upsilon_3^2 = \xi(1-\varpi)(s_{\hat{k}})_{\mathcal{R}}^2 + \dfrac{N\left|s_k\right|^2}{2} + \dfrac{\left|s_k\right|^2 + \left|s_{\hat{k}}\right|^2}{2}, \\ \upsilon_4^2 = \xi(1-\varpi)(s_{\hat{k}})_{\mathcal{S}}^2 + \dfrac{N\left|s_k\right|^2}{2} + \dfrac{\left|s_k\right|^2 + \left|s_{\hat{k}}\right|^2}{2} \\ \upsilon_{1,2}^2 = \xi(1-\varpi)(s_k)_{\mathcal{R}}(s_k)_{\mathcal{S}} \\ \upsilon_{3,4}^2 = \xi(1-\varpi)(s_{\hat{k}})_{\mathcal{R}}(s_{\hat{k}})_{\mathcal{S}} \\ \upsilon_{1,3}^2 = -0.5\xi\varpi[(s_k)_{\mathcal{R}}(s_{\hat{k}})_{\mathcal{R}} - (s_k)_{\mathcal{S}}(s_{\hat{k}})_{\mathcal{S}}] \\ \upsilon_{1,4}^2 = -0.5\xi\varpi[(s_k)_{\mathcal{R}}(s_{\hat{k}})_{\mathcal{S}} + (s_k)_{\mathcal{S}}(s_{\hat{k}})_{\mathcal{R}}] \end{cases} \tag{7.15}$$

其中，$\upsilon_{1,3}^2 = -\upsilon_{2,4}^2$；$\upsilon_{1,4}^2 = \upsilon_{2,3}^2$；$\xi = NPL_2PL_3$；$\varpi = \pi L_{1/2}^4(-K)/16(1+K)^2$。不同于 Γ_1 和 Γ_2，Γ_3 可以表示为具有两个自由度的 $N_{\mathrm{R}}-2$ 个独立中心 χ^2 分布随机变量之和，则 Γ_3 的 MGF 函数可以表示为

$$\begin{aligned} M_{\Gamma_3}(x) &= \left(\frac{1}{1 - xt_{\mathrm{coe}}(|s_k|^2 + |s_{\hat{k}}|^2)}\right)^{N_{\mathrm{R}}-2}, \\ t_{\mathrm{coe}} &= \frac{NPL_2PL_3L_{1/2}^4(-K)}{(1+K)^2} + \frac{PL_1L_{1/2}(-K)}{(1+K)} \end{aligned} \tag{7.16}$$

最后，根据 Γ_1，Γ_2 和 Γ_3 的 MGF 函数表达式，通过式（7.11）的积分求解，可以得到所需的无条件 PEP 解。

（2）条件二 $(m = \hat{m})$：基于 $B_q = \hat{B}_q$，Γ 的 MGF 函数表示式可以被表示为

$$\varGamma=\sum_{q=1}^{N_{\mathrm{R}}}\left|B_q(s_k-s_{\hat{k}})^2\right|=\left|s_k-s_{\hat{k}}\right|^2\left(B_m^2+\sum_{q=1,q\neq m}^{N_{\mathrm{R}}}\left|B_q\right|^2\right) \tag{7.17}$$

基于 CLT 定理，B 和 $\hat{B}$ 服从高斯分布而忽略其各自分量的分布，具体来讲，与之前的推导类似，B_m 和 B_q 的分布可以被表示为 $B_m\sim N(E_{B_m},D_{B_m}^2)$ 和 $B_q\sim CN(0,N)$，其中

$$\begin{aligned}E_{B_m}&=\frac{N\pi\sqrt{PL_2PL_3}L_{1/2}^2(-K)}{4(1+K)}+\frac{\sqrt{\pi PL_1}L_{1/2}(-K)}{2\sqrt{1+K}},\\D_{B_m}^2&=\left(\xi-\frac{\xi\pi L_{1/2}^4(-K)}{16(1+K)^2}\right)+PL_1\left(1-\frac{\pi L_{1/2}^2(-K)}{4(1+K)}\right)\end{aligned} \tag{7.18}$$

$\varGamma$ 由以下简单的 MGF 函数进行处理：

$$M_{\varGamma}(x)=\left(\frac{1}{1-2xD_{B_m}^2\left|s_k-s_{\hat{k}}\right|^2}\right)^{\frac{1}{2}}\exp\left(\frac{xE_{B_m}^2\left|s_k-s_{\hat{k}}\right|^2}{1-2xD_{B_m}^2}\right)\times\left(\frac{1}{1-xN\left|s_k-s_{\hat{k}}\right|^2}\right)^{N_{\mathrm{R}}-1} \tag{7.19}$$

与条件一相似，将 MGF 函数式代入式（7.11）中求解无条件 PEP 的值。最后将式（7.11）中两种条件下的 PEP 值分别代入式（7.7）中求解得到 BER 上界值。

7.2.2 高铁 RIS-RSM 传输系统遍历容量上限分析

通过 RIS 的相移调整可以改变信号的传输方向。因此，接收天线处的最大多普勒频移可以根据列车的当前位置来确定。列车的位置由 BS 和 RA 之间的 LoS 分量 d_{LoS} 以及 RIS 的两条反射路径 d_{NLoS} 决定。基于接收信号的复包络调整，调整 RIS 的第 n 个单元的相移角度 θ_n，以减少多普勒频移对多径的影响。类似于文献[127]的推导形式，其复包络接收信号可以被表示为

$$r(t)=\frac{\lambda}{4\pi}\left(\frac{\mathrm{e}^{-\mathrm{j}2\pi f_{\mathrm{D}}t\cos(\varepsilon_{\mathrm{LoS}})}}{d_{\mathrm{LoS}}}+\frac{\mathrm{e}^{-\mathrm{j}2\pi f_{\mathrm{D}}t\cos(\varepsilon_{\mathrm{NLoS}}^{n})+\mathrm{j}\theta_n}}{d_{\mathrm{NLoS}}^{n}}\right) \tag{7.20}$$

其中，λ 和 t 分别表示波长和时间间隔；$\varepsilon_{\mathrm{LoS}}$ 和 $\varepsilon_{\mathrm{NLoS}}^{n}$ 分别表示 BS-RA 和 RIS 反射路径的信号入射角。

由式（7.20）可知，列车与 BS 和 RIS 相对位置的变化将带来不同的到达角，这将影响最大多普勒频移的相位优化。因此，根据 BS-RA 的距离 d_1，接收信号的复包络被分为三种类型，即列车在 BS 和 RIS 的右侧，列车在 BS 和 RIS 之间，列车在 BS 和 RIS 的左侧。因此，到达角的取值范围为

$$\begin{cases}\varepsilon_{\mathrm{LoS}},\varepsilon_{\mathrm{NLoS}}\in\left[\dfrac{\pi}{2},\pi\right),d_1\leqslant 110;\\ \varepsilon_{\mathrm{LoS}}\in\left[0,\dfrac{\pi}{2}\right),\varepsilon_{\mathrm{NLoS}}\in\left[\dfrac{\pi}{2},\pi\right),110<d_1\leqslant 190;\\ \varepsilon_{\mathrm{LoS}},\varepsilon_{\mathrm{NLoS}}\in\left[0,\dfrac{\pi}{2}\right),d_1>190.\end{cases} \tag{7.21}$$

列车接收器的到达角范围也由列车的相对位置决定。其中，$\theta_n=\mathrm{j}2\pi f_{\mathrm{D}}t\cos(\varepsilon_{\mathrm{NLoS}}^{n})$ 是根据接收信号最大复包络来调整的。由于无法根据复包络的形式推导出系统遍历容量的上限，基于文献[196]中对遍历容量上限的推导形式，在本节中考虑相移调整优化，由于 RIS 的相移矩阵 Θ 只能够补偿反射路径的多普勒频移，不能够补偿 BS-RA 路径的 $\varepsilon_{\mathrm{LoS}}$，因此，系统遍历容量上限被表示为

$$C_{\max}=\mathbb{E}\{\log_2(1+\gamma_{\max})\} \tag{7.22}$$

由于无法确定 $\gamma_{\max}$ 的具体分布情况，所以基于 Jensen 不等式来推导遍历容量上限

$$C_{\mathrm{up}}\leqslant C_{\max}=\log_2(1+\mathbb{E}\{\gamma_{\max}\}) \tag{7.23}$$

由于 LoS 信道和 RIS 辅助信道之间的独立性，$\gamma_{\max}$ 的期望可以表示为式

（7.24），$\boldsymbol{h}$ 、$\boldsymbol{g}_n^b$ 和 $\boldsymbol{g}_n$ 分别表示矩阵 $\boldsymbol{H}$ 、$\boldsymbol{G}^b$ 和 $\boldsymbol{G}$ 的向量。

$$\begin{aligned}\mathbb{E}\{\gamma_{\max}\} &= \mathbb{E}\left\{\frac{P_{\mathrm{s}}}{N_0}\left(\sum_{n=1}^{N}|\boldsymbol{g}_n^b||\boldsymbol{g}_n|+|\boldsymbol{h}|\right)^2\right\} \\ &= \frac{P_{\mathrm{s}}}{N_0}\left\{\mathbb{E}\left[\left(\sum_{n=1}^{N}|\boldsymbol{g}_n^b||\boldsymbol{g}_n|\right)^2\right]+\mathbb{E}[|\boldsymbol{h}|^2]+2\mathbb{E}\left[\sum_{n=1}^{N}|\boldsymbol{h}||\boldsymbol{g}_n^b||\boldsymbol{g}_n|\right]\right\}\end{aligned} \tag{7.24}$$

总的期望值可以通过各部分期望值相加得到，对于各部分的期望，可以分别表示为

$$\begin{aligned}&\mathbb{E}\{|\boldsymbol{h}|\}=\mathbb{E}\{|\boldsymbol{g}_n^b|\}=\mathbb{E}\{|\boldsymbol{g}_n|\}=\sqrt{\frac{\pi\beta\sigma_{q,\hat{q}}^{r}L_{1/2}^{2}(-K)}{4d_a^2(1+K)}}, \\ &\mathbb{E}\{|\boldsymbol{h}|^2\}=\mathbb{E}\{|\boldsymbol{g}_n^b|^2\}=\mathbb{E}\{|\boldsymbol{g}_n|^2\}=\frac{1}{d_a^2}\end{aligned} \tag{7.25}$$

考虑到各部分之间的相互独立性，基于式（7.23）遍历容量上限值可以表示为

$$C_{\mathrm{up}}=\log_2\left\{1+\frac{P_{\mathrm{s}}\beta\sigma_{q,\hat{q}}}{N_0}\left[\begin{aligned}&\frac{N}{d_2^2d_3^2}+\frac{1}{d_1^2}+\frac{N(N-1)\pi^2L_{1/2}^4(-K)}{16d_2^2d_3^2(1+K)^2} \\ &+\sqrt{\frac{\pi^3N^2\exp(-\mathrm{j}2\pi f_{\mathrm{D}}t\cos(\varepsilon_{\mathrm{LoS}}))}{16d_1^2d_2^2d_3^2(1+K)^3}}L_{1/2}^3(-K)\end{aligned}\right]\right\} \tag{7.26}$$

7.3 基于天线移除的天线与单元选择方案

在本节中，我们设计了一种基于天线移除原则的联合天线和 RIS 单元选择算法（Joint Antenna and RIS-Unit selection，JAUS），以最大化系统容量性能。此外，我们还研究了不同天线和单元组合对信道容量的影响。

7.3.1 天线和 RIS 单元联合选择算法分析

假设接收端和 RIS 的控制器能够通过使用 CSI 来选择激活对应的天线

和 RIS 单元。用 $l=(N_{\text{sel}},l_r)$ 表示选择的组合，N_{sel} 表示从 N 中选择激活的单元数量，l_r 表示选择用于接收天线的数量。因此，对于天线和 RIS 单元组合 l 的接收信号可表示为

$$\boldsymbol{y}^l=\sqrt{P_{\text{s}}}((\boldsymbol{G}^b)^l\operatorname{diag}(\Theta^l)\boldsymbol{G}^l+\boldsymbol{H}^l)s_k+(\breve{\boldsymbol{n}})^{\,l} \tag{7.27}$$

其中，$(\boldsymbol{G}^b)^l$ 是 $\boldsymbol{G}^b$ 的子信道矩阵，$\boldsymbol{G}^l=[\boldsymbol{G}]_{N_{\text{sel}},:}$ 和 $\boldsymbol{H}^l=[\boldsymbol{H}]_{l_r,:}$ 分别是 $\boldsymbol{G}$ 和 $\boldsymbol{H}$ 的行向量。

为了从 l 中选择对应的天线与单元组合，首先根据容量最大化原则进行天线选择，从所有天线开始，每一步中移除一个对系统容量贡献最小的天线。为了确保不会因为移除每根天线而导致容量性能下降，移除过程要重复进行，直到剩余的天线数量 N_{r} $(N_{\text{r}}\in N_{\text{R}})$ 等于 l_r 为止。

令式（7.27）中 $\tilde{\boldsymbol{H}}=\boldsymbol{G}^b\operatorname{diag}(\Theta)\boldsymbol{G}+\boldsymbol{H}$，在每一步中，从信道矩阵 $\tilde{\boldsymbol{H}}$ 中移除一行，直至剩余 l_r 行，对应行的编号即为对应天线编号，然后根据天线编号从 $\boldsymbol{G}$ 和 $\boldsymbol{H}$ 中选择对应行。类似于文献[197]中的天线移除方式，每一步中，系统容量 C 被表示为

$$\begin{aligned}C(\tilde{\boldsymbol{H}}_n)&=\log_2\det\left(\boldsymbol{I}_{N_{\text{T}}}+\frac{\gamma}{N_{\text{T}}}\tilde{\boldsymbol{H}}_n\tilde{\boldsymbol{H}}_n^{\text{H}}\right),\\ C(\tilde{\boldsymbol{H}}_{n+1})&=\log_2\det\left(\boldsymbol{I}_{N_{\text{T}}}+\frac{\gamma}{N_{\text{T}}}\tilde{\boldsymbol{H}}_{n+1}^{\text{H}}\tilde{\boldsymbol{H}}_{n+1}\right)\end{aligned} \tag{7.28}$$

对于 $\tilde{\boldsymbol{H}}_n$ 和 $\tilde{\boldsymbol{H}}_{n+1}$，采用 Sherman　Morrison 公式，式（7.28）可以被改写为

$$C(\tilde{\boldsymbol{H}}_{n+1})=C(\tilde{\boldsymbol{H}}_n)+\log_2\left[1+\frac{\gamma}{N_{\text{T}}}\tilde{\boldsymbol{h}}_q^H\left(\boldsymbol{I}_{N_{\text{T}}}+\frac{\gamma}{N_{\text{T}}}\tilde{\boldsymbol{H}}_n^{\text{H}}\tilde{\boldsymbol{H}}_n\right)^{-1}\tilde{\boldsymbol{h}}_q\right] \tag{7.29}$$

其中，$\tilde{\boldsymbol{h}}_q$ 表示信道矩阵 $\tilde{\boldsymbol{H}}$ 的第 q 行 $(q\in 1,2,\cdots,N_{\text{R}})$，上式中 $\tilde{\boldsymbol{W}}_n=(\boldsymbol{I}_{N_{\text{T}}}+\gamma/N_{\text{T}}\tilde{\boldsymbol{H}}_n^{\text{H}}\tilde{\boldsymbol{H}}_n)^{-1}$，$\partial_{q,n}=\boldsymbol{h}_q^{\text{H}}\tilde{\boldsymbol{W}}_n\boldsymbol{h}_q$，则式（7.29）可重新被表示为

$$C(\tilde{\boldsymbol{H}}_{n+1})=C(\tilde{\boldsymbol{H}}_n)+\log_2\left[1+\frac{\gamma}{N_{\text{T}}}\partial_{q,n}\right] \tag{7.30}$$

对于任意的 q，在每一步中都需要找到满足 $\partial_{q,n}$ 的最小值，即对整体容量贡献最小的天线被移除。找到 q，使得式（7.29）中的 $C(\tilde{\boldsymbol{H}}_{n+1})$ 最小化，等同于

$$q = \arg\min_{q} \partial_{q,n} \tag{7.31}$$

$\tilde{\boldsymbol{W}}_n$ 在每一步移除天线过程中都会被更新，直到剩下的天线数 N_{r} 等于所要选择的天线数 l_r，令 $\boldsymbol{w} = \tilde{\boldsymbol{W}}_n \boldsymbol{h}_{\mathrm{q}}$，则

$$\tilde{\boldsymbol{W}}_{n+1} = \tilde{\boldsymbol{W}}_n + \frac{1}{N_{\mathrm{T}}/\gamma - \partial_q}\boldsymbol{w}\boldsymbol{w}^{\mathrm{H}} \tag{7.32}$$

选择完接收天线后，根据天线编号选择相应的信道矩阵的子矩阵。然后选择 RIS 单元，对 RIS 反射信道的值取模，可以表示为

$$\tilde{G} = \left\| \boldsymbol{G}^b \mathrm{diag}(\Theta) \boldsymbol{G} \right\| \tag{7.33}$$

根据 $\tilde{G}$ 所有值的大小按顺序进行排序，通过控制单元幅度值 ϑ_n，令选择激活单元 $\vartheta_n = 1$，其余单元 $\vartheta_n = 0$，选择对应前 N_{sel} 个 RIS 单元。对应于选择 $(\boldsymbol{G}^b)^l$、$\mathrm{diag}(\Theta^l)$ 和 $\boldsymbol{G}^l$。最后，根据式（7.28）计算系统容量值。

算法 7.1：联合天线与 RIS 单元的选择算法。

步骤 1：输入 $\boldsymbol{H}$、$\boldsymbol{G}$、$\boldsymbol{G}^b$、Θ、N、N_{R}、N_{T}、N_{sel}、l_r，并初始化变量 n、z、A；

步骤 2：计算 $\tilde{\boldsymbol{W}}_n$ 的值，令 $\mathcal{I} = \{1,2,\cdots,N_{\mathrm{R}}\}$ 和 $\mathcal{U} = \{1,2,\cdots,N\}$；

步骤 3：循环 n 从 1 到 $N_{\mathrm{R}} - l_r$，计算 $\partial_{q,n}$，找到满足式（7.31）的 q，$\mathcal{I} = \mathcal{I} - \{q\}$；

步骤 4：如果 $n < N_{\mathrm{R}} - l_r$，则计算式（7.32），选择 $\boldsymbol{H}^l = \boldsymbol{H}(I - l_r,:)$ 和 $(\boldsymbol{G}_1^b)^l = \boldsymbol{G}^b(I - l_r,:)$；

步骤 5：对于所有的 $z \in \mathcal{U}$，计算式（7.33），令 $[\tilde{g},\mathrm{index}] = \mathrm{sort}\tilde{G}$，$A = \mathrm{index}(1:N_{\mathrm{sel}})$；

步骤 6：选择 $(\boldsymbol{G}^b)^l = (\boldsymbol{G}_1^b)^l(:,A)$、$\boldsymbol{G}^l = \boldsymbol{G}(A,:)$ 和 $\mathrm{diag}(\boldsymbol{\Theta}^l) = \mathrm{diag}(\boldsymbol{\Theta})(A,A)$；

步骤 7：输出 $\boldsymbol{H}^l$、$(\boldsymbol{G}^b)^l$、$\mathrm{diag}(\boldsymbol{\Theta}^l)$ 和 $\boldsymbol{G}^l$ 的对应矩阵。

7.3.2 算法复杂度分析与对比

天线与 RIS 单元选择算法由两部分组成，第一部分是基于天线移除原则的选择算法，遍历所有天线，其复杂度为 $O(N_T^{\ 2}N_R^{\ 2})$，每一步中移除一根接收天线的复杂度表示为 $O(N_R^{\ 2})$，最后迭代至 l_r 根天线时，其复杂度为 $O(N_T^{\ 2}N_R)$。第二部分为单元选择部分，对信道矩阵模值进行评估并进行选择排序，其复杂度被表示为 $O(N^2)$。最后，所提出的 JAUS 选择算法复杂度为 $O(N^2 N_T^{\ 2}N_R^{\ 2})$。与快速选择算法[198]和最优遍历选择算法[199]的复杂度对比如下表 7.1 所示。

表 7.1 算法复杂度对比表

算法名称	复杂度
所提出的天线与 RIS 单元选择算法	$O(N^2 N_T^{\ 2}N_R^{\ 2})$
最优遍历选择算法	$O(N^2 N_T^2 N_R^2 l_r N_{sel})$
快速选择算法	$O(N^2 N_T N_R l_r)$

7.4 仿真结果和分析

在本节中，将通过仿真模拟分析来验证所提方案的优势和性能。详细考虑列车移动速度、各信道之间的直线距离、Rician 因子 K 和 RIS 单元数对系统遍历容量上限和误码率性能的影响。考虑到高铁 sub-6G 场景[193]，设置基站的发射天线数量和列车顶部的接收天线数量为 4 根，归一化天线距离 $\Delta_R = 0.5$，载波频率 $f_c = 3.5$ GHz，系统传输带宽为 180 kHz，噪声功率谱密度为 – 173 dBm/Hz。在参考距离 $d_0 = 1$ m 处的路径损耗为 – 30 dB。采用两种列车速度 $V = 150$ km/h 和 $V = 350$ km/h 来分别分析处于低速和高速状态下的性能，主要考虑郊区和高架桥的铁路运行环境，设置 Rician 因子 $K = \{0,5,7\}$ 来表示不同环境下的信道情况。RIS 置于 BS 与 RA 之间，并固定 RIS-BS 距离 $d_2 = 150$ m。

图 7.2 分析了在 Rician 因子 $K=5$ 时，列车速度 V 和 RIS 单元数 N 对信道容量上限的影响，RIS-RA 的距离 $d_3=10\ \text{m}$，此时意味着列车最接近 RIS 的情况，同时 $d_1=150\ \text{m}$。根据式（7.21），LoS 路径角被设定为 $\varepsilon_{\text{LoS}}=60°$。与无 RIS 辅助方案相比，可以明显看出，由于 RIS 单元反射信号所带来的多径分量增益，所提出的 RIS-RSM 方案在任何条件下都能保持更高的性能，这是由于 RIS 对多径信道的补偿，减少了传输过程中的信号损失。此外，从图中可知，遍历容量的上限先呈指数级增长，然后随着发射功率的变化转化为线性增长。通过增加 RIS 单元数量，能够获得更高的容量上限，从而降低高铁无线通信环境下大容量接入受限的影响，同时，由于列车速度的增加，通信质量明显下降。

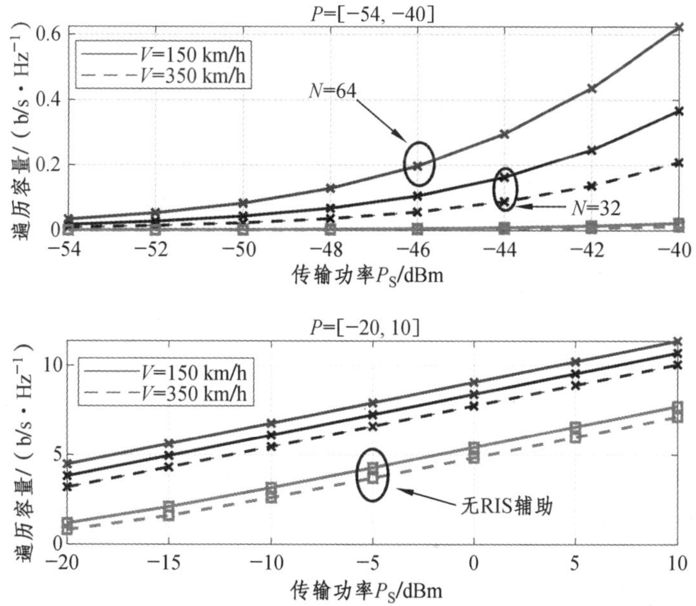

图 7.2 列车移动速度和 RIS 单元数对信道容量上限的影响

图 7.3 分析了 RIS 位置和 Rician 因子 K 对系统遍历容量上限的影响，RIS-RA 的距离 d_3 随着 BS-RA 的距离 d_1 而变化，为了保证所提出模型的合

理性，设定当 $d_1 \in [150,190]$ 时，意味着列车由远离基站与 RIS 的方向驶向 RIS，此时，对于 d_3 的变化可以表示为 $d_3 = d_1 - 140$；反之，当 $d_1 \in [110,150]$ 时，列车远离 RIS 向 BS 的方向接近时 $d_3 = 160 - d_1$。从图中可以看出，在接近 RIS 时，遍历容量可以达到峰值，而且靠近 BS 的容量比远离 BS 的容量要高。同时，由于 Rician 因子 K 的增加，遍历容量上限提高了 8.3%。并且通过增加 RIS 单元的数量，可以有效地补偿由高速行驶造成的性能下降，这在高 Rician 因子 K 的情况下更为明显。这表明，当 LoS 分量较强时，可以部署大量的 RIS 单元来减少速度增加所引起的容量性能下降的影响，同时 RIS 也可以部署在离列车较近的地方，以保证列车传输容量性能的提高。

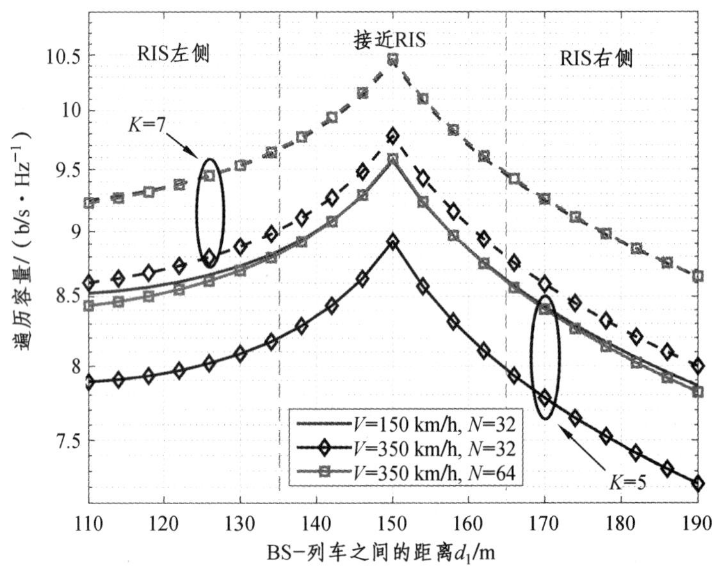

图 7.3　当列车接近 RIS 时 RIS 位置和 Rician 因子对系统遍历容量上限的影响

图 7.4 分析了列车位于 BS 附近时，RIS 位置和 Rician 因子 K 对遍历容量性能的影响。与接近 RIS 时类似，当列车由远离 RIS 并接近 BS 时，为了保证所提出模型的合理性，设定 $d_3 \in [110,150]$，对应 d_1 变化可以表示为 $d_1 = 160 - d_3$，当列车从接近 BS 的方向驶向远离方向，即 $d_3 \in [150,190]$ 时，

此时对应 $d_1 = d_3 - 140$。与图 7.3 相比，在靠近 BS 时可以获得更高的容量上限。同时，随着列车离 BS 越近，由 RIS 单元数的增加引起的容量性能增益的差距就越小。此外，随着列车接近 BS，较大 Rician 因子 K 的高性能优势也会下降。造成这些现象的原因是，在接近 BS 后，LoS 分量占据了主导地位。随着 d_3 的增加，路径损耗增加，RIS 的多径性能增益变小，高 Rician 因子 K 不能保持较高的容量性能。

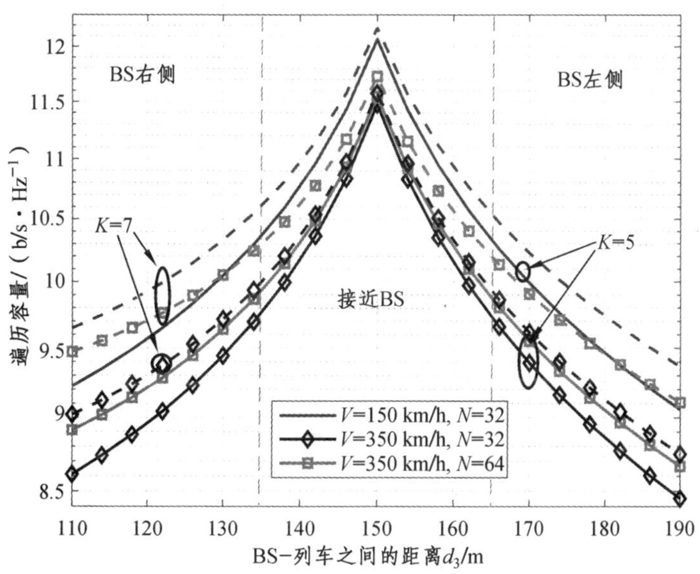

图 7.4　当列车接近 BS 时 RIS 位置和 Rician 因子对系统遍历容量上限的影响

图 7.5 考虑了列车速度 V 和 RIS 单元数 N 对 BER 性能的影响，图中显示了 RIS 辅助的 RSM 和文献中传统 HSR-SM 的误码率性能对比，在列车位于低速状态下行驶时，其误码率性能相比于高速状态性能较优，同时由于存在较强的 LoS 路径分量，信道间的差异性较小，这使得接收端的检测精度较高，对 BER 性能的改善更为明显。当 Rician 因子 K 相同时，RIS 单元数量的增加会增加多个反射路径信号，这有利于 RA 处信号的相干叠加，从而使检测段能更好地分辨信号，能够提高 BER 性能。同时，RIS 单

元的增加也可以弥补高速状态下造成的性能下降。与传统的 HSR-SM 相比，RIS 的部署增加了多个通道，这导致了误码率性能的下降。然而，这一缺陷可以通过增加反射单元的数量来弥补，从而使列车在高速范围内保持通信质量。

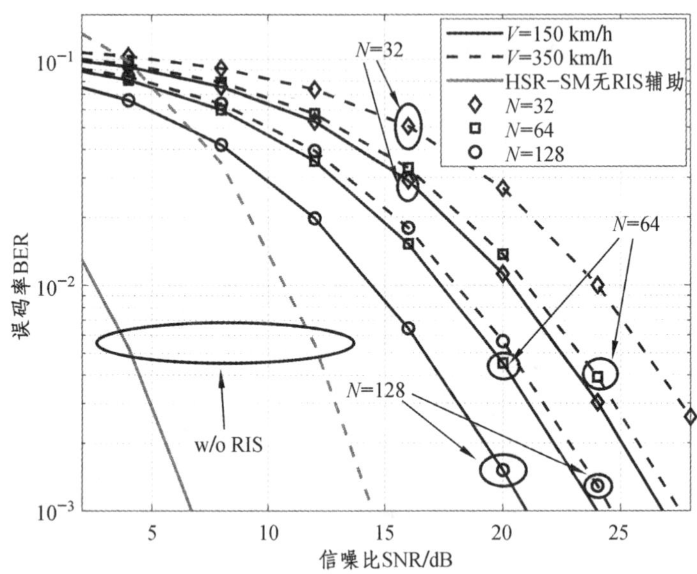

图 7.5　不同列车速度和 RIS 单元数下的 RIS 辅助 RSM 和传统 HSR-SM 的 BER 性能比较

图 7.6 分析了在不同列车速度 V 和 Rician 因子 K 情况下，RIS 单元数 N 对 RIS 辅助 RSM 和传统 HSR-SM 的 BER 性能的影响，由图 7.5 的分析可知，误码率性能的下降是由于多径信道的增加，这与容量性能相反。在 HSR 通信场景中，强大的 LoS 分量意味着更少的障碍物和更少的散射分量，前者增强了接收信号，后者减少了多径增益。并且，较高的 K 值意味着通信场景具有更强的 LoS 分量和较低的信道识别度，这些特性将会导致误码率性能下降。在高信噪比条件下，在系统设计部署上需要更多的 RIS 单元来补偿 BER 性能的下降。而增加 RIS 单元的数量会增加整个系统的成本，

所以考虑到系统总体的设计，为了满足不同传输系统的信号传输要求，需要在系统容量性能和 BER 性能之间做出权衡。

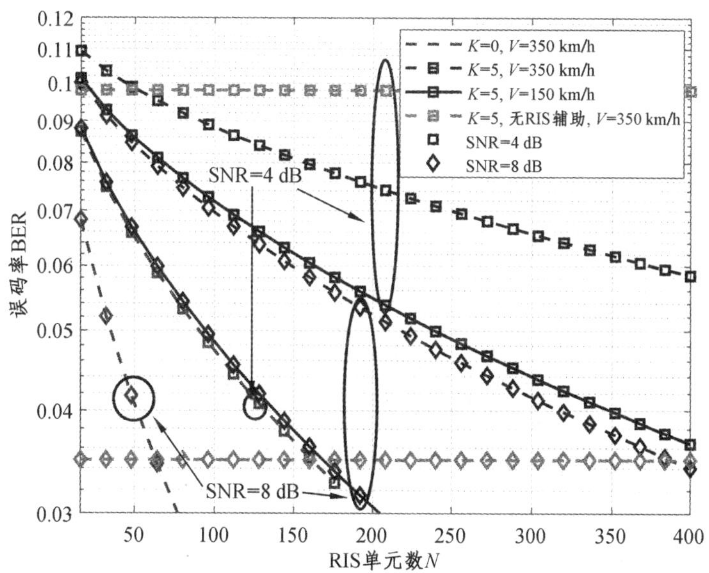

图 7.6　RIS 单元数对 RIS 辅助 RSM 和传统 HSR-SM 的误码率性能的影响

图 7.7 展示了当 Rician 因子 $K=5$ 和列车速度 $V=350$ km/h 时，不同 l_r 和 N_{sel} 组合数量下联合天线与单元选择算法的信道容量性能仿真结果比较。从仿真结果上可以看出，相比于天线与单元组合数相对较小的情况，多量组合在容量性能上具有一定的优势，这是由天线分集增益和 RIS 单元的反射路径增益相叠加决定的。当天线和单元组合数不是最大或最小组合时，在低信噪比下，当选择接收的天线数量较少，可以通过增加选择激活的 RIS 单元数量，从而达到或超过大多数接收天线的容量性能。但是，在高信噪比下，即使激活和选择的单元数量较少，在选择的接收天线数量足够大的情况下，容量性能的损失仍然可以得到补偿，这与低信噪比的情况相反。这是因为在低信噪比下，增加反射路径获得的增益大于增加接收天线获得的增益，但在高信噪比下，当从基站到列车的发射功率足够大，反

射路径获得的增益不能与接收天线获得的增益相比，所以与低信噪比的情况相反。

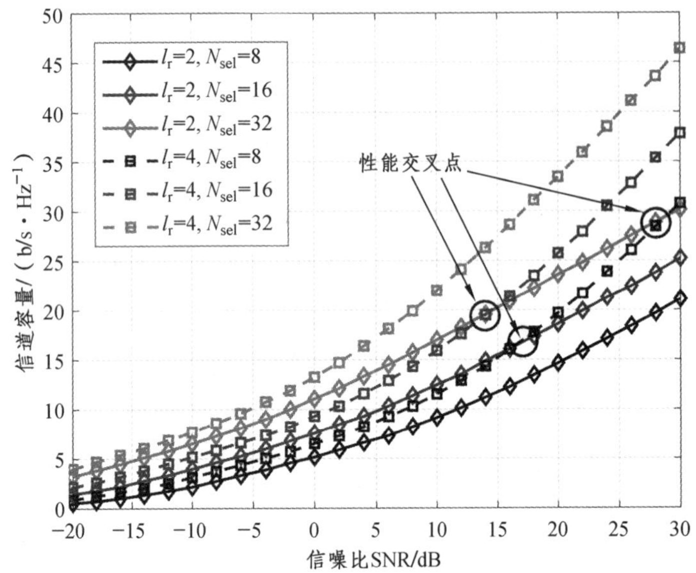

图 7.7　不同 l_r 和 N_{sel} 下的联合天线和单元选择算法信道容量性能比较

图 7.8 比较了所提出的天线与单元选择算法、快速选择算法和最优选择算法的信道容量性能。列车的速度和 Rician 因子被分别设定为 $V=350$ km/h 和 $K=5$。在 l_r 和 N_{sel} 的数值上，同时选择最多和最少的组合进行比较。在少数组合的情况下，最优遍历算法的性能仍然是最大的。由于提出的 JAUS 算法在选择方面采用递减策略，而快速选择算法采用递增策略，因此在低信噪比区域，两种算法的性能差异不大。但随着信噪比的增加，两种算法之间的差异逐渐显现出来，所提出的 JAUS 算法能够取得更好的容量性能。而在大多数组合的情况下，所提出的算法可以一直保持与最优遍历算法相似的性能。在高信噪比区域的信道容量值远大于快速选择算法，因此可以看出，所提出的 JAUS 算法能够适用于 RIS 辅助 RSM 方案的高铁无线通信。

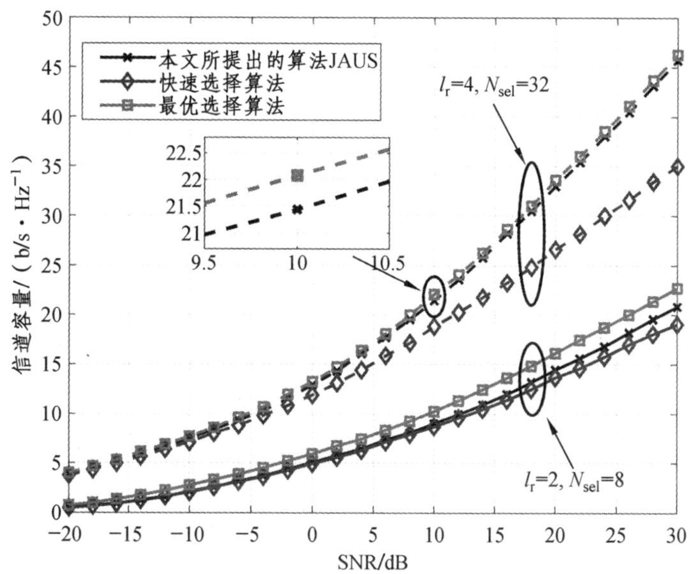

图 7.8 所提出的 JAUS 算法与其他选择算法之间的信道容量比较

7.5 本章小结

本章提出了一种用于高铁通信的 RIS 辅助 RSM 方案，以解决由快速信道变化和大容量接入受限所引起的通信质量问题。具体地，在 RSM 系统中调整 RIS 的相移矩阵以补偿快速信道变化引起的信号衰减。同时，提出了一种 JAUS 算法来提高接收器的信号容量。考虑到空时相关性和多普勒频移所带来的影响，推导出了系统 BER 性能和遍历容量上限的闭式表达式。仿真结果表明，与传统 HSR-SM 方案相比，所提出的方案能够保持较高的传输速率，并且误码率性能的下降可以通过激活大量的 RIS 单元来补偿。如果考虑到 RIS 单元的布署成本，需要在容量和误码率的性能之间进行权衡。同时，所提出的算法可以具有与最优选择算法相同的性能，而且在低信噪比区域选择更多的 RIS 单元比激活更多的天线具有更好的容量性能。

PART

第 8 章　高铁场景下分布式 STAR-RIS 辅助 SM 传输方案

在高铁无线通信场景下，由于封闭车厢所带来的高损耗和性能损失问题，使得车厢内信号将无法全面覆盖从而导致接收端信号受影响。在本章中，我们基于同时透射与反射传输智能超表面的传输原理，提出一种分布式 STAR-RIS 辅助的 SM 传输方案。首先，在接收端采用 SM 技术保证部分索引信息不受车厢高穿透损耗的影响。然后，为了减小远距离 STAR-RIS 车窗的高路径损耗和功率损耗，根据最大化接收信噪比原则对分布式 STAR-RIS 车窗进行遍历选择，激活最佳的 STAR-RIS 车窗传输 SM 调制信息。考虑到穿透损耗的影响，分析不同参数对系统性能的影响。最后，为了减小缺失直视路径增益对系统容量性能的影响，分别基于功率损耗模型，采用天线移除原则和排序选择方式，对接收天线和 STAR-RIS 单元进行动态选择激活；同时基于有效信号的最大信道容量对 STAR-RIS 的无源相移矩阵进行优化设计，保证高铁场景下的高速率信号传输。

8.1 高铁分布式 STAR–RIS 辅助的 SM 传输方案

8.1.1 高铁分布式 STAR–RIS 辅助的 SM 系统模型

本小节考虑高铁无线通信场景下分布式 STAR-RIS 辅助的 SM 通信系统模型。如图 8.1 所示，发射端配备 N_T 根发射天线的基站置于高铁轨旁。列车配备 I 块 STAR-RIS 面板用于信号的透射传输，每块 STAR-RIS 面板由 N 个无源单元组成，列车内部用户端具有 N_R 根接收天线接收来自基站的传输信号，考虑金属车体较大的穿透损耗，因此在列车内部，用户接收端仅能接收来自 STAR-RIS 透射传输的信号，即基站到 STAR-RIS 面板信号、STAR-RIS 到车内用户接收端信号，将其分别表示为 $\boldsymbol{H}^{\mathrm{BI}} \in \mathbb{C}^{N \times N_T}$ 和 $\boldsymbol{G}^{\mathrm{IU}} \in \mathbb{C}^{N_R \times N}$。

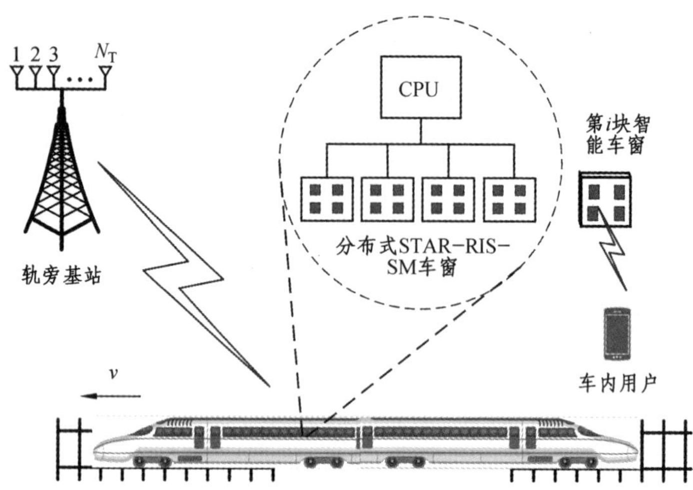

图 8.1　高铁分布式 STAR-RIS 辅助 SM 通信系统框图

在 STAR-RIS-SM 系统中，SM 在发射端将所需传输的信息流分为两部分，一部分空间比特信息用于激活对应接收天线索引信息，另一部分传输数据 x 采用 M 阶正交振幅调制，且满足 $\mathbb{E}[|\boldsymbol{x}|^2]=1$。接收天线中的一根天线被激活用来接收 M 阶正交振幅调制和相位调制符号，激活的天线序号被用来携带空间比特信息。为了使接收端仅有一根天线接收信号而其余天线处于静默状态无法接收信号，在发射端采用预编码技术对传输信号进行预处理，采用迫零预编码技术，令预编码矩阵为 $\boldsymbol{P}\in\mathbb{C}^{N_T\times N_R}=\boldsymbol{F}^H(\boldsymbol{F}\boldsymbol{F}^H)^{-1}$，其中 $\boldsymbol{F}=\boldsymbol{G}^{IU}\text{diag}(\boldsymbol{\Phi}_i)\boldsymbol{H}^{\text{BI}}$，$\text{diag}(\boldsymbol{\Phi}_i)$ 表示 STAR-RIS 的对角相移矩阵，$\boldsymbol{\Phi}_i=[\vartheta_{1,i}\text{e}^{\text{j}\theta_{1,i}},\vartheta_{2,i}\text{e}^{\text{j}\theta_{2,i}},\cdots,\vartheta_{N,i}\text{e}^{\text{j}\theta_{N,i}}]$，$\vartheta_{n,i}\in[0,1]$ 和 $\theta_{n,i}\in[0.2\pi)$ 分别表示第 i 块 STAR-RIS 的第 n 个单元的幅度与相移角度。

则 STAR-RIS-SM 系统的发射信号 $\boldsymbol{x}\in\mathbb{C}^{N_T\times 1}$ 可以表示为 $\boldsymbol{x}=\boldsymbol{P}\boldsymbol{e}_q s_x$，其中，$\boldsymbol{e}_q$ 表示 N_R 维单位矩阵的第 q 列。考虑到无线传输环境的影响，信道直视路径分量较强，对于第一段信道 $\boldsymbol{H}^{\text{BI}}$，采用高铁空时相关的 Rician 衰落信道进行描述，对于第二段信道 $\boldsymbol{G}^{\text{IU}}$，由于其为高铁列车内部信道，考虑到直视路径分量较少，存在较多的反射路径分量，因此可以认为信道 $\boldsymbol{G}^{\text{IU}}$ 服从 Rayleigh 分布，接收端的第 q 根天线的接收信号可以被表示为

$$y_q = \sqrt{P_s}(\boldsymbol{g}_q^{\mathrm{IU}}\mathrm{diag}(\boldsymbol{\Phi}_i)\boldsymbol{H}^{\mathrm{BI}})\boldsymbol{x} + w_q \tag{8.1}$$

其中，P_s 表示发射端功率；$\boldsymbol{g}_q^{\mathrm{IU}}$ 表示信道 $\boldsymbol{G}^{\mathrm{IU}}$ 的第 q 行；w_q 为噪声矩阵 $\boldsymbol{w}$ 的第 q 个元素，表示对应第 q 根接收天线的信道噪声项，$\boldsymbol{w} \in \mathbb{C}^{N_{\mathrm{T}}\times 1}$ 表示均值为零、方差为 N_0 独立同分布的复高斯分量。采用第三章中对信道空时相关性的描述，式（8.1）中的信道系数 $\boldsymbol{H}^{\mathrm{BI}}$ 可以表示为

$$\boldsymbol{H}^{\mathrm{BI}} = \sqrt{\frac{K}{1+K}}\hat{\boldsymbol{H}}^{\mathrm{BI}} + \sqrt{\frac{1}{1+K}}\bar{\boldsymbol{H}}^{\mathrm{BI}} \tag{8.2}$$

其中，$\hat{\boldsymbol{H}}^{\mathrm{BI}} \in \mathbb{C}^{N\times N_{\mathrm{T}}}$ 和 $\bar{\boldsymbol{H}}^{\mathrm{BI}} \in \mathbb{C}^{N\times N_{\mathrm{T}}}$ 分别表示信道 $\boldsymbol{H}^{\mathrm{BI}}$ 的固定分量部分和可变分量部分。

采用 Kronecker 模型来描述信道的空间相关性，则可变分量部分 $\bar{\boldsymbol{H}}^{\mathrm{BI}}$ 可以被表示为 $\bar{\boldsymbol{H}}^{\mathrm{BI}} = \breve{\boldsymbol{H}}\boldsymbol{R}_{N_{\mathrm{T}}}^{1/2}$。其中，$\breve{\boldsymbol{H}} \in \mathbb{C}^{N\times N_{\mathrm{T}}}$ 表示瑞利信道分量；$\boldsymbol{R}_{N_{\mathrm{T}}} \in \mathbb{C}^{N_{\mathrm{T}}\times N_{\mathrm{T}}}$ 表示接收端的相关系数矩阵。定义 $\boldsymbol{R}_{N_{\mathrm{T}}}$ 中的任意元素 $\sigma_{u,\hat{u}}^{\mathrm{t}} = [\boldsymbol{R}_{N_{\mathrm{T}}}]_{u,\hat{u}} = \mathrm{J}_0(2\pi|u-\hat{u}|\Delta_u)$，其中，$u,\hat{u} \in 1,\cdots,N_{\mathrm{T}}$，$u$ 表示发射端，Δ_u 表示归一化天线之间的距离。$\mathrm{J}_0(\cdot)$ 表示零阶 Bessel 函数。时间相关性模型则同样通过 Jake 模型来描述，可以表示为 $\beta(\tau) = \mathbb{E}[\breve{\boldsymbol{H}}\breve{\boldsymbol{H}}^{\mathrm{H}}(\tau)] = \mathrm{J}_0(2\pi f_{\mathrm{D}}\tau)$。基于信道无限衰落特性对信道进行描述，信道衰落响应为 $[\boldsymbol{G}^{\mathrm{IU}}]_{n,q} = \beta_{n,q}\mathrm{e}^{\mathrm{j}\varphi_{n,q}}$，$[\boldsymbol{H}^{\mathrm{BI}}]_{u,n} = \alpha_{u,n}\mathrm{e}^{\mathrm{j}\phi_{u,n}}$，其中 $u \in 1,2,\cdots N_{\mathrm{T}}$，$n \in 1,2,\cdots N$，$q \in 1,2,\cdots N_{\mathrm{R}}$。

对于列车车体和车窗的穿透损耗，文献[200]中给出了几种典型车型的穿透损耗参考值，如表 8.1 所示。

表 8.1　高速列车车体和车窗穿透损耗值参数表

	材质	损耗参考值/dB
车体	铁质	12 ~ 15
	不锈钢	20 ~ 24
	中控铝合金车体	14 ~ 16
车窗	透明玻璃	3.6 ~ 3.9
	有色玻璃	24.5 ~ 40

8.1.2 基于信道增益的 STAR-RIS 选择方案模型

考虑高铁车窗分布均匀且数量较多，为了减少传输路径较远的 STAR-RIS 车窗的使用，基于 STAR-RIS-SM 传输系统的信道增益，提出最优选择方案，通过对所有 STAR-RIS 车窗的遍历，找出最适合传输的 STAR-RIS 车窗，与全部 STAR-RIS 车窗传输相比，其传输速率会有所下降，但是在接收端所需处理的信号数量将明显降低，检测端复杂度也将随之减小。根据式（8.1），经过第 i 块 STAR-RIS 车窗信号透射后，在接收端的接收信号可以被表示为

$$\boldsymbol{y}_{i,q}=\sqrt{P_s}\left(\sum_{n=1}^{N}\beta_{q,n}\mathrm{e}^{-\mathrm{j}\varphi_{q,n}}\vartheta_{n,i}\mathrm{e}^{\mathrm{j}\theta_{n,i}}\sum_{u=1}^{N_\mathrm{T}}\alpha_{n,u}\mathrm{e}^{-\mathrm{j}\phi_{n,u}}\right)\boldsymbol{x}+w_q \tag{8.3}$$

根据上式可以得到对应第 i 块 STAR-RIS 车窗的对应接收 SNR 可以表示为

$$SNR_i=\frac{P_s}{N_0}\left|\sum_{n=1}^{N}\alpha_n\beta_{q,n}\vartheta_{n,i}\mathrm{e}^{\mathrm{j}(\theta_{n,i}-\phi_n-\varphi_{q,n})}\right|^2 \tag{8.4}$$

在选择方案中，所选择的 STAR-RIS 车窗能够在接收端提供最大的信噪比，因此选择方案的表达式可以表示为

$$\tilde{i}=\arg\max_{i\in I}\max(SNR_i),\forall i \tag{8.5}$$

为了能够满足式（8.5），可以调整 STAR-RIS 的单元相移，使 $\theta_n=\phi_n+\varphi_{n,q}$，则式（8.4）可以被重新改写为

$$SNR_{\tilde{i}}=\max_{i\in I}\left\{\frac{P_s}{N_0}\left|\sum_{n=1}^{N}\alpha_n\beta_{q,n}\vartheta_{n,i}\right|^2\right\} \tag{8.6}$$

最后，基于式（8.1）采用 ML 检测对接收天线索引信息 $(m,\hat{m}\in 1,2,\cdots,N_\mathrm{R})$ 和调制信息 $\hat{x}(x,\hat{x}\in 1,2,\cdots,M)$ 进行检测，可以表示为

$$[\hat{m},\hat{x}]=\arg\min_{m,x}\left(\sum_{q=1}^{N_\mathrm{R}}\left\|y_q-(\boldsymbol{g}_q^{\mathrm{IU}}\mathrm{diag}(\boldsymbol{\Phi}_i)\boldsymbol{H}^{\mathrm{BI}})\boldsymbol{x}\right\|_F^2\right) \tag{8.7}$$

8.2 高铁无线通信场景下分布式 STAR-RIS-SM 系统性能分析

8.2.1 分布式 STAR-RIS-SM 系统信道容量性能分析

系统遍历容量上限可以表示为

$$C=\mathbb{E}\{\log_2(1+SNR_{\max})\} \tag{8.8}$$

其中，$SNR_{\max}$ 为经过最优相位调整选择最佳的 STAR-RIS 面板的 SNR。根据 Jensen 不等式，我们可以得到其容量上限表达式为

$$C\leqslant C_{\mathrm{up}}=\log_2(1+\mathbb{E}\{SNR_{\max}\}) \tag{8.9}$$

对 $\mathbb{E}[SNR_{\max}]$ 进行展开求解计算可以得到

$$\mathbb{E}[SNR_{\max}]=\frac{P_s}{N_0}\mathbb{E}\left[\left|\sum_{n=1}^{N}\boldsymbol{g}_{q,n}\vartheta_{n,i}\sum_{u=1}^{N_{\mathrm{T}}}\boldsymbol{h}_{n,u}\right|^2\right] \tag{8.10}$$

其中，$\boldsymbol{g}_{q,n}$ 和 $\boldsymbol{h}_{n,u}$ 分别表示信道 $\boldsymbol{G}^{\mathrm{IU}}$ 的第 q 行 n 列元素和 $\boldsymbol{H}^{\mathrm{BI}}$ 的第 n 行 u 列元素。对于式（8.10）中 Rician 变量 $|h|$，其期望值可以表示为

$$\mathbb{E}\{|h|\}=\sqrt{\frac{\pi L_{1/2}^2(-K)}{4d_l^2(K+1)}}，\mathbb{E}\{|h|^2\}=\frac{1}{d_l^2} \tag{8.11}$$

其中，$d_l(l=1,2)$ 表示信道 $\boldsymbol{H}^{\mathrm{BI}}$ 的直视链路距离 d_1 和信道 $\boldsymbol{G}^{\mathrm{IU}}$ 的直视链路距离 d_2，对于 Rayleigh 分量 $|g|$，其期望值可以表示为

$$\mathbb{E}\{|g|\}=\sqrt{\frac{\pi}{2d^{\alpha_l}}},\mathbb{E}\{|g|^2\}=\frac{1}{d^{\alpha_l}} \tag{8.12}$$

考虑到信道 $g_{n,q}^{\mathrm{IU}}$ 与 $\boldsymbol{h}_n^{\mathrm{BI}}$ 之间的相互独立性，则对于信道 $\boldsymbol{h}_n^{\mathrm{BI}}$，不同单元之间信道的期望可以表示为

$$\mathbb{E}\left\{\left(\sum_{n=1}^{N}\left|h_{n,u}^2\right|\left|h_{n,u}^1\right|\right)^2\right\}=\mathbb{E}\left\{\sum_{n=1}^{N}\left|h_{n,u}^2\right|^2\left|h_{n,u}^1\right|^2\right\}+\mathbb{E}\left\{\sum_{n=1}^{N}\sum_{\substack{j=1\\j\neq n}}^{N}\left|h_{n,u}^2\right|\left|h_{n,u}^1\right|\left|h_{j,u}^2\right|\left|h_{j,u}^1\right|\right\} \tag{8.13}$$

基于式（8.13）的计算方式则可得式（8.10）中期望值为

$$\mathbb{E}\left[\sum_{n=1}^{N}\left|\boldsymbol{g}_{q,n}\vartheta_{n,i}\sum_{u=1}^{N_{\mathrm{T}}}\boldsymbol{h}_{n,u}\right|^{2}\right]=\frac{N}{d_{1}^{\alpha_{1}}d_{2}^{\alpha_{2}}}+\frac{N(N-1)\pi^{2}L_{1/2}^{2}(-K)}{8d_{1}^{\alpha_{1}}d_{2}^{\alpha_{2}}(K+1)} \tag{8.14}$$

综上，遍历系统容量可以表示为

$$C_{\max}=\log_{2}\left\{1+\frac{P_{s}\beta\sigma_{u,\hat{u}}^{\mathrm{t}}}{N_{0}}\left[\frac{N}{d_{1}^{\alpha_{1}}d_{2}^{\alpha_{2}}}+\frac{N(N-1)\pi^{2}L_{1/2}^{2}(-K)}{8d_{1}^{\alpha_{1}}d_{2}^{\alpha_{2}}(K+1)}\right]\right\} \tag{8.15}$$

8.2.2 分布式 STAR-RIS-SM 系统误码率性能分析

考虑到分布式 STAR-RIS 信道之间的相互独立性，因此通过计算第 i 块 STAR-RIS 车窗激活传输时所对应误码率闭式解，即可获得分布式 STAR-RIS-SM 的系统误码率性能，在接收端对天线索引 m 和传输调制信息 x 进行联合检测。采用 ML 检测器，系统误比特率 P_{b} 的联合上界可以表示为

$$P_{\mathrm{b}}\leqslant\frac{1}{MN_{\mathrm{R}}}\sum_{m}\sum_{\hat{m}}\sum_{x}\sum_{\hat{x}}\frac{\overline{P}(m,x\rightarrow\hat{m},\hat{x})d(m,x\rightarrow\hat{m},\hat{x})}{\log_{2}(MN_{\mathrm{R}})} \tag{8.16}$$

其中，$\overline{P}(m,x\rightarrow\hat{m},\hat{x})$ 表示对天线索引 m 和传输调制信息 x 联合检测的成对差错概率；$d(m,x\rightarrow\hat{m},\hat{x})$ 表示对应检测符号的错误比特数。$\overline{P}(m,x\rightarrow\hat{m},\hat{x})$ 可以被表示为

$$\begin{aligned}\overline{P}(m,x\rightarrow\hat{m},\hat{x})&=P\left(\sum_{q=1}^{N_{\mathrm{R}}}\left|y_{q}-\sqrt{P_{\mathrm{s}}}\boldsymbol{G}_{q}\boldsymbol{x}\right|^{2}>\sum_{q=1}^{N_{\mathrm{R}}}\left|y_{q}-\sqrt{P_{\mathrm{s}}}\hat{\boldsymbol{G}}_{q}\hat{\boldsymbol{x}}\right|^{2}\right)\\&=P\left(\sum_{q=1}^{N_{\mathrm{R}}}-\left|\sqrt{P_{\mathrm{s}}}\boldsymbol{G}_{q}\boldsymbol{x}-\sqrt{P_{\mathrm{s}}}\hat{\boldsymbol{G}}_{q}\hat{\boldsymbol{x}}\right|^{2}-2R\left\{y_{q}^{*}(\sqrt{P_{\mathrm{s}}}\boldsymbol{G}_{q}\boldsymbol{x}-\sqrt{P_{\mathrm{s}}}\hat{\boldsymbol{G}}_{q}\hat{\boldsymbol{x}})\right\}>0\right)\\&=P(G>0)\end{aligned} \tag{8.17}$$

其中，各分量的分布情况可以表示为 $\boldsymbol{G}_q = \sum_{n=1}^{N} \boldsymbol{g}_{q,n} \vartheta_{n,i} \boldsymbol{h}_n \mathrm{e}^{\mathrm{j}\omega_{m,n}}$，$\hat{\boldsymbol{G}}_q = \sum_{n=1}^{N} \boldsymbol{g}_{q,n} \vartheta_{n,i} \boldsymbol{h}_n \mathrm{e}^{\mathrm{j}\omega_{\hat{m},n}}$。其中，$\boldsymbol{h}_n \in \mathbb{C}^{N_{\mathrm{T}} \times 1}$ 表示信道 $\boldsymbol{H}^{\mathrm{BI}}$ 的第 n 行，$(\cdot)^*$ 表示对其求共轭复数操作，并且由 $\omega_{m,n} = \varphi_{m,n} + \phi_n - \theta_{n,j}$ 使式（8.6）中接收端SNR最大化。对于 $\boldsymbol{G}_q \sim N(\mu_G, \delta_G^2)$，其中 $\mu_G = \sum_{q=1}^{N_R} P_s \left| \boldsymbol{G}_q \boldsymbol{x} - \hat{\boldsymbol{G}}_q \hat{\boldsymbol{x}} \right|^2$，$\delta_G^2 = \sum_{q=1}^{N_R} 2(1+K) N_0 P_s \left| \boldsymbol{G}_q \boldsymbol{x} - \hat{\boldsymbol{G}}_q \hat{\boldsymbol{x}} \right|^2$。

采用 Q 函数表示方法，可以式（8.17）改写为

$$\bar{P}(m, x \to \hat{m}, \hat{x}) = \mathrm{Q}\left(\sqrt{\frac{\sum_{q=1}^{N_{\mathrm{R}}} P_{\mathrm{s}} \beta \sigma_{u,u}^{\mathrm{t}} \left| \boldsymbol{G}_q \boldsymbol{x} - \hat{\boldsymbol{G}}_q \hat{\boldsymbol{x}} \right|^2}{2(1+K) N_0}} \right) \tag{8.18}$$

从文献[131]中可以得到 Q 函数的上限为 $Q(x) \leqslant \frac{1}{6}\mathrm{e}^{-2x^2} + \frac{1}{12}\mathrm{e}^{-x^2} + \frac{1}{4}\mathrm{e}^{-x^2/2}$，则上式中瞬时PEP可以转化为

$$\bar{P}(m, x \to \hat{m}, \hat{x}) \leqslant \frac{1}{6}\mathrm{e}^{-\frac{2\Gamma}{\rho}} + \frac{1}{12}\mathrm{e}^{-\frac{\Gamma}{\rho}} + \frac{1}{4}\mathrm{e}^{-\frac{\Gamma}{2\rho}} \tag{8.19}$$

则无条件下PEP可以表示为

$$\begin{aligned} \bar{P}(m, x \to \hat{m}, \hat{x}) &= \mathrm{E}_\Gamma\left[Q\left(\sqrt{\frac{\Gamma}{\rho}} \right) \right] \leqslant \mathrm{E}_\Gamma\left[\frac{1}{6}\mathrm{e}^{\frac{2\Gamma}{\rho}} \right] + \mathrm{E}_\Gamma\left[\frac{1}{12}\mathrm{e}^{\frac{\Gamma}{\rho}} \right] + \mathrm{E}_\Gamma\left[\frac{1}{4}\mathrm{e}^{\frac{\Gamma}{2\rho}} \right] \\ &= \frac{1}{6} M_\Gamma\left(\frac{-2}{\rho} \right) + \frac{1}{12} M_\Gamma\left(\frac{-1}{\rho} \right) + \frac{1}{4} M_\Gamma\left(\frac{-1}{2\rho} \right) \end{aligned} \tag{8.20}$$

其中，$M_\Gamma(x) = \mathrm{E}_\Gamma[\mathrm{e}^{x\Gamma}]$ 是 Γ 的MGF函数，Γ 为 $\boldsymbol{G}_q \boldsymbol{x}$ 和 $\hat{\boldsymbol{G}}_q \hat{\boldsymbol{x}}$ 之间的平方欧几里得距离。$M_\Gamma(x)$ 可由正确或错误检测天线索引 m 的概率决定，通过考虑相关高斯分量分布的一般二次型推导。

（1）当 $m=\hat{m}$，即正确检测到接收天线索引 m 的情况下，考虑到 $\boldsymbol{G}_q=\hat{\boldsymbol{G}}_q$，$\varGamma$ 可以改写为

$$\varGamma=\sum_{q=1}^{N_R}P_{\mathrm{s}}\left|\boldsymbol{G}_q(\boldsymbol{x}-\hat{\boldsymbol{x}})\right|^2=P_{\mathrm{s}}\left|\boldsymbol{x}-\hat{\boldsymbol{x}}\right|^2\left(\boldsymbol{G}_m^2+\sum_{q=1,1\neq m}^{N_R}\left|\boldsymbol{G}_q\right|^2\right) \tag{8.21}$$

其中，$\boldsymbol{G}_m\sim N(E_m,D_m^2)$，$\boldsymbol{G}_q\sim CN(0,N)\ (q\neq m)$，类似于第七章中关于 MFG 函数的推导过程，可得

$$M_{\varGamma}(w)=\left(\frac{1}{1-2wD_m^2\left|\boldsymbol{x}-\hat{\boldsymbol{x}}\right|^2}\right)^{\frac{1}{2}}\times\left(\frac{1}{1-wN\left|\boldsymbol{x}-\hat{\boldsymbol{x}}\right|^2}\right)^{N_R-1}\times\exp\left(\frac{\mathrm{E}_m^2w\left|\boldsymbol{x}-\hat{\boldsymbol{x}}\right|^2}{1-2xD_m^2}\right) \tag{8.22}$$

将其代入式（8.20），即可得到无条件下平均 PEP 解。

（2）当 $m\neq\hat{m}$，$\varGamma$ 可以改写为 $\varGamma=\varGamma_1+\varGamma_2+\varGamma_3$，$\varGamma_1$，$\varGamma_2$，$\varGamma_3$ 分别表示 $\varGamma$ 的三种情况：$q=m$，$q=\hat{m}$ 和 $q\neq m$ 且 $q\neq\hat{m}$。对于不同的 q，考虑到 G_q 和 $\hat{G}_q$ 的不同分布以及变量之间的相关性，根据高斯随机变量的二次型来推导 $M_{\varGamma}(w)$。

$$\begin{aligned}&\varGamma_1=P_{\mathrm{s}}\left|\boldsymbol{G}_m\boldsymbol{x}-\hat{\boldsymbol{G}}_m\hat{\boldsymbol{x}}\right|^2,\ \varGamma_2=P_{\mathrm{s}}\left|\boldsymbol{G}_{\hat{m}}\boldsymbol{x}-\hat{\boldsymbol{G}}_m\hat{\boldsymbol{x}}\right|^2,\\&\varGamma_3=\sum_{q=1(q\neq m,q\neq\hat{m})}^{\mathrm{N_R}}P_{\mathrm{s}}\left|\boldsymbol{G}_q\boldsymbol{x}-\hat{\boldsymbol{G}}_q\hat{\boldsymbol{x}}\right|^2\end{aligned} \tag{8.23}$$

根据式（8.23）和中心极限定理，考虑到分量之间的相关性，通过计算 $\varGamma_1$ 与 $\varGamma_2$ 之间的期望和方差相关性矩阵 $\boldsymbol{m}$ 和 $\boldsymbol{C}$，代入式（8.24）中得到 $\varGamma_1+\varGamma_2$ 的 MGF 函数。对于 $\varGamma_3$，可以表示为独立卡方分布的随机变量之和，类似于式（8.16），获得 $\varGamma_3$ 的 MGF 函数：

$$M_{\varGamma}(w)=(\det(I-2w\boldsymbol{AC}))^{-\frac{1}{2}}\times\exp\left(-\frac{1}{2}\boldsymbol{m}^{\mathrm{T}}[I-(I-2w\boldsymbol{AC})^{-1}]\boldsymbol{C}^{-1}m\right) \tag{8.24}$$

将求解获得$\Gamma_1+\Gamma_2+\Gamma_3$的 MGF 函数代入式（8.20），即可得到无条件下平均 PEP 解。最后将得到 PEP 值分别代入式（8.16）求解得到系统误比特率值。

8.3 基于功率损耗模型下天线与 STAR-RIS 单元选择算法

在本节中，我们基于系统传输功率损耗模型和第七章中不同天线和 RIS 单元组合对信道容量影响的结论分析，提出基于功率约束的天线与单元选择算法，通过功率损耗分析，确定不同条件下选择 RIS 单元数和天线数的优先级，并根据功率约束，计算得到需要激活的 RIS 单元数和天线数，将得到的组合代入 JAUS 算法实现容量最大化。

基于 RIS 辅助的大规模 MIMO 系统功率损耗模型，对功率约束进行定义分析。考虑到整体系统所消耗的总功率可以由轨旁基站系统发射机射频链路消耗功率 P_{TA}、列车接收端接收机射频链路消耗功率 P_{RA} [201]、RIS 硬件静态损耗功率 P_{static} 和动态激活单元损耗功率 P_{dynamic} [202]之和表示。其中发射端和接收端的单链路消耗功率 P_{TAs}、P_{RAs} 被表示为

$$\begin{aligned}&P_{\mathrm{TA}}=(P_{\mathrm{DAC}}+P_{\mathrm{mix}}+P_{\mathrm{filt}})\ \ P_{\mathrm{TA}}=N_{\mathrm{T}}P_{\mathrm{TAs}}\\&P_{\mathrm{RA}}=(P_{\mathrm{ADC}}+P_{\mathrm{LNA}}+P_{\mathrm{IFA}}+P_{\mathrm{mix}}+P_{\mathrm{filr}})\ \ P_{\mathrm{RA}}=N_{\mathrm{R}}P_{\mathrm{RAs}}\end{aligned}\tag{8.25}$$

其中，P_{DAC}和P_{ADC}分别为数模转换器和模数转换器所消耗的功率；P_{LNA}表示低噪声放大器消耗功率；P_{IFA}表示中频放大器的消耗功率；P_{mix}表示混频器的消耗功率；P_{filt}和P_{filr}分别表示发送端和接收端的滤波器消耗功率。RIS 的消耗功率可以被表示为

$$P_{\mathrm{RIS}}=P_{\mathrm{static}}+NP_{\mathrm{dynamic}}\tag{8.26}$$

根据 7.4 节中图 7.7 的分析可知，在低信噪比区域内，可以选择激活更多的 RIS 单元和少量的天线组合来实现更高的信道容量；在高信噪比区域下，则选择更多的天线和少量的 RIS 单元组合。基于此原则，用

$l=(N_{sel},l_r)$ 表示选择的组合，N_{sel} 表示从 N 中选择激活的单元数量，l_r 表示选择用于接收天线的数量。对不同信噪比区域下 N_{sel} 和 l_r 的数量进行确定。

算法 8.1：功率约束选择算法。

步骤 1：输入噪比值阈值 γ_{th}、RIS 单元数 N、发射天线数 N_T、接收天线数 N_R、发射机单射频链路消耗功率 P_{TAs}、接收机单射频链路消耗功率 P_{RAs}、系统功率传输效率 η、RIS 硬件静态损耗功率 P_{static}、动态激活单元损耗功率 $P_{dynamic}$；

步骤 2：设定最小选择天线数 $l_{r,\min}$，最小激活 RIS 单元数 $N_{sel,\min}$；

步骤 3：初始化 N_{sel}、l_r、传输功率 P_s；

步骤 4：判断当前信噪比是否在 γ_{th} 内，若在，优先选择单元数，执行步骤 4，若不在，优先选择天线数，执行步骤 8；

步骤 5：若满足 $l_{r,\min}P_{RAs}+P_{RIS}\leqslant\eta P_S-P_{TA}$，则执行步骤 6；若不满足，则执行步骤 7；

步骤 6：确定接收天线和激活 RIS 单元数 $l_r=(\eta P_S-P_{TA}-P_{RIS})/P_{RAs}$，$N_{sel}=N$；

步骤 7：确定接收天线和激活 RIS 单元数 $N_{sel}=(\eta P_S-P_{TA}-l_{r,\min}P_{RAs}-P_{static})/P_{dynamic}$，$l_r=l_{r,\min}$；

步骤 8：若满足 $P_{RA}+N_{sel,\min}P_{dynamic}+P_{static}\leqslant\eta P_S-P_{TA}$，则执行步骤 9，若不满足，则执行步骤 10；

步骤 9：确定接收天线和激活 RIS 单元数 $N_{sel}=(\eta P_S-P_{TA}-N_R P_{RAs}-P_{static})/P_{dynamic}$，$l_r=N_R$；

步骤 10：确定接收天线和激活 RIS 单元数 $l_r=(\eta P_S-P_{TA}-N_{sel,\min}P_{dynamic}+P_{static})/P_{RAs}$，$N_{sel}=N_{sel,\min}$；

步骤 11：输出 N_{sel}、l_r。

将上述算法中最后输出的天线与单元组合数 (N_{sel},l_r) 代入第七章中所提出的基于天线移除原则的 JAUS 算法中，对容量进行求解计算。

8.4 基于容量优化的 STAR–RIS 无源相移矩阵优化设计方案

当第 i 块 STAR-RIS 车窗被选择激活后，通过调整第 i 块 STAR-RIS 的透射相位 $\theta_{n,i}$，使系统传输速率最大化。将传输速率 C 表示为关于第 i 块 STAR-RIS 对角相移矩阵 $\boldsymbol{\Phi}_i$ 的函数，其表达式可以被表示为 $f(\boldsymbol{\Phi}_i)=C$，优化问题被表示为

$$\begin{aligned}&\mathcal{P}1:\max_{\boldsymbol{\Phi}_i}\ C\\&\text{s.t.}\ \left|\vartheta_{n,i}\mathrm{e}^{\theta_{n,i}}\right|=\sqrt{1/N},\forall n,i\\&\quad\ \boldsymbol{\Phi}_i\in\mathcal{R}\end{aligned}\tag{8.27}$$

其中，$\boldsymbol{\Phi}_i\in\mathcal{R}$ 表示优化问题的可行域，令 $\boldsymbol{\Phi}_n=\vartheta_{n,i}\mathrm{e}^{\theta_{n,i}}$ 表示第 n 个单元的相移量。

由于式（8.27）的优化处理问题为非凸问题，并且优化变量为 STAR-RIS 的单元相移 $\boldsymbol{\Phi}_i$，其值为离散变量，与优化函数被范数运算耦合，无法直接求解。因此式（8.27）的约束问题为非凸优化问题。

对于整体优化目标式（8.27），采用交替优化方法，将其分解为传输增益和单元相移两个自由化问题。对于传输增益的优化，本节采用化简和二次函数极值求解；对于单元相移，采用梯度投影法求解，即先对透射相位函数 $f(\boldsymbol{\Phi}_i^{(k)})$ 进行负方向搜索，在每一次搜索中，寻找函数变化最小的一个点并向其移动，移动的距离便是优化函数在该方向的投影长度。如此循环，当移动的距离逐渐趋近于 0 时，可以将当前取值的点与结果近似为最优解与最优结果。当两个子问题得到求解时，再通过交替优化得到最终解。由于交替优化方法的局限性，可能使优化函数局部收敛，最终导致所求的为次优解。但与多目标优化的求解方法相比，交替优化方法具有实现简单和复杂度低的优势。

基于上述分析，利用梯度投影法解决 STAR-RIS 车窗相移矩阵的恒定

模量约束。通过将第 k 次迭代的可行解投影至优化问题的可行域 $\boldsymbol{\Phi}_i \in \mathcal{R}$，以此来对每一步的单元相移进行更新，可以表示为

$$\boldsymbol{\Phi}_i^{(k)} = \sqrt{\frac{1}{N}}\text{diag}(\mathrm{e}^{\mathrm{j}\angle(\boldsymbol{\Phi}_i^{(k-1)}+\kappa^{*}\delta^{(k-1)})}) \tag{8.28}$$

式中，κ 为搜索步长，设定可行域下降方向为负梯度方向，即表示为 $\delta^{(k-1)} = -\nabla f(\boldsymbol{\Phi}_i^{(k-1)})$，则式（8.27）中 $\boldsymbol{\Phi}_i^{(k-1)}$ 无约束目标的 Euclidea 梯度可以表示为

$$\nabla f(\boldsymbol{\Phi}_i^{(k-1)}) = \left(\frac{(\boldsymbol{G}^{\text{IU}})^{\text{H}}\boldsymbol{G}^{\text{IU}}\boldsymbol{\Phi}_i^{(k-1)}\boldsymbol{H}^{\text{BI}}(\boldsymbol{H}^{\text{BI}})^{\text{H}} + ((\boldsymbol{G}^{\text{IU}})^{\text{H}}\boldsymbol{G}^{\text{IU}})^{\text{T}}\boldsymbol{\Phi}_i^{(k-1)}(\boldsymbol{G}^{\text{IU}}(\boldsymbol{G}^{\text{IU}})^{\text{H}})^{\text{H}}}{\boldsymbol{G}^{\text{IU}}\boldsymbol{\Phi}_i^{(k-1)}\boldsymbol{H}^{\text{BI}}(\boldsymbol{H}^{\text{BI}})^{\text{H}}(\boldsymbol{\Phi}_i^{(k-1)})^{\text{H}}(\boldsymbol{G}^{\text{IU}})^{\text{H}} + N_0 / P_{\text{s}}}\right) \tag{8.29}$$

将式（8.28）作为搜索的负梯度方向，在迭代后通过对系统传输速率进行精度检验，当满足设定精度，则确定当前搜索迭代后的解即为最大传输速率。

算法 8.2：具体基于梯度投影的 STAR-RIS 车窗相移优化算法。

步骤 1：输入各级信道 $\boldsymbol{G}^{\text{IU}}$、$\boldsymbol{H}^{\text{BI}}$、步长 κ，精度参数 ε；

步骤 2：初始化变量 $\boldsymbol{\Phi}_i^{(k)}$，$f(\boldsymbol{\Phi}_i^{(k)})$，令 $k = 0$；

步骤 3：循环迭代开始，计算 $\delta^{(k)} = -\nabla f(\boldsymbol{\Phi}_i^{(k)})$，$k = k + 1$；

步骤 4：更新 $\boldsymbol{\Phi}_i^{(k)} = \sqrt{\frac{1}{N}}\text{diag}(\mathrm{e}^{\mathrm{j}\angle(\boldsymbol{\Phi}_i^{(k-1)}+\kappa^{*}\delta^{(k-1)})})$；

步骤 5：如果 $\left|f(\boldsymbol{\Phi}_i^{(k-1)}) - f(\boldsymbol{\Phi}_i^{(k)})\right| \leqslant \varepsilon$，则结束循环跳出；如果 $\left|f(\boldsymbol{\Phi}_i^{(k-1)}) - f(\boldsymbol{\Phi}_i^{(k)})\right| > \varepsilon$，则令 $f(\boldsymbol{\Phi}_i^{(k-1)}) = f(\boldsymbol{\Phi}_i^{(k)})$，继续循环，重复步骤 3；

步骤 6：输出 $f(\boldsymbol{\Phi}_i^{(k-1)})$、$\boldsymbol{\Phi}_i^{(k)}$。

对于上述算法的收敛性证明和复杂度计算：由于算法 $\mathcal{P}1$ 的目标函数传输速率为正数解且为单调函数，在步骤 4 中，每次迭代需要获得最小值，因此算法将会收敛至局部最优解。由于每次迭代所获得的 $\{\boldsymbol{\Phi}_i^{(k)}\}_k$ 集合为紧凑集合，因此根据 Bolzano　Weierstrass 定理，由式（8.29）中的 $\boldsymbol{\Phi}_i$，能够

收敛至 $\mathcal{P}1$ 的 KKT（Karush-Kuhn-Tucker，KKT）点。考虑到算法的主要计算步骤，在每次迭代过程中，基于梯度投影的 STAR-RIS 相移优化算法复杂度可以表示为 $O(3N^2(1+N))$。

8.5 仿真结果与分析

在本节中，通过仿真模拟分析来验证所提出方案的优势与性能，基于高铁空时相关的 Rician 模型，分别考虑列车移动速度 V、STAR-RIS 车窗单元数 N、Rician 因子 K 等参数对系统误码率性能和遍历容量性能的影响。其中基本参数设置：轨旁基站的发射天线数为 4，列车内部接收端接收天线数为 4，信号穿过透明玻璃的损耗值设为 4 dB，对于金属车体穿透损耗值设为 15 Db，归一化接收天线的距离 $\Delta_R = 0.5$，载波频率 $f_c = 3.5$ GHz，系统传输带宽为 180 kHz，噪声功率谱密度为 – 173 dBm/Hz。对于梯度投影算法的一些基本参数设置：精度参数 $\varepsilon = 10^{-3}$，步长 κ 设置只需小于 Lipschitz 常数，仿真次数设置为 10 000 次。功率损耗模型仿真参数如表 8.2 所示。

表 8.2　功率损耗模型仿真参数

参数名称	符号	数值/mW	参数名称	符号	数值/mW
数模转换器功率	P_{DAC}	15	发送端滤波器功率	P_{filt}	2.5
模数转换器功率	P_{ADC}	6.7	接收端滤波器功率	P_{filr}	2.5
低噪声放大器功率	P_{LNA}	20	STAR-RIS 硬件静态功率	P_{static}	0.5
中频放大器功率	P_{IFA}	4	STAR-RIS 动态激活单元功率	P_{dynamic}	0.33
混频器的消耗功率	P_{mix}	30.3	系统功率传输效率	η	0.38（无量纲）

图 8.2 比较了中继转发方案、RIS-RSM 方案和本章所提出方案在不同列车移动速度下误码率性能的比较。从图中可以明显看出，在统一速度下，本章所提出方案在是否考虑穿透损耗的情况下均能保证最优的误码率性能。相比于 RIS-RSM 传输方案，本章所提出方案虽然在传输路径上缺少了基站至接收端直视路径的增益，但是由于信道变少，检测端的检测复杂度也随之降低，这是 RIS-RSM 传输方案误码率性能较高的主要原因。而对于中继转发方案，由于受车顶金属车体穿透损耗的严重影响，导致信号传输质量下降，仅在低移速、高信噪比的情况下，性能差距才有所减小。另外，从图中也不难看出，中继转发方案相比于其他两种方案受速度的影响较大，因为缺少了 RIS 的多径辅助传输，仅依靠直视路径分量，检测端更容易受信道快速变化的影响。

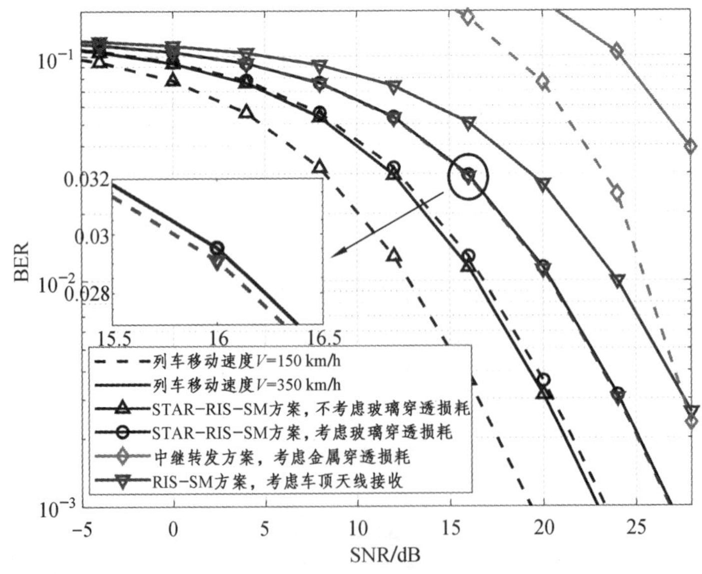

图 8.2 不同列车速度下多方案的系统误码率性能比较

图 8.3 对比了中继转发方案、RIS-RSM 方案和本章所提出方案的遍历容量性能。在相同发射功率和智能单元个数下，RIS-SM 方案能够获得最

优的遍历容量，即便是在考虑了金属穿透损耗的情况下，其容量性能远远大于其他两种方案，其得益于多段信道的传输增益，但是所需要的信道状态信息也比其他两种方案多。STAR-RIS-SM 方案虽然与中继转发传输方案性能相差不大，但是由于可以通过激活增加面板传输，从而增加智能单元个数来增大传输容量，根据图中所示，通过增加三倍的单元个数可以接近 RIS-SM 方案的容量性能。在实际传输过程中，可以根据列车运行环境的不同，动态选择更多的 STAR-RIS 车窗进行传输，增大智能单元个数，以保证较高的传输速率。

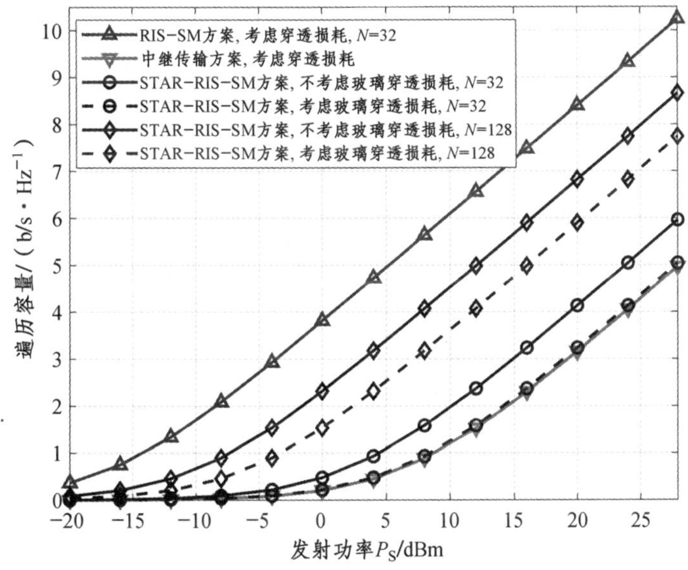

图 8.3　不同发射功率下多方案的系统遍历容量性能比较

图 8.4 比较了 STAR-RIS-SM 方案和 RIS-SM 方案在不同单元数下系统遍历容量性能。d_1 表示基站与 STAR-RIS 之间的距离，图中 RIS-SM 方案选取单元数 $N=32$。从图中可以看出，随着单元数的增加，遍历容量上限也随之单调增加，STAR-RIS 能够通过增加单元数提高接收信号的分集增益，另外通过 STAR-RIS 的相移调整也能够提高透射信号增益，虽然提高

单元数可以有效提升系统容量性能，但是增加单元数 N 也会导致计算复杂度和系统成本增加。基站与 STAR-RIS 之间的距离也对容量性能有所影响，这是由于当列车运行靠近基站时，路径损耗减小，接收端信号功率增大，对传输性能有所提升。同时，对比高低信噪比方案可以看出，通过增大 SNR 可以降低达到 RIS-SM 方案相同性能所需的单元数，在 SNR = 5 dB 情况下需要单元数为 190 个，而在 SNR = 15 dB 的情况下仅需 60 个，因此可以通过增大 P_s 来对应减少 STAR-RIS 单元数的使用，在减小系统成本的情况下保证传输速率。

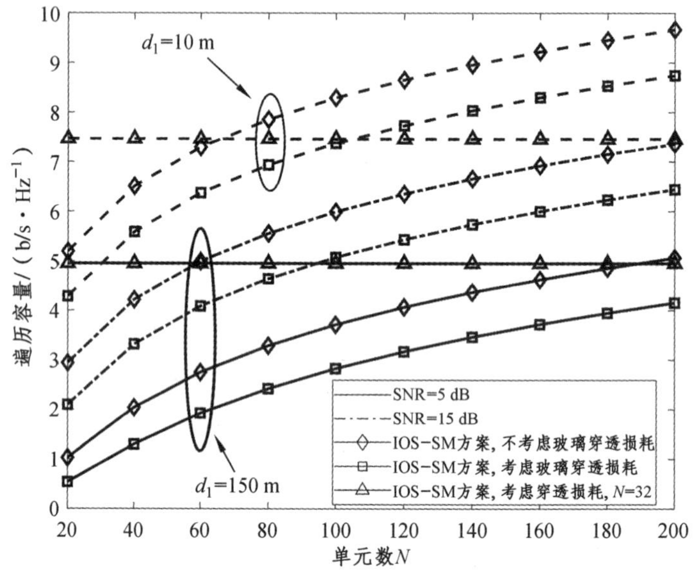

图 8.4　不同 STAR-RIS 单元数下系统遍历容量性能对比

图 8.5 展示了不同信噪比和 Rician 因子下，RIS-SM 方案和 STAR-RIS-SM 方案的系统遍历容量性能和误码率性能权衡。图中每条线上各点从上至下分别代表 Rician 因子的值从 1 取至 7，即 $K=1,2,\cdots,7$。在高铁场景下，高 Rician 因子代表直视路径分量更强，能够对应提升信号质量，而对于高架桥等直视路径分量较多的场景，其散射与衍射物体较少，从而导致多径

增益难以获得。基于第七章中的仿真分析可知，较高的 Rician 因子能够带来更高的容量性能，但也会导致误码率性能的下降，而在图中可以看出，当 $K \leqslant 4$ 时，随着 Rician 因子增大，容量性能会对应快速增加，此时误码率性能下降速率缓慢，而当 $K \geqslant 5$ 时，容量性能将随着 Rician 因子的增加趋于恒定，但此时误码率性能则会迅速降低。因此，在高铁无线传输系统下，可以通过对应系统设置，保证误码率性能和容量性能保持在相对较高的平衡点状态。同时基于不同 SNR 下的对比可以发现，相比于 RIS-SM 方案，STAR-RIS-SM 方案更适合高铁无线传输。

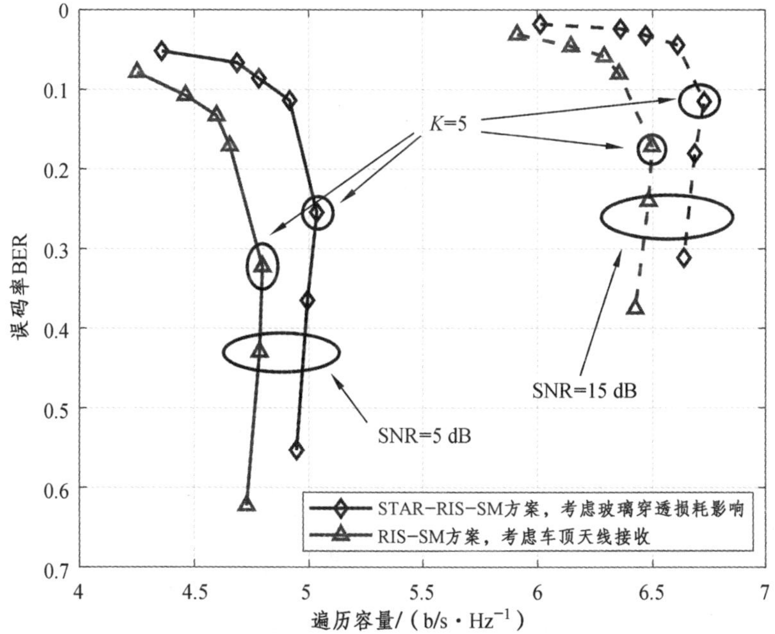

图 8.5　不同信噪比和 Rician 因子下遍历容量和误码率性能权衡

图 8.6 展示了具有功率损耗约束条件下天线与 RIS 单元选择算法信道容量性能的变化曲线。从图中可以看出，相比于固定全部选择算法，在 $N_{\mathrm{R}}=4, N_{\mathrm{T}}=4, N=64$ 情况下，本章所提出的算法能够以较少的接收天线达到和全部选择方案近似的容量性能，性能下降仅为 6.2%，同时节省 $3P_{\mathrm{RAs}}$

的功率损耗，并且随着 SNR 的增加，本章所提出的算法能够保持与固定全部选择算法相同的性能。当 RIS 单元数固定时，提升接收天线数量对传输速率的增强明显大于提升发射天线的数量。另外，增大 RIS 单元数能够以更低的信噪比达到与固定全部选择算法方案的性能接近点，这是由于 RIS 作为可编程电磁元件，其动态激活功耗和静态功耗相对于发射端/接收端的功耗具有一定优势，同时，低信噪比区域通过增加多径信道传输，能够增大分集增益，以此保证系统高速传输。

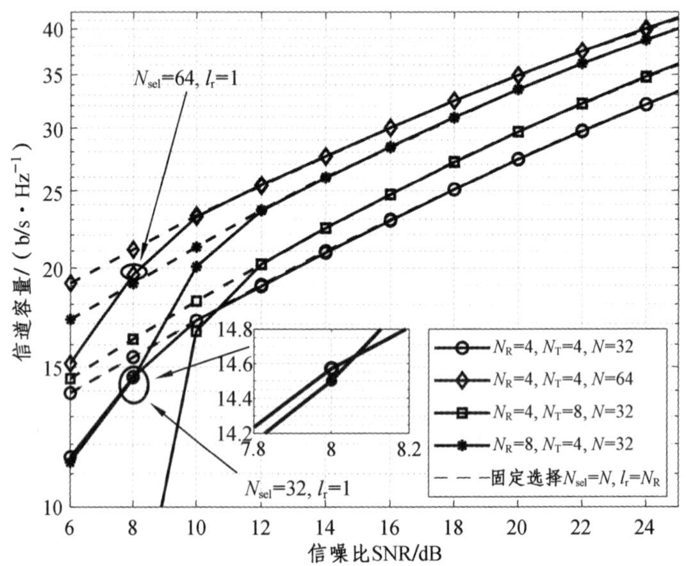

图 8.6　具有功率损耗约束条件下天线与 RIS 单元选择算法信道容量性能变化曲线

图 8.7 对比了功率损耗约束条件下基于天线递减和天线递增原则的选择算法容量性能。从图中可以明显看出，基于天线递减原则的 JAUS 算法性能在不同发射天线数、接收天线数和 RIS 单元数的情况下，都要优于天线递增原则，这是由于递减原则在每次迭代过程中都需要估计剩余天线与单元子集对系统容量性能的贡献，而递增原则仅考虑单次增加天线对系统容量性能的贡献。对于天线递减原则的 JAUS 算法，在发射端增加接收天

线数量可以在高信噪比区域下弥补单元数量不足的影响，与之相反的是，对于天线递增原则的JAUS算法，增加接收端的天线数量是提升容量性能的有效方式。

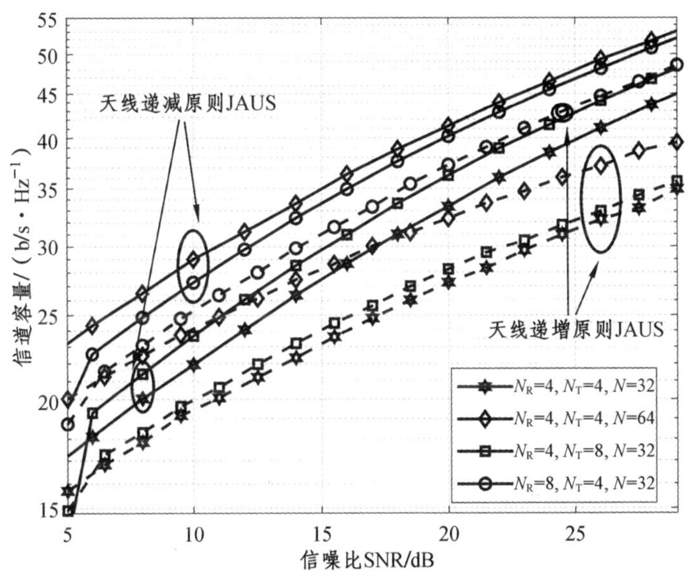

图 8.7　高铁场景下多基站协作 RIS-SM 系统框图

图 8.8 对比了梯度投影法、最大化 SNR 和随机相移优化三种不同相移优化方法和中继传输方案的系统信道容量性能。图中，中继传输方案在不考虑穿透损耗的情况下，容量性能相比于其他智能超表面辅助传输方案仍是最差。在有智能超表面辅助传输方案中，文章所采用的基于梯度投影法的优化方案极大地提高了系统容量，在发射功率为 15 dBm，$N = 32$ 时，相比于最大化 SNR 和随机相移优化方案，梯度投影法能够分别提高 2 b/s · Hz^{-1} 和 2.3 b/s · Hz^{-1}。随机相移优化算法的容量性能随单元数的变化不大，由于每次调整单元相移的随机性，导致其优化算法的性能最差。而最大化 SNR 方法将多段信号的到达角进行调整，使信道增益的模值最大，在单元数较低的情况下，其容量性能与随机相移优化方案近似相同。

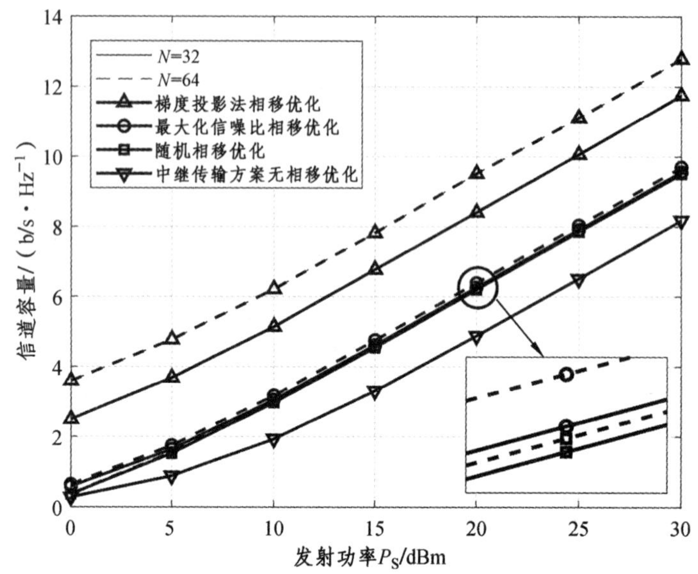

图 8.8 不同信噪比和 Rician 因子下遍历容量和误码率性能权衡

8.6 本章小结

本章提出了一种高铁无线通信场景下分布式 STAR-RIS 辅助 SM 传输方案，以解决由于列车封闭车厢所带来的高损耗和性能损失问题。具体地，将透明形态的 STAR-RIS 面板嵌入列车车窗，通过透射基站的传输信号，使列车内部接收端避免高金属穿透损耗的影响。为了保证传输质量，通过信道增益最大化原则选择最优 STAR-RIS 面板激活传输，同时，为了使所提出的 JAUS 算法更符合实际传输模型，基于功率损耗模型，对所提出的 JAUS 算法进行设计补充，并通过梯度投影法对单元相移进行优化，保证高速率传输。仿真结果表明，在考虑到穿透损耗的影响下，本章所提出的分布式 STAR-RIS-SM 方案相比于 RIS-SM 方案和中继转发传输方案，可以获得最优的误码率性能，并且在容量性能方面，能够通过激活增加更多的 STAR-RIS 面板来弥补与 RIS-SM 方案的性能差距。我们基于两种性能进行了权衡对比，在 $K=5$ 左右时，容量性能和误码率性能均能获得较高水平的平衡点。最后，提出的具有功率损耗约束条件下 JAUS 算法能够根据所消耗功率动态调整选择天线与 RIS 单元数组合，其容量性能与固定全部选择算法方案一致，保证了通信系统高速传输，同时所使用的梯度投影法的单元相移优化能够保证最高容量传输性能。在高速无线通信环境下，分布式 STAR-RIS 辅助 SM 传输方案能够保证低损耗和高速传输。

附　录

利用“用然后忘记”策略[57]，$\mathrm{SINR}_{lk}[q]$ 由下式计算：

$$\begin{aligned}\mathrm{SINR}_{lk}[q] = {} & \left|\mathrm{DS}_{lk}[q]\right|^2 \Big/ \Bigg(\mathbb{E}\left\{\left|\mathrm{BU}_{lk}[q]\right|^2\right\} + \sum_{n \neq q}^{N} \mathbb{E}\left\{\left|\mathrm{SI}_{lk}[n-q]\right|^2\right\} + \\ & \sum_{j=1}^{k-1}\sum_{n=1}^{N} \mathbb{E}\left\{\left|\mathrm{IS}_{lj}[n-q]\right|^2\right\} + \sum_{j=k+1}^{K}\sum_{n=1}^{N} \mathbb{E}\left\{\left|\mathrm{RS}_{lj}[n-q]\right|^2\right\} + \\ & \sum_{i \neq l}^{L}\sum_{j=1}^{K}\sum_{n=1}^{N} \mathbb{E}\left\{\left|\mathrm{IC}_{ij}[n-q]\right|^2\right\} + 1 \Bigg)\end{aligned} \tag{a-1}$$

（1）计算 $\mathbb{E}\left\{\boldsymbol{f}_{mlk}^{\mathrm{H}}[n-q]\boldsymbol{D}_{mlj}\hat{\boldsymbol{g}}_{mlj}\right\}$：基于 MMSE 估计性质，$\hat{\boldsymbol{g}}_{mlj}$ 和 $\tilde{\boldsymbol{g}}_{mlk}$ 相互独立[34]，可以得到

$$\begin{aligned}\mathbb{E}\left\{\boldsymbol{f}_{mlk}^{\mathrm{H}}[n-q]\boldsymbol{D}_{mlj}\hat{\boldsymbol{g}}_{mlj}\right\} &= \mathbb{E}\Big\{\left(I_{mlk}[n-q]\bar{\boldsymbol{h}}_{mlk} + I_{\mathrm{D}}[n-q]\left(\hat{\boldsymbol{h}}_{mlk} + \tilde{\boldsymbol{g}}_{mlk}\right)\right)^{\mathrm{H}} \\ & \qquad \boldsymbol{D}_{mlj}\left(\bar{\boldsymbol{h}}_{mlj} + \hat{\boldsymbol{h}}_{mlj}\right)\Big\} \\ &= I_{mlk}[n-q]\mathbb{E}\left\{\bar{\boldsymbol{h}}_{mlk}^{\mathrm{H}}\boldsymbol{D}_{mlj}\bar{\boldsymbol{h}}_{mlj}\right\} + I_{\mathrm{D}}[n-q]\mathbb{E}\left\{\hat{\boldsymbol{h}}_{mlk}^{\mathrm{H}}\boldsymbol{D}_{mlj}\hat{\boldsymbol{h}}_{mlj}\right\} \\ &= I_{mlk}[n-q]\bar{\boldsymbol{h}}_{mlk}^{\mathrm{H}}\boldsymbol{D}_{mlj}\bar{\boldsymbol{h}}_{mlj} + I_{\mathrm{D}}[n-q]\mathrm{tr}\left(\boldsymbol{D}_{mlj}\bar{\boldsymbol{Q}}_{mlkj}\right)\end{aligned} \tag{a-2}$$

（2）计算 $\mathbb{E}\left\{\left|\boldsymbol{f}_{mlk}^{\mathrm{H}}[n-q]\boldsymbol{D}_{mlj}\hat{\boldsymbol{g}}_{mlj}\right|^2\right\}$：$\mathbb{E}\left\{\left|\boldsymbol{f}_{mlk}^{\mathrm{H}}[n-q]\boldsymbol{D}_{mlj}\hat{\boldsymbol{g}}_{mlj}\right|^2\right\}$ 可以重写为

$$\mathbb{E}\left\{\left|\boldsymbol{f}_{mlk}^{\mathrm{H}}[n-q]\boldsymbol{D}_{mlj}\hat{\boldsymbol{g}}_{mlj}\right|^2\right\}=\mathbb{E}\left\{\left|\left(I_{mlk}[n-q]\bar{\boldsymbol{h}}_{mlk}+I_{\mathrm{D}}[n-q]\left(\hat{\boldsymbol{h}}_{mlk}+\tilde{\boldsymbol{g}}_{mlk}\right)\right)^{\mathrm{H}}\boldsymbol{D}_{mlj}\left(\bar{\boldsymbol{h}}_{mlj}+\hat{\boldsymbol{h}}_{mlj}\right)\right|^2\right\}$$
$$=\underbrace{\mathbb{E}\left\{\left|\left(I_{mlk}[n-q]\bar{\boldsymbol{h}}_{mlk}+I_{\mathrm{D}}[n-q]\hat{\boldsymbol{h}}_{mlk}\right)^{\mathrm{H}}\boldsymbol{D}_{mlj}\left(\bar{\boldsymbol{h}}_{mlj}+\hat{\boldsymbol{h}}_{mlj}\right)\right|^2\right\}}_{\Upsilon_1}+\underbrace{\mathbb{E}\left\{\left|I_{\mathrm{D}}[n-q]\tilde{\boldsymbol{g}}_{mlk}^{\mathrm{H}}\boldsymbol{D}_{mlj}\left(\bar{\boldsymbol{h}}_{mlj}+\hat{\boldsymbol{h}}_{mlj}\right)\right|^2\right\}}_{\Upsilon_2} \quad (\text{a-3})$$

首先计算第一项 Υ_1，信道估计值 $\hat{\boldsymbol{g}}_{mlk}$ 可以重写为

$$\hat{\boldsymbol{g}}_{mlk}=\bar{\boldsymbol{h}}_{mlk}+\sqrt{\tau_{\mathrm{p}}p_{\mathrm{p}}}\boldsymbol{R}_{mlk}\boldsymbol{\Psi}_{ml}^{1/2}\left(\boldsymbol{\Psi}_{ml}^{1/2}\boldsymbol{y}_{ml}\right) \quad (\text{a-4})$$

其中，$\boldsymbol{\Psi}_{ml}^{1/2}\boldsymbol{y}_{ml}\sim\mathcal{CN}\left(0,\boldsymbol{I}_{N_{\mathrm{ap}}}\right)$，利用文献[86]的引理 5，可以得到

$$\begin{aligned}\Upsilon_1=&I_{\mathrm{D}}^2[n-q]\left(\bar{\boldsymbol{h}}_{mlj}^{\mathrm{H}}\boldsymbol{D}_{mlj}\boldsymbol{Q}_{mlk}\bar{\boldsymbol{h}}_{mlj}\right)+I_{\mathrm{D}}^2[n-q]\left(\left|\mathrm{tr}\left(\boldsymbol{D}_{mlj}\bar{\boldsymbol{Q}}_{mlkj}\right)\right|^2+\right.\\&\left.\mathrm{tr}\left(\boldsymbol{D}_{mlj}\boldsymbol{Q}_{mlj}\boldsymbol{Q}_{mlk}\right)\right)+I_{mlk}^2[n-q]\left(\left|\bar{\boldsymbol{h}}_{mlk}^{\mathrm{H}}\boldsymbol{D}_{mlj}\bar{\boldsymbol{h}}_{mlj}\right|^2+\bar{\boldsymbol{h}}_{mlk}^{\mathrm{H}}\boldsymbol{D}_{mlj}\boldsymbol{Q}_{mlj}\bar{\boldsymbol{h}}_{mlk}\right)+\\&2I_{\mathrm{D}}[n-q]I_{mlk}[n-q]\mathrm{Re}\left\{\mathrm{tr}\left(\boldsymbol{D}_{mlj}\bar{\boldsymbol{Q}}_{mlkj}\right)\bar{\boldsymbol{h}}_{mlj}^{\mathrm{H}}\boldsymbol{D}_{mlj}\bar{\boldsymbol{h}}_{mlk}\right\}\end{aligned} \quad (\text{a-5})$$

此外，利用文献[86]的引理 4，可以计算得到

$$\begin{aligned}\Upsilon_2=&I_{\mathrm{D}}^2[n-q]\mathrm{tr}\left(\boldsymbol{D}_{mlj}\boldsymbol{Q}_{mlj}\left(\boldsymbol{R}_{mlk}-\boldsymbol{Q}_{mlk}\right)\right)+\\&I_{\mathrm{D}}^2[n-q]\bar{\boldsymbol{h}}_{mlj}^{\mathrm{H}}\boldsymbol{D}_{mlj}\left(\boldsymbol{R}_{mlk}-\boldsymbol{Q}_{mlk}\right)\bar{\boldsymbol{h}}_{mlj}\end{aligned} \quad (\text{a-6})$$

利用式（a-5）和（a-6），可以得到

$$\mathbb{E}\left\{\left|\boldsymbol{f}_{mlk}^{\mathrm{H}}[n-q]\boldsymbol{D}_{mlj}\hat{\boldsymbol{g}}_{mlj}\right|^2\right\}=I_{mlk}^2[n-q]\left(\left|\bar{\boldsymbol{h}}_{mlk}^{\mathrm{H}}\boldsymbol{D}_{mlj}\bar{\boldsymbol{h}}_{mlj}\right|^2+\bar{\boldsymbol{h}}_{mlk}^{\mathrm{H}}\boldsymbol{D}_{mlj}\boldsymbol{Q}_{mlj}\bar{\boldsymbol{h}}_{mlk}\right)+ \\ 2I_{\mathrm{D}}[n-q]I_{mlk}[n-q]\mathrm{Re}\left\{\mathrm{tr}\left(\boldsymbol{D}_{mlj}\bar{\boldsymbol{Q}}_{mlkj}\right)\bar{\boldsymbol{h}}_{mlj}^{\mathrm{H}}\boldsymbol{D}_{mlj}\bar{\boldsymbol{h}}_{mlk}\right\}+ \\ I_{\mathrm{D}}^2[n-q]\left(\left|\mathrm{tr}\left(\boldsymbol{D}_{mlj}\bar{\boldsymbol{Q}}_{mlkj}\right)\right|^2+ \\ \mathrm{tr}\left(\boldsymbol{D}_{mlj}\boldsymbol{Q}_{mlj}\boldsymbol{R}_{mlk}\right)+\bar{\boldsymbol{h}}_{mlj}^{\mathrm{H}}\boldsymbol{D}_{mlj}\boldsymbol{R}_{mlk}\bar{\boldsymbol{h}}_{mlj}\right) \tag{a-7}$$

（3）计算 $\mathrm{DS}_{lk}[q]$：对于 $j=k$，利用式（a-2）计算的结果可以得到

$$\mathrm{DS}_{lk}[q]=\sqrt{p_{\mathrm{d}}}\sum_{m=1}^{M}\sqrt{\eta_{mlk}\gamma_{mlk}}\left(I_{mlk}[0]\bar{\boldsymbol{h}}_{mlk}^{\mathrm{H}}\boldsymbol{D}_{mlk}\bar{\boldsymbol{h}}_{mlk}+I_{\mathrm{D}}[0]\mathrm{tr}\left(\boldsymbol{D}_{mlk}\boldsymbol{Q}_{mlk}\right)\right) \tag{a-8}$$

（4）计算 $\mathrm{E}\left\{\left|\mathrm{BU}_{lk}[q]\right|^2\right\}$：对于 $j=k$，利用式（a-2）和（a-7）计算的结果可以得到

$$\mathbb{E}\left\{\left|\mathrm{BU}_{lk}[q]\right|^2\right\}=\sum_{m=1}^{M}\left(\mathbb{E}\left\{\left|\left(\xi_{mlk}^{lk}[0]\right)\right|^2\right\}-\left|\mathbb{E}\left\{\xi_{mlk}^{lk}[0]\right\}\right|^2\right) \\ =p_{\mathrm{d}}\sum_{m=1}^{M}\eta_{mlk}\gamma_{mlk}\left(I_{mlk}^2[0]\bar{\boldsymbol{h}}_{mlk}^{\mathrm{H}}\boldsymbol{D}_{mlk}\boldsymbol{Q}_{mlk}\bar{\boldsymbol{h}}_{mlk}+I_{\mathrm{D}}^2[0]\right. \\ \left.\left(\mathrm{tr}\left(\boldsymbol{R}_{mlk}\boldsymbol{D}_{mlk}\boldsymbol{Q}_{mlk}\right)+\bar{\boldsymbol{h}}_{mlj}^{\mathrm{H}}\boldsymbol{D}_{mlk}\boldsymbol{R}_{mlk}\bar{\boldsymbol{h}}_{mlk}\right)\right) \tag{a-9}$$

（5）计算 $\mathbb{E}\left\{\left|\mathrm{SI}_{lk}[n-q]\right|^2\right\}$：利用公式 $\mathbb{E}\left\{\left|\mathrm{X}-\mathrm{E}\{\mathrm{X}\}\right|^2\right\}=\mathbb{E}\left\{\mathrm{X}^2\right\}-\left(\mathbb{E}\{\mathrm{X}\}\right)^2$，对于 $j=k$，同时利用式（a-2）和（a-7）计算的结果可以得到

$$\mathbb{E}\left\{\left|\mathrm{SI}_{lk}[n-q]\right|^2\right\}=\left|\sum_{m=1}^{M}\mathbb{E}\left\{\xi_{mlk}^{lk}[n-q]\right\}\right|^2+\sum_{m=1}^{M}\left(\mathbb{E}\left\{\left|\xi_{mlk}^{lk}[n-q]\right|^2\right\}-\right. \\ \left.\left|\mathbb{E}\left\{\xi_{mlk}^{lk}[n-q]\right\}\right|^2\right) \\ =p_{\mathrm{d}}\sum_{m=1}^{M}\eta_{mlk}\gamma_{mlk}\left(I_{mlk}^2[n-q]\bar{\boldsymbol{h}}_{mlk}^{\mathrm{H}}\boldsymbol{D}_{mlk}\boldsymbol{Q}_{mlk}\bar{\boldsymbol{h}}_{mlk}+\right. \\ \left.I_{\mathrm{D}}^2[n-q]\left(\mathrm{tr}\left(\boldsymbol{R}_{mlk}\boldsymbol{D}_{mlk}\boldsymbol{Q}_{mlk}\right)+\bar{\boldsymbol{h}}_{mlj}^{\mathrm{H}}\boldsymbol{D}_{mlk}\boldsymbol{R}_{mlk}\bar{\boldsymbol{h}}_{mlk}\right)\right)+ \\ p_{\mathrm{d}}\left|\sum_{m=1}^{M}\sqrt{\eta_{mlk}\gamma_{mlk}}\left(I_{mlk}[n-q]\bar{\boldsymbol{h}}_{mlk}^{\mathrm{H}}\boldsymbol{D}_{mlk}\bar{\boldsymbol{h}}_{mlk}+I_{\mathrm{D}}[n-q]\mathrm{tr}\left(\boldsymbol{D}_{mlk}\boldsymbol{Q}_{mlk}\right)\right)\right|^2 \tag{a-10}$$

（6）计算 $\mathbb{E}\left\{\left|\mathrm{IS}_{lj}[n-q]\right|^2\right\}$：采用计算 $\mathbb{E}\left\{\left|\mathrm{SI}_{lk}[n-q]\right|^2\right\}$ 类似的步骤，可以得到

$$\begin{aligned}
\mathbb{E}\left\{\left|\mathrm{IS}_{lj}[n-q]\right|^2\right\} &= \left|\sum_{m=1}^{M}\mathbb{E}\left\{\xi_{mlk}^{lj}[n-q]\right\}\right|^2 + \sum_{m=1}^{M}\left(\mathbb{E}\left\{\left|\xi_{mlk}^{lj}[n-q]\right|^2\right\} - \left|\mathbb{E}\left\{\xi_{mlk}^{lj}[n-q]\right\}\right|^2\right) \\
&= p_{\mathrm{d}}\sum_{m=1}^{M}\eta_{mlj}\gamma_{mlj}\Big(I_{mlk}^2[n-q]\bar{\boldsymbol{h}}_{mlk}^{\mathrm{H}}\boldsymbol{D}_{mlj}\boldsymbol{Q}_{mlj}\bar{\boldsymbol{h}}_{mlk} + \\
&\quad I_{\mathrm{D}}^2[n-q]\left(\mathrm{tr}\left(\boldsymbol{D}_{mlj}\boldsymbol{Q}_{mlj}\boldsymbol{R}_{mlk}\right) + \bar{\boldsymbol{h}}_{mlj}^{\mathrm{H}}\boldsymbol{D}_{mlj}\boldsymbol{R}_{mlk}\bar{\boldsymbol{h}}_{mlj}\right)\Big) + \\
&\quad p_{\mathrm{d}}\left|\sum_{m=1}^{M}\sqrt{\eta_{mlj}\gamma_{mlj}}\left(I_{mlk}[n-q]\bar{\boldsymbol{h}}_{mlk}^{\mathrm{H}}\boldsymbol{D}_{mlj}\bar{\boldsymbol{h}}_{mlj} + I_{\mathrm{D}}[n-q]\mathrm{tr}\left(\boldsymbol{D}_{mlj}\bar{\boldsymbol{Q}}_{mlkj}\right)\right)\right|^2
\end{aligned} \tag{a-11}$$

（7）计算 $\mathbb{E}\left\{\left|\mathrm{RS}_{lj}[n-q]\right|^2\right\}$：采用计算 $\mathbb{E}\left\{\left|\mathrm{BU}_{lk}[q]\right|^2\right\}$ 类似的步骤，可以得到

$$\begin{aligned}
\mathbb{E}\left\{\left|\mathrm{RS}_{lj}[n-q]\right|^2\right\} &= \sum_{m=1}^{M}\left(\mathbb{E}\left\{\left|\xi_{mlk}^{lj}[n-q]\right|^2\right\} - \left|\mathbb{E}\left\{\xi_{mlk}^{lj}[n-q]\right\}\right|^2\right) + \\
&\quad \left|\sum_{m=1}^{M}\mathrm{tr}\left(\boldsymbol{I}_{N_{\mathrm{ap}}} - \boldsymbol{D}_{mlk}\right)/N_{\mathrm{ap}}\,\mathbb{E}\left\{\xi_{mlk}^{lj}[n-q]\right\}\right|^2 \\
&= p_{\mathrm{d}}\sum_{m=1}^{M}\eta_{mlj}\gamma_{mlj}\Big(I_{mlk}^2[n-q]\bar{\boldsymbol{h}}_{mlk}^{\mathrm{H}}\boldsymbol{D}_{mlj}\boldsymbol{Q}_{mlj}\bar{\boldsymbol{h}}_{mlk} + \\
&\quad I_{\mathrm{D}}^2[n-q]\left(\mathrm{tr}\left(\boldsymbol{D}_{mlj}\boldsymbol{Q}_{mlj}\boldsymbol{R}_{mlk}\right) + \bar{\boldsymbol{h}}_{mlj}^{\mathrm{H}}\boldsymbol{D}_{mlj}\boldsymbol{R}_{mlk}\bar{\boldsymbol{h}}_{mlj}\right)\Big) + \\
&\quad \Big|\sum_{m=1}^{M}\gamma_{mlj}\Big(I_{mlk}[n-q]\bar{\boldsymbol{h}}_{mlk}^{\mathrm{H}}\left(\boldsymbol{I}_{N_{\mathrm{ap}}} - \boldsymbol{D}_{mlk}\right)\boldsymbol{D}_{mlj}\bar{\boldsymbol{h}}_{mlj} + \\
&\quad I_{\mathrm{D}}[n-q]\mathrm{tr}\left(\left(\boldsymbol{I}_{N_{\mathrm{ap}}} - \boldsymbol{D}_{mlk}\right)\boldsymbol{D}_{mlj}\bar{\boldsymbol{Q}}_{mlkj}\right)\Big)\Big|^2
\end{aligned} \tag{a-12}$$

（7）计算 $\mathrm{E}\left\{\left|\mathrm{IC}_{ij}[n-q]\right|^2\right\}$：当 $i \neq l$ 时，$\boldsymbol{f}_{mlk}[n-q]$ 与 $\hat{\boldsymbol{g}}_{mij}$ 相互独立。利用

由文献[86]的引理 4，可以计算得到

$$\begin{aligned}
\mathbb{E}\left\{\left|\mathrm{IC}_{ij}\left[n-q\right]\right|^2\right\} &= \sum_{m=1}^{M}\mathbb{E}\left\{\left|\xi_{mlk}^{ij}\left[n-q\right]\right|^2\right\} + \\
&\quad \sum_{m=1}^{M}\sum_{m'=1}^{M}\mathbb{E}\left\{\xi_{mlk}^{ij}\left[n-q\right]\xi_{m'lk}^{ij}\left[n-q\right]\right\} \\
&= p_{\mathrm{d}}\sum_{m=1}^{M}\eta_{mij}\gamma_{mij}\left(I_{mlk}^{2}\left[n-q\right]\bar{\boldsymbol{h}}_{mlk}^{\mathrm{H}}\boldsymbol{D}_{mij}\boldsymbol{Q}_{mij}\bar{\boldsymbol{h}}_{mlk} + I_{\mathrm{D}}^{2}\left[n-q\right]\right. \\
&\quad \left.\left(\mathrm{tr}\left(\boldsymbol{R}_{mlk}\boldsymbol{D}_{mij}\boldsymbol{Q}_{mij}\right) + \bar{\boldsymbol{h}}_{mij}^{\mathrm{H}}\boldsymbol{D}_{mij}\boldsymbol{R}_{mlk}\bar{\boldsymbol{h}}_{mij}\right)\right) + \\
&\quad \left|\sum_{m=1}^{M}\sqrt{\eta_{mij}\gamma_{mij}}I_{mlk}\left[n-q\right]\bar{\boldsymbol{h}}_{mlk}^{\mathrm{H}}\boldsymbol{D}_{mij}\bar{\boldsymbol{h}}_{mij}\right|^2
\end{aligned} \tag{a-13}$$

结束证明过程。

参考文献

[1] 洪鑫. 高速铁路列车运行调整一体化优化方法[D]. 北京交通大学，2021.

[2] 刘寅生，孙宵芳，胡光祥，等. MIMO 技术演进及其在铁路 5G 专网应用展望[J]. 中国铁路，2021（10）: 93-99.

[3] 高美琳. 高速铁路毫米波通信性能增强技术研究[D]. 北京交通大学，2021.

[4] 田园，梁铁群，蒋韵，等. 铁路 GSM-R 系统高速适应性测试及分析[J]. 铁道标准设计，2022: 1-7.

[5] 陈永，陈耀，张薇. 基于 SPN 的 LTE-R 无线通信可靠性建模与分析[J]. 铁道学报，2020，42（09）: 111-119.

[6] 董平，尹晨洋，张宇阳，等. 轨道交通中异构智融车载网络发展综述[J]. 交通运输工程学报，2022，22（02）: 41-58.

[7] CHEN R，LONG W X.，MAO G, et al. Development trends of mobile communication systems for railways [J]. IEEE Communications Surveys & Tutorials，2018，20（4）: 3131-3141.

[8] HE R，et al. 5G for railways: next generation railway dedicated communications [J]. IEEE Communications Magazine，2022，60（12）: 130-136.

[9] 艾渤，章嘉懿，何睿斯，等. 面向智能高铁业务和应用的 5G 基础理论与关键技术[J]. 中国科学基金，2020，34（02）: 133-141.

[10] AI B. et al.Challenges toward wireless communications for high-speed

railway [J]. IEEE Transactions on Intelligent Transportation Systems, 2014, 15 (5) : 2143-2158.

[11] HE R, et al. High-speed railway communications: from GSM-R to LTE-R [J]. IEEE Vehicular Technology Magazine, 2016, 11(3): 49-58.

[12] LIN S H, XU Y, Wang L,et al. Coverage analysis and chance-constrained optimization for HSR communications with carrier aggregation [J]. IEEE Transactions on Intelligent Transportation Systems, 2022, 23 (9) : 15107-15120.

[13] ALI W, WANG J, Zhu H, et al. Seamless mobility under a dedicated distributed antenna system for high-speed rail networks [J]. IEEE Transactions on Vehicular Technology, 2020, 69 (12) : 15427-15441.

[14] DING Q, XI T, LIAN Y. Joint power allocation scheme for distributed secure spatial modulation in high-speed railway [J]. IEEE Systems Journal, 2021, 15 (2) : 1786-1794.

[15] LIU Z, FAN P. An effective handover scheme based on antenna selection in ground train distributed antenna systems [J]. IEEE Transactions on Vehicular Technology, 2014, 63 (7) : 3342-3350.

[16] PAN C, ELKASHLAN M, WANG J, et al. User-centric C-RAN architecture for ultra-dense 5G networks: challenges and methodologies [J]. IEEE Communications Magazine, 2018, 56 (6) : 14-20.

[17] NGO H Q, ASHIKHMIN A, YANG H, et al. Cell-free massive MIMO versus small cells [J]. IEEE Transactions on Wireless Communications, 2017, 16 (3) : 1834-1850.

[18] ELHOUSHY S, HAMOUDA W. Performance of distributed massive MIMO and small-cell systems under hardware and channel impairments [J]. IEEE Transactions on Vehicular Technology, 2020 69 (8) : 8627-8642.

[19] LIN S H，XU Y，WANG J Y. Coverage analysis for cell-free massive MIMO high-speed railway communication systems [J]. IEEE Transactions on Vehicular Technology，2022，71（10）: 10499-10511.

[20] CHEN S，SUN S，XU G.，et al. Beam-space multiplexing: practice，theory，and trends，from 4G TD-LTE，5G，to 6G and beyond [J]. IEEE Wireless Communications，2020，27（2）: 162-172.

[21] GIORDANI M，POLESE M，MEZZAVILLA M，et.al. Toward 6G networks: use cases and technologies [J]. IEEE Communications Magazine，2020，58（3）: 55-61.

[22] 丁青锋，刘梦霞，连义翀. 基于非理想 CSI 的全双工双向中继系统保密中断概率性能研究[J]. 计算机应用研究，2020，37(09): 2819-2821+2826.

[23] 张然. 毫米波大规模天线阵列系统中的混合预编码技术研究[D]. 北京邮电大学，2021.

[24] 李亮，赵星，杜希旺. 城市绿色交通发展综合评价研究[J]. 华东交通大学学报，2021，38（02）: 51-60.

[25] XUE Q，FANG X，XIAO M，et al. Beam management for millimeter-wave beamspace MU-MIMO systems [J]. IEEE Transactions on Communications，2019，67（1）: 205-217.

[26] 刘晓东. 非正交多址接入机制下可见光通信系统的性能分析和资源优化[D]. 武汉大学，2021.

[27] 辛立建. 空时信道的重构理论及高精度重构方法研究[D]. 北京邮电大学，2021.

[28] 袁伟娜，王嘉璇. 基于卡尔曼滤波的快时变稀疏信道估计新技术[J]. 西南交通大学学报，2018，53（04）: 835-841.

[29] HE D，AI B，GUAN K，et al. Channel measurement，simulation，and analysis for high-speed railway communications in 5G millimeter-Wave

band [J]. IEEE Transactions on Intelligent Transportation Systems, 2018, 19 (10) : 3144-3158.

[30] ZHOU L, YANG Z, LUAN F, et al. Dynamic channel model with overhead line poles for high-speed railway communications [J]. IEEE Antennas and Wireless Propagation Letters, 2018, 17 (5) : 903-906.

[31] TEMIZ M, ALSUSA E, DANOON L. On the impact of antenna array geometry on indoor wideband massive MIMO networks [J]. IEEE Transactions on Antennas and Propagation, 2021, 69 (1) : 406-416.

[32] LARSSON E G, EDFORS O, TUFVESSON F, et al. Massive MIMO for next generation wireless system s[J]. IEEE Communications Magazine, 2014, 52 (2) : 186-195.

[33] ANDREWS J G, et al. What will 5G be? [J]. IEEE Journal on Selected Areas in Communications, 2014, 32 (6) : 1065-1082.

[34] YANG J, et al. A geometry-based stochastic channel model for the millimeter-wave band in a 3GPP high-speed train scenario [J]. IEEE Transactions on Vehicular Technology, 2018, 67 (5) : 3853-3865.

[35] CUI Y., F X, Fang Y, et al. Optimal nonuniform steady mmWave beamforming for high-speed railway [J]. IEEE Transactions on Vehicular Technology, 2018, 67 (5) : 4350-4358.

[36] YANG L, REN G, YANG B, et al. Fast time-varying channel estimation technique for LTE uplink in HST environment [J]. IEEE Transactions on Vehicular Technology, 2012, 61 (9) : 4009-4019.

[37] XU K, SHEN Z, WANG Y, et al. Location-aided mMIMO channel tracking and hybrid beamforming for high-speed railway communications: an angle-domain approach [J]. IEEE Systems Journal, 2020, 14 (1) : 93-104.

[38] 金思年，高鑫鑫，岳殿武. 大规模 MIMO 上行系统中的等增益合并技术[J]. 北京邮电大学学报，2017，40（5）: 50-54.

[39] LARSSON E G, EDFORS O, TUFVESSON F, et al. Massive MIMO for next generation wireless systems [J]. IEEE Communications Magazine，2014，52（2）: 186-195.

[40] ANDREWS J G, et al. What will 5G be? [J]. IEEE Journal on Selected Areas in Communications，2014，32（6）: 1065-1082.

[41] ÖZDOGAN Ö， BJÖRNSON E, Larsson E G，Massive MIMO with spatially correlated rician fading channels [J]. IEEE Transactions on Communications，2019，67（5）: 3234-3250.

[42] DONG Y, KANG Q.A dynamic antenna selection strategy based on the average channel gain in distributed antenna system [C]. 2013 5th IEEE International Symposium on Microwave，Antenna，Propagation and EMC Technologies for Wireless Communications，2013: 466-470.

[43] CHOI J，Park J, EVANS B L. Spectral efficiency bounds for interference-limited SVD-MIMO cellular communication systems [J]. IEEE Wireless Communications Letters，2017，6（1）: 46-49.

[44] 刘佩. 经典信道下大规模 MIMO 频谱效率分析研究[D]. 华中科技大学，2019.

[45] DONG Y, KANG Q. A dynamic antenna selection strategy based on the average channel gain in distributed antenna system [C]. 2013 5th IEEE International Symposium on Microwave，Antenna，Propagation and EMC Technologies for Wireless Communications，2013: 466-470.

[46] ZHANG J，CHEN S，LIN Y. Cell-free massive MIMO: A new next-generation paradigm [J]. IEEE Access，2019，7: 99878-99888.

[47] 丁青锋，徐梦引，石辉，等. 基于 ADC 精度与 AP 选择的去蜂窝系统能效均衡方法[J]. 计算机工程，2022，48（11）: 192-200.

[48] BUZZI S，CHIH-LIN I，KLEIN T E. A survey of energy-efficient techniques for 5G networks and challenges ahead [J]. IEEE Journal on Selected Areas in Communications，2016，34（4）: 697-709.

[49] 凌捷. 非理想信道下大规模天线系统的性能分析及传输技术研究[D]. 南京邮电大学，2020.

[50] HE R, AI B, WANG G, et al. High-speed railway communications: from GSM-R to LTE-R [J]. IEEE Vehicular Technology Magazine，2016，11（3）: 49-58.

[51] GUAN K, et al. On millimeter wave and THz mobile radio channel for smart rail mobility[J]. IEEE Transactions on Vehicular Technology，2017，66（7）: 5658-5674.

[52] MHASKE S，SPASOJEVIC P，AZIZ A，et al. Link quality analysis in the presence of blockages for analog beamformed mm-wave channel [C]. Military Communications Conference. IEEE，2016: 219-224.

[53] 樊凯兵. 应用于 Massive MIMO 天线的新型移相器研究与设计[D]. 华南理工大学，2020.

[54] 范典. 毫米波大规模多天线系统信道估计和传输机制研究[D]. 北京交通大学，2019.

[55] 丁青锋，罗静，高鑫鹏，等. 基于混合量化移相器的毫米波大规模 MIMO 预编码设计 [J]. 电子学报，2021，49（12）: 2349-2356.

[56] 魏敏，汤文杰，滕颖蕾，等. 大规模 MIMO 系统中基于 WMMSE 的混合预编码算法[J]. 北京邮电大学学报，2018，41（4）: 63-68.

[57] HEATH R W，GONZÁLEZ-PRELCIC N，RANGAN S，et al. An overview of signal processing techniques for millimeter wave MIMO systems [J]. IEEE Journal of Selected Topics in Signal Processing，2016，10（3）: 436-453.

[58] 丁青锋，高鑫鹏，邓玉前. 毫米波中继网络离散正交匹配追踪混合预编码算法[J]. 计算机工程，2020，46（7）: 192-197 + 205.

[59] 廖勇，胡异，杨馨怡，等. 高速移动环境下基于动态 CSI 的 MIMO 系统改进模代数预编码[J]. 电子学报，2019，47（6）: 1209-1215.

[60] 秦启波. Massive MIMO 系统稀疏信道估计和混合预编码技术研究[D]. 上海交通大学 2019.

[61] ZHANG R，ZOU W，et al. Hybrid precoder and combiner design with finite resolution PSs for mmWave MIMO systems [J]. China Communications，2019，16（2）: 95 104.

[62] 李民政，刘宁. 改进相位迭代的低精度混合预编码方法[J]. 电子科技大学学报，2020，49（4）: 548-554.

[63] JIANG R，ZHAO J，XU Y，et al. Low-complexity beam selection scheme for high speed railway communications [J]. IEEE Access，2020，8: 16022-16032.

[64] ALODEH M, et al. Symbol-Level and Multicast Precoding for Multiuser Multi antenna Downlink: A State-of-the-Art，Classification，and Challenges [J]. IEEE Communications Surveys & Tutorials，2018，20（3）: 1733-1757.

[65] YAN L，FANG X, FANG Y. Stable beamforming with low overhead for C/U-Plane decoupled HSR wireless networks [J]. IEEE Transactions on Vehicular Technology，2018，67（7）: 6075-6086.

[66] YALCIN A Z，YAPICI Y. Multiuser precoding for sum-rate maximization in relay-aided mmWave communications [J]. IEEE Transactions on Vehicular Technology，2020，69（6）: 6808-6812.

[67] 丁青锋，刘梦霞. 基于混合精度 ADC 的大规模 MIMO 中继系统物理层安全性能研究[J]. 电子学报，2021，49（6）: 1142-1150.

[68] 曾文波. 无线信道建模与大规模 MIMO 信道状态信息获取关键技术研究[D]. 合肥工业大学，2021.

[69] 岐晓蕾. 5G 毫米波大规模 MIMO 通信系统关键技术研究[D]. 北京邮电大学，2021.

[70] YANG Y，ZHANG S，ZHANG R. IRS-enhanced OFDM: power allocation and passive array optimization[C]. 2019 IEEE Global Communications Conference（GLOBECOM）. IEEE，2020.

[71] YANG H, XIONG Z, ZHAO J, et.al, Deep reinforcement learning-based intelligent reflecting surface for secure wireless communications [J]. IEEE Transactions on Wireless Communications, 2021, 20(1): 375-388.

[72] ZHANG S，ZHANG R. On the capacity of intelligent reflecting surface aided MIMO communication[C]. 2020 IEEE International Symposium on Information Theory（ISIT），2020.

[73] HUANG C，ZAPPONE A, ALEXANDROPOULOS G C, et al. Reconfigurable intelligent surfaces for energy efficiency in wireless communication [J]. IEEE Transactions on Wireless Communication，2019，18（8）: 4157-4170.

[74] LIU Y，ZHAO J，LI M, et al. Intelligent reflecting surface aided MISO uplink wireless network: feasibility and power control [C]. 2021 IEEE International Conference on Communications Workshops（ICC Workshops），2021: 1-6.

[75] NADEEM Q U A，KAMMOUN A，CHAABAN A，et al. Asymptotic Max-Min SINR analysis of reconfigurable intelligent surface assisted MISO systems [J]. IEEE Transactions on Wireless Communications，2020，19（12）: 7748-7764.

[76] TRAORE S. 适用于分析 WLAN 与 UMTS 网络（3G/4G）间的垂直切换性能的 QoS 控制方案实现[D]. 湖南大学，2013.

[77] 韩柏涛. 面向真空管高速列车的无线通信系统关键技术研究[D]. 北京交通大学，2021.

[78] 李骁驰. 变化网络性能条件下车载异构网络系统模型与切换方法[D]. 长安大学，2019.

[79] 张瑞. TD-LTE 高速铁路环境下的快速切换算法及切换中的服务质量保障研究[D]. 北京邮电大学，2018.

[80] ALHABO M，NAWAZ N, AL-FARIS M. Velocity-based handover hysteresis margin method for small cells 5G networks [C]. 2021 International Conference on Communication & Information Technology（ICICT），2021: 116-120.

[81] SHARMA P，THOMAS VALERRIAN PASCA S，et al. Velocity based dynamic flow mobility in converged LTE/Wi-Fi networks [C]. 2016 Twenty Second National Conference on Communication（NCC），2016: 1-6.

[82] SANTI S, KONINCK T De, DANEELS G, et al. Location-based vertical handovers in Wi-Fi networks with IEEE 802.11ah [J]. IEEE Access，2021，9: 54389-54400.

[83] DENG T，ZHANG Z，WANG X, et al. A network assisted fast handover scheme for high speed rail wireless networks [C]. 2016 IEEE 83rd Vehicular Technology Conference（VTC Spring），2016: 1-5.

[84] 张佳健，李翠然，谢健骊. 位置功率联合判决的高铁通信越区切换算法[J]. 计算机工程，2022，48（10）: 212-217.

[85] DUAN B，LI C, XIE J. Design of 5G wireless communications in the high-speed railway scenario [C]. 2020 IEEE 92nd Vehicular Technology Conference（VTC2020-Fall），2020: 1-6.

[86] BHUVANESWARI M, SASIPRIYA S. Performance analysis of various techniques adopted in a 5G communication network with a massive MIMO system [C]. 2020 International Conference on Inventive Computation Technologies（ICICT），2020: 283-286.

[87] LI Y，ZHOU W, ZHOU S. Forecast based handover in an extensible multi-layer LEO mobile satellite System [J]. IEEE Access，2020，8: 42768-42783.

[88] YAN L，FANG X, FANG Y. Stable beamforming with low overhead for C/U-plane decoupled HSR wireless networks [J]. IEEE Transactions on Vehicular Technology，2018，67（7）: 6075-6086.

[89] TIAN L，YIN X，ZUO Q，et al. Channel modeling based on random propagation graphs for high speed railway scenarios [C]. 2012 IEEE 23rd International Symposium on Personal，Indoor and Mobile Radio Communications（PIMRC），Sydney，NSW，Australia，2012: 1746-1750.

[90] BOCCARDI F，HEATH R W，LOZANO A, et al. Five disruptive technology directions for 5G [J]. IEEE Communications Magazine，2014，52（2）: 74-80.

[91] 丁青锋，杨倩，徐梦引. 基于多 RIS 优化的空间调制安全传输映射策略[J]. 北京邮电大学学报，2022，45（5）: 91-96.

[92] MESLEH R，HAAS H，AHN C，et al. Spatial modulation-A new low complexity spectral efficiency enhancing technique [C]. International Conference on Communications and Networking in China. New York: IEEE，2006: 1-5.

[93] MESLEH R Y，HAAS H，SINANOVIC S，et al. Spatial modulation [J]. IEEE Transactions on Vehicular Technology，2008，57（4）: 2228-2241.

[94] JEGANATHAN J，GHRAYEB A，SZCZECINSKI L，et al. Space shift keying modulation for MIMO channels [J]. IEEE Transactions on Wireless Communications，2009，8（7）: 3692-3703.

[95] YANG L. Transmitter preprocessing aided spatial modulation for multiple-input multiple-output systems [C]. 2011 IEEE 73rd Vehicular Technology Conference（VTC Spring），Budapest，Hungary，2011: 1-5.

[96] YOUNIS A, SERAFIMOVSKI N, MESLEH R, et al. Generalised spatial modulation [C]. 2010 Conference Record of the Forty Fourth Asilomar Conference on Signals, Systems and Computers, Pacific Grove, CA, USA, 2010: 1498-1502.

[97] LI Z, WANG F, ZHONG Z. Spatial modulation in high speed railway communication [C]. 2013 Inter-national Conference on Connected Vehicles and Expo (ICCVE), Las Vegas, NV, USA, 2013: 955-959.

[98] CUI Y P, FANG X. Performance analysis of massive spatial modulation MIMO in high-speed railway [J]. IEEE Transactions on Vehicular Technology, 2016, 65 (11) : 8925-8932.

[99] FU Y, WANG C, GHAZAL A, et al. Performance investigation of spatial modulation systems under non-stationary wideband high-speed train channel models [J]. IEEE Transactions on Wireless Communications, 2016, 15 (9) : 6163-6174.

[100] CUI Y, FANG X, YAN L. Hybrid spatial modulation beamforming for mmWave railway communication systems [J]. IEEE Transactions on Vehicular Technology, 2016, 65 (12) : 9597-9606.

[101] GONG B, GUI L, QIN Q, et al. Compressive sensing-based detector design for SM-OFDM massive MIMO high speed train systems [J]. IEEE Transactions on Broadcasting, 2017, 63 (4) : 714-726.

[102] GONG B, GUI L, LUO S, et al. Block pilot based channel estimation and high-accuracy signal detection for GSM-OFDM systems on high-speed railways [J]. IEEE Transactions on Vehicular Technology, 2018, 67 (12) : 11525-11536.

[103] WANG W, WANG X, XU Y. Generalized spatial modulation based on array-blocks for millimeter wave high speed railway communication systems [C]. 2018 IEEE International Conference on Communi-cation Systems (ICCS), Chengdu, China, 2018: 104-109.

[104] WANG W，WANG X，XU Y. Enhanced spatial modulation with antenna groups for high speed railway communications [C]. 2019 IEEE 21st International Conference on High Performance Com-puting and Communications; IEEE 17th International Conference on Smart City; IEEE 5th International Conference on Data Science and Systems（HPCC/SmartCity/DSS），Zhangjiajie，China，2019: 960-964.

[105] WANG W，WANG X，Xu Y. Three-symbol spatial modulation for high speed railway wireless mobile communication [C]. 2019 Computing，Communications and IoT Applications（ComComAp），Shenzhen，China，2019: 321-326.

[106] DING Q F，XI T，LIAN Y C. Joint power allocation scheme for distributed secure spatial modulation in high-speed railway [J]. IEEE Systems Journal，2021，15（2）：1786-1794.

[107] 丁青锋，奚韬，连义翀，等. 基于物理层安全的空间调制系统天线选择算法[J]. 计算机科学，2020，47（7）：322-327.

[108] MOLISCH A F，WIN M Z，CHOI Y S，et al. Capacity of MIMO systems with antenna selection [J]. Transactions on Wireless Communications，2005，4（4）：1759-1772.

[109] YANG P，XIAO Y，YU Y, et al. Adaptive spatial modulation for wireless MIMO transmission systems [J] IEEE Communications Letters，2011，15（6）：602-604.

[110] ZHENG J. Fast receive antenna subset selection for pre-coding aided spatial modulation [J]. IEEE Wireless Communications Letters，2015，4（3）：317-320.

[111] RAJASHEKAR R，HARI K V S，HANZO L. Antenna selection in spatial modulation systems [J]. IEEE Communications Letters，2013，17（3）：521-524.

[112] NTONTIN K, DI RENZO M, PEREZ-NEIRA A I, et al. A low-complexity method for antenna selection in spatial modulation systems [J]. IEEE Communications Letters, 2013, 17(12): 2312-2315.

[113] YANG P, XIAO Y, GUAN Y L, et al. Transmit antenna selection for multiple-input multiple-output spatial modulation systems [J]. IEEE Transactions on Communications, 2016, 64 (5): 2035-2048.

[114] CHEN H, ZHU R, TANG W, et al. Low-complexity transmit antenna selection for large-scale spatial modulation [J]. IEEE Communications Letters, 2021, 25 (4): 1274-1278.

[115] CORMEN T H, LEISERSON C E, RIVEST R L. Introduction to Algorithms, 3rd ed [M]. Cambridge, MA, USA: MIT Press, 2009.

[116] YANG P, XIAO Y, XIAO M, et al. Adaptive spatial modulation MIMO based on machine learning [J]. IEEE Journal on Selected Areas in Communications, 2019, 37 (9): 2117-2131.

[117] LIU H, XIAO Y, YANG P, et al. Transmit antenna selection for full-duplex spatial modulation based on machine learning [J]. IEEE Transactions on Vehicular Technology, 2021, 70 (10): 10695-10708.

[118] WU X, DI-RENZO M, HAAS H. Adaptive selection of antennas for optimum transmission in spatial modulation [J]. IEEE Transactions on Wireless Communications, 2015, 14 (7): 3630-3641.

[119] LIU Z, FAN P, An effective handover scheme based on antenna selection in ground-train distributed antenna systems [J]. IEEE Transactions on Vehicular Technology, 2014, 63 (7): 3342-3350.

[120] LU J, XIONG K, CHEN X, et al. Differential services in HSR communication systems: power allocation and antenna selection [C]. 2017 23rd Asia-Pacific Conference on Communications (APCC), Perth, WA, Australia, 2017: 1-6.

[121] LAIYEMO A O, PENNANEN H, PIRINEN P, et al. Transmission strategies for throughput maximization in high-speed-train communications: from theoretical study to practical algorithms [J]. IEEE Transactions on Vehicular Technology, 2017, 66（4）: 2997-3011.

[122] 周儒雅，唐万恺，李潇等. 基于可重构智能表面的移动通信简要综述 [J]. 移动通信，2020，44（6）: 63-69.

[123] LIU Y, et al. STAR: Simultaneous transmission and reflection for 360° coverage by intelligent surfaces[J]. IEEE Wireless Communication, 2021, 28（6）: 102-109.

[124] XU J Q, LIU Y W, MU X D, et al. STAR-RISs: simultaneous transmitting and reflecting reconfigure-ble intelligent surfaces [J]. IEEE communications letters, 2021, 25（9）: 3134-3138.

[125] MU X, LIU Y, GUO L, et al. Simultaneously transmitting and reflecting（STAR）RIS aided wireless communications [J]. IEEE Transactions on Wireless Communications, 2022, 21（5）: 3083-3098.

[126] ZHANG C, WANG G, JIA M, et al. Doppler shift estimation for millimeter-wave communication systems on high-speed railways [J]. IEEE Access, 2018, 99: 1-1.

[127] BASAR E. Reconfigurable intelligent surfaces for doppler effect and multipath fading mitigation[J]. Frontiers in Communications and Networks, 2021, 2: 672857.

[128] MATTHIESEN B, BJÖRNSON E, DE CARVALHO E, et al. Intelligent reflecting surface operation under predictable receiver mobility: A continuous time propagation model [J]. IEEE Wireless Communications Letters, 2021, 10（2）: 216-220.

[129] WU W, WANG H, WANG W, et al. Doppler mitigation method aided by reconfigurable intelligent sur-faces for high-speed channels [J]. IEEE Wireless Communications Letters, 2022, 11（3）: 627-631.

[130] BASAR E. Reconfigurable intelligent surface-based index modulation: A new beyond mimo paradigm for 6g [J]. IEEE Transactions on Communications，2020，68（5）: 3187-3196.

[131] MA T, XIAO Y, LEI X, et al. Large intelligent surface assisted wireless communications with spatial modulation and antenna selection [J]. IEEE Journal on Selected Areas in Communications，2020，38（11）: 2562-2574.

[132] DASH S P，MALLIK R K，PANDEY N. Performance analysis of an index modulation-based receive diversity RIS-assisted wireless communication system [J]. IEEE Communications Letters, 2022, 26(4): 768-772.

[133] 章嘉懿. 去蜂窝大规模 MIMO 系统研究进展与发展趋势[J]. 重庆邮电大学学报（自然科学版），2019，31（3）: 285-292.

[134] CHEN Z，SOHRABI F, YU W. Multi-cell sparse activity detection for massive random access: massive MIMO versus cooperative MIMO [J]. IEEE Transactions on Wireless Communications，2019，18（8）: 4060-4074.

[135] KAMGA G N, XIA M, AÏSSA S. Spectral-efficiency analysis of massive MIMO systems in centralized and distributed schemes [J]. IEEE Transactions on Communications，2016，64（5）: 1930-1941.

[136] LOZANO A，HEATH R W, ANDREWS J G. Fundamental limits of cooperation [J]. IEEE Transactions on Information Theory，2013，59（9）: 5213-5226.

[137] NGO H Q，ASHIKHMIN A，YANG H，et al. Cell-free massive MIMO: uniformly great service for everyone [C]. 2015 IEEE 16th International Workshop on Signal Processing Advances in Wireless Communications（SPAWC），2015: 201-205.

[138] NGO H Q，TRAN L N，DUONG T Q，et al. On the total energy efficiency of cell-free massive MIMO [J]. IEEE Transactions on Green Communications and Networking，2018，2（1）: 25-39.

[139] BJÖRNSON E, SANGUINETTI L. Making cell-free massive MIMO competitive with MMSE processing and centralized implementation [J]. IEEE Transactions on Wireless Communications, 2020, 19(1): 77-90.

[140] WANG Z，ZHANG J，AI B，et al. Uplink performance of cell-free massive MIMO with multi-antenna users over jointly-correlated rayleigh fading channels [J]. IEEE Transactions on Wireless Communications，2022，21（9）: 7391-7406.

[141] ZHENG J，ZHANG J，BJÖRNSON E，et al. Cell-Free Massive MIMO-OFDM for High-Speed Train Communications [J]. IEEE Journal on Selected Areas in Communications，2022，40（10）: 2823-2839.

[142] BUZZI S, D’ANDREA C. Cell-free massive MIMO: user-centric approach [J]. IEEE Wireless Communications Letters，2017，6（6）: 706-709.

[143] WANG X，CHENG J，ZHAI C, et al. Partial cooperative zero-forcing decoding for uplink cell-free massive MIMO [J]. IEEE Internet of Things Journal，2022，9（12）: 10327-10339.

[144] BJÖRNSON E, SANGUINETTI L. Scalable cell-free massive MIMO systems [J]. IEEE Transactions on Communications，2020，68（7）: 4247-4261.

[145] CHEN S，ZHANG J，BJÖRNSON E，et al. Structured massive access for scalable cell-free massive MIMO systems [J]. IEEE Journal on Selected Areas in Communications，2021，39（4）: 1086-1100.

[146] 谢永标. 射频水印中脏纸编码理论研究[D]. 华中科技大学，2019.

[147] TOMLINSON M. New automatic equaliser employing modulo arithmetic [J]. Electron. Letters，1971，3: 138-139.

[148] HARASHIMA H, MIYAKAWA H. Matched-transmission technique for channels with intersymbol interference [J]. IEEE Transactions on Communications，1972，8: 774-780.

[149] SUGANUMA H，SHIMBO Y, MARUKO T, et.al. An efficient method for combining multi-user MIMO Tomlinson-Harashima precoding with user selection based on spatial orthogonality [J]. IEEE Access，2021，9: 148449-148458.

[150] KASI S，SINGH A K, VENTURELLI D, et al. Quantum annealing for large MIMO downlink vector perturbation precoding [C]. ICC 2021-IEEE International Conference on Communications，2021: 1-6.

[151] GUO H，LIANG Y，CHEN J, et.al. Weighted sum-rate maximization for reconfigurable intelligent surface aided wireless networks [J]. IEEE Transactions on Wireless Communications，2020，19（5）: 3064-3076.

[152] CAO Y，et al. Privacy preservation via beamforming for NOMA [J]. IEEE Transactions on Wireless Communications，2019，18（7）: 3599-3612.

[153] TIAN G，GUOMIN L. Energy-efficient power control optimization algorithm in massive MIMO systems [C]. 2020 IEEE 6th International Conference on Computer and Communications（ICCC），2020: 251-255.

[154] 朱豪，彭艺，张申，等. 基于改进遗传算法的自适应越区切换方案[J]. 吉林大学学报（理学版），2020，58（1）: 133-139.

[155] 高云波，闫丽霞. 基于模糊逻辑算法的 GSM-R 越区切换算法[J]. 兰州交通大学学报，2018，37（6）: 49-54.

[156] 代小虎. GSM-R 同址双基站异常切换原因分析及其优化方案[J]. 铁路技术创新，2020（2）: 62-67.

[157] 王瑞峰，席皓哲，姚军娟，等. 基于位置信息与波束赋形辅助的 LTE-R 切换算法研究[J]. 云南大学学报（自然科学版），2019，41（6）：1137-1143.

[158] 郭伟，任昭锦，刘景，等. 基于 5G 架构的新型高铁列控系统信号安全通信协议研究[J]. 铁道学报，2022，44（9）：55-64.

[159] 丁青锋，丁旭，林知明. 一种采用权重因子的低复杂度空间调制检测算法[J]. 北京邮电大学学报，2019，42（2）：31-35.

[160] 丁青锋，奚韬，杨倩，等. 有限字符输入下基于截断速率的安全空间调制天线选择算法[J]. 通信学报，2020，41（3）：136-144.

[161] BASAR E，AYGOLU U，PANAYIRCI E，et al. Performance of spatial modulation in the presence of channel estimation errors [J]. IEEE Communications Letters，2012，16（2）：176-179.

[162] 丁青锋，吴泽祥，刘梦霞，等. 非理想 CSI 下全双工双向中继网络安全性能研究[J]. 计算机工程与应用，2020，56（19）：99-104.

[163] MASOUMI H, EMADI M J. Performance analysis of cell-free massive MIMO system with limited fronthaul capacity and hardware impairments [J]. IEEE Transactions on Wireless Communications，2020，19（2）：1038-1053.

[164] INTERDONATO G，KARLSSON M，BJÖRNSON E, et al. Local partial zero-forcing precoding for cell-free massive MIMO [J]. IEEE Transactions on Wireless Communications，2020，19（7）：4758-4774.

[165] NGO H Q，LARSSON E G, MARZETTA T. L. Energy and spectral efficiency of very large multiuser MIMO systems [J]. IEEE Transactions on Communications，2013，61（4）：1436-1449.

[166] FANG Y，QIU L，LIANG X, et al. Cell-free massive MIMO systems with oscillator phase noise: performance analysis and power control [J]. IEEE Transactions on Vehicular Technology，2021，70（10）：10048-10064.

[167] GUENACH M，GORJI A, BOURDOUX A. A deep neural architecture for real-time access point scheduling in uplink cell-free massive MIMO [J]. IEEE Transactions on Wireless Communications，2022，21（3）: 1529-1541.

[168] HU X, ZHONG C, CHEN X, et al. Cell-free massive MIMO systems with low resolution ADCs [J]. IEEE Transactions on Communications，2019，67（10）: 6844-6857.

[169] ÖZDOGAN Ö, BJÖRNSON E, ZHANG J. Performance of cell-free massive MIMO with rician fading and phase shifts [J]. IEEE Transactions on Wireless Communications，2019，18（11）: 5299-5315.

[170] ZHANG J, WEI Y, BJÖRNSON E, et al. Performance analysis and power control of cell-free massive MIMO systems with hardware impairments [J]. IEEE Access，2018，6: 55302-55314.

[171] 赵迪，郭爱煌，宋春林. 去蜂窝大规模 MIMO 系统功率控制算法[J]. 系统工程与电子技术，2021，43（3）: 854-860.

[172] 莫群伟. 移动通信中室内无线覆盖技术研究[J]. 中国新通信，2020，22（16）: 7.

[173] DINKELBACH W. On nonlinear fractional programming [J]. Management Science，1967，13（7）: 492-498.

[174] 赵宏宇，姚红艳. 毫米波 massive MIMO 系统中混合连接的混合预编码设计[J]. 通信学报，2020，41（3）: 45-52.

[175] DING Q, JING Y. Receiver energy efficiency and resolution profile design for massive MIMO uplink with mixed ADC [J]. IEEE Transactions on Vehicular Technology，2018，67（2）: 1840-1844.

[176] CHEN J. Hybrid beamforming with discrete phase shifters for millimeter-wave massive MIMO systems [J]. IEEE Transactions on Vehicular Technology，2017，66（8）: 7604-7608.

[177] WANG Z, LI M, LIU Q, et al. Hybrid precoder and combiner design with low-resolution phase shifters in mmWave MIMO systems [J]. IEEE Journal of Selected Topics in Signal Processing, 2018, 12(2): 256-269.

[178] MÉndez-RIAL R, RUSU C, GONZ á Lez-PRELCIC N, et al. Hybrid MIMO architectures for millimeter wave communications: phase shifters or switches? [J]. IEEE Access, 2016, 4 (1) : 247-267.

[179] GAO X, DAI L, HAN S, et al. Energy-efficient hybrid analog and digital precoding for mmWave MIMO systems with large antenna arrays [J]. IEEE Journal on Selected Areas in Communications, 2016, 34(4): 998-1009.

[180] LU J , CHEN X , LIU S, et al. Location-aware ICI reduction in MIMO-OFDM downlinks for high-speed railway communication systems [J]. IEEE Transactions on Vehicular Technology, 2018, 67(4): 2958-2972.

[181] ZHENG J, ZHANG J, BJÖRNSON E, et al. Cell-Free Massive MIMO-OFDM for High-Speed Train Communications [J]. IEEE Journal on Selected Areas in Communications, 2022, 40 (10) : 2823-2839.

[182] LI Y, ARUMA BADUGE G A. NOMA-aided cell-free massive MIMO systems [J]. IEEE Wireless Communications Letters, 2018, 7 (6) : 950-953.

[183] REZAEI F, TELLAMBURA C, TADAION A A, et al. Rate analysis of cell-free massive MIMO-NOMA with three linear precoders [J]. IEEE Transactions on Communications, 2020, 68 (6) : 3480-3494.

[184] ZHANG J, FAN J, AI B, et al. NOMA-based cell-free massive MIMO over spatially correlated Rician fading channels [C]. ICC2020 - IEEE International Conference on Communications (ICC), Dublin, Ireland, 2020: 1-6.

[185] ZHANG J, FAN J, ZHANG J, et al. Performance analysis and optimization of NOMA-based cell-free massive MIMO for IoT [J]. IEEE Internet of Things Journal，2022，9（12）: 9625-9639.

[186] REZAEI F，HEIDARPOUR A R，TELLAMBURA C, et al. Underlaid spectrum sharing for cell-free massive MIMO-NOMA [J]. IEEE Communications Letters，2020，24（4）: 907-911.

[187] 吕进. 5G 通信大规模天线无线传输技术探讨[J]. 产业与科技论坛，2021，20（23）: 37-38.

[188] ZHOU L，LUAN F，ZHOU S，et al. Geometry-based stochastic channel model for high-speed railway communications[J]. IEEE Transactions on Vehicular Technology，2019，68（5）: 4353-4366.

[189] HUANG Z，ZHENG B, ZHANG R. Transforming fading channel from fast to slow: IRS-assisted high- mobility communication[C]. ICC2021-IEEE International Conference on Communications，2021: 1-6.

[190] GAO M，AI B，NIU Y，et al. IRS-assisted high-speed train communications: outage probability minimization with statistical CSI [C]. ICC 2021 - IEEE International Conference on Communications，Montreal，QC，Canada，2021: 1-6.

[191] XU J，AI B. When mmWave high-speed railway networks meet reconfigurable intelligent surface: a deep reinforcement learning method [J]. IEEE Wireless Communications Letters，2022，11（3）: 533-537.

[192] WU X, DI RENZO M, HAAS H. Channel estimation for spatial modulation [C]. 2013 IEEE 24th Annual International Symposium on Personal，Indoor and Mobile Radio Communications（PIMRC），London，UK，2013: 306-310.

[193] KOCA M, SARI H. Performance Analysis of Spatial Modulation over Correlated Fading Channels [C]. 2012 IEEE Vehicular Technology Conference（VTC Fall），Quebec City，QC，Canada，2012: 1-5.

[194] JAKES. Microwave Mobile Communications. Piscataway [M]. NJ, USA: Wiley-IEEE Press，1994.

[195] ABRAMOWITZ M，STEGUN I A，ROMAIN J E. Handbook of mathematical functions [J]. Physics Today，1966，19（1）: 120-121.

[196] TAO Q，WANG J，ZHONG C. Performance analysis of intelligent reflecting surface aided communication systems [J]. IEEE Communications Letters，2020，24（11）: 2464-2468.

[197] GOROKHOV A. Antenna selection algorithms for mea transmission systems [C]. 2002 IEEE International Conference on Acoustics，Speech，and Signal Processing: volume 3. [S.l.: s.n.]: III-2857-III-2860.

[198] GHARAVI-ALKHANSARI M，GERSHMAN A B. Fast antenna subset selection in MIMO systems [J]. IEEE Transactions on Signal Processing，2004，52（2）: 339-347.

[199] SANAYEI S，NOSRATINIA A. Capacity of MIMO channels with antenna selection [J]. IEEE Transactions on Information Theory，2007，53（11）: 4356-4362.

[200] ZHAO H，MAYZUS R，SUN S，et al. 28 GHz millimeter wave cellular communication measurements for reflection and penetration loss in and around buildings in New York city [C]. 2013 IEEE International Conference on Communications（ICC）. Budapest，Hungary: IEEE，2013: 5163-5167.

[201] 李洁. 基于天线选择技术的 Massive MIMO 系统能效优化问题研究 [D]. 郑州大学，2015.

[202] ZARGARI S，KHALILI A，ZHANG R. Energy efficiency maximization via joint active and passive beamforming design for multiuser MISO IRS-aided SWIPT [J]. IEEE Wireless Communications Letters，2021，10（3）: 557-561.